東京駅誕生

お雇い外国人バルツァーの論文発見

島 秀雄 編

鹿島出版会

復刻版の刊行にあたって

赤レンガの東京駅が誕生した当時の姿で復原される日を間近に控えた六月末近く、『東京駅誕生』を出版された鹿島出版会の方から本の復刻についてご相談を受けた。早速、筆者として名を連ねている方に連絡を取り合ううちに、出版以来二十二年間の時の重みを痛切に感じた。

バルツァー論文の所有者であり、新幹線の生みの親など数々の功績により文化勲章を受章された島秀雄さんをはじめとして多くの方が鬼籍に入られ、今は、本書出版の熱心な提唱者であった吉沢まことさん、その後京都に転じ同志社大学商学部で教鞭をとっておられるバルツァー論文を翻訳された青木真美さん、祖父が鉄道院でバルツァーのカウンターパートとして親しかった関係で末席に名を連ねた小生の三人が残っているに過ぎない。その三人とも、復元した東京駅を生存中に目の当たりにし得るとは夢にも思わなかった。また、本書の出版により、東京駅および東京近郊における鉄道網の発展過程に多くの方が関心を持たれ、歴史的検証、疑問点の追及など優れた研究が数多く発表されるに至った。本書がそれらの研究の契機になったとすれば、筆者らの望外の幸せである。

新橋と上野を結ぶ市街地高架鉄道の中心的課題であった東京駅の縦貫運転に関しては、都市鉄道である山手、京浜・東北各線の縦貫運転が、首都東京の発展に甚大な貢献をしたことは論を俟たない。一方、代表的都市間鉄道である新幹線は、東海道、東北ともに東京駅で全列車が折り返しする頭端式運転であり、東北・高崎・常磐の中距離電車は現在工事中の神田周辺の二重高架橋の完成により、ようやく本格的な縦貫運転が実施されることとなる。それにより利用客の流動にどのような変化が生ずるか興味は尽きない。

バルツァーが論文を発表してから一〇九年、初代東京駅の開業から九八年の歳月を経たが、当初の東京駅構想には、今なお色褪せることのない先人の知恵が凝縮されている。そのいくつかを挙げると、次のとおりである。

一、高架橋を、列車線複線・電車線複線の四線構造とし、東海道列車だけでなく、横浜・東京間に電車運転を行ったこと。電車運転は官鉄として画期的な試みであり、開業当初はトラブルが相次いだが、電車技術の習得と発展に励んで、第二次世界大戦直後の輸送力の逼迫を、加減速性能に優れ小回りの利く電車化の拡大により克服し得たのみならず、湘南電車から東京・大阪間の電車特急「こだま」へと発展し、ドイツ・フランスが夢想もしなかった電車方式高速鉄道（今や世界標準といえる）を産む先駆けとなった。

二、東京駅東側、外堀との間に貨物駅用地として広大な用地を確保したこと。バルツァーは都市の中央に貨物駅を設けることに疑問を呈しつつも、用地を確保しておけば将来色々な用途が考えられるし鉄道財政に大きな利益をもたらすこともできると述べている。その言葉どおりに、東京駅完成当時には客車操車場として活用され、その後、大丸デパート、新幹線ホームの建設に利用されるなど、その恩恵は測り知れない。

終わりに、この復刻版の出版にご尽力いただいた鹿島出版会の皆様に、原著の執筆者一同にかわって御礼申し上げます。

二〇一二年八月

岡田　宏

東京駅誕生——お雇い外国人バルツァーの論文発見——

目次

装幀——道吉　剛
カバー絵——黒岩保美

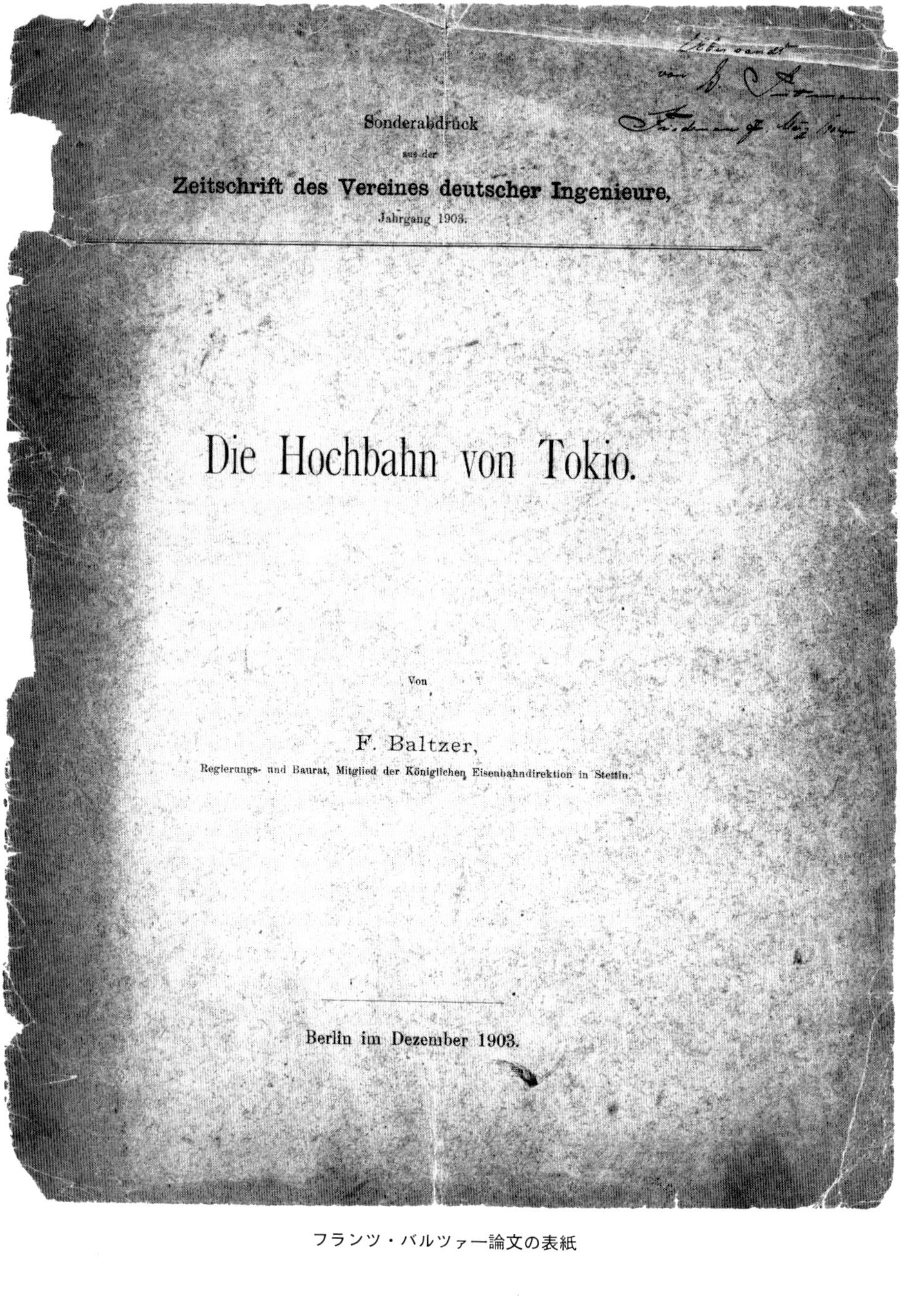
Sonderabdruck

aus der

Zeitschrift des Vereines deutscher Ingenieure,

Jahrgang 1903.

Die Hochbahn von Tokio.

Von

F. Baltzer,

Regierungs- und Baurat, Mitglied der Königlichen Eisenbahndirektion in Stettin.

Berlin im Dezember 1903.

フランツ・バルツァー論文の表紙

逓信省高等技術顧問フランツ・バルツァーの帰国送別記念。写真中央バルツァー・左岡田竹五郎新永間建築事務所長。1903（明治36年1月6日）—岡田宏氏提供

ヘルマン・ルムシュッテル
（島　秀雄　所蔵）

第一部　バルツァー論文の発見

島　秀雄

昭和六二年の秋の頃、父の遺した文献の中からバルツァーの論文を発見した。これはドイツ技術者協会（VdI）会誌の抜刷りである。刊行された日付をみると、一九〇三（日本暦で明治三六）年一二月号となっているから、表紙の右肩に手書きで翌一九〇四年に、父が贈られたと書いてある。私は一九〇一（明治三四）年生れであるから、これが父に届けられた当時は三歳の幼児であり、当年とって日本流に申せば数え年で九〇歳の卒寿を迎えたわけであるから、まことに古い文献が今まで書庫の中でずうっと陽の目を見ずにあって、久し振りに突然私の目にとまったことになる。表紙はもう黄ばんで、縁も傷んでいた。

『東京の高架鉄道』という論文のタイトルに興味をひかれてまずページをめくってみると、東京圏の鉄道線路の略図が出ている。

想定路線が点線で記してあるが、東海道線と東北線が直通し、山手線はループになっており、中央線と総武線はつながっていて、東京の中心部でまさに縦横十文字に鉄道がつらぬいている。そればかりでなく、中央線と総武線いずれもが中央の十文字の近くで渡り曲線を有して、東京駅と結ぶようになっている。これはまさに今日の首都圏の鉄道線路図そっくりの姿ではないか。もう一度論文発表の年月に注目した。すっかり興奮してしまった私は、ざっと全体の文章を拾い読みしてみるに従って、これは素晴らしい卓見に満ちた記述であることがわかった。そして、どうしてもこれは世の多くの方々に見ていただいたほうがよいと思ったのである。

ドイツ人お雇い技師バルツァーの名前は多分ご存じの方もおられると思うが、ドイツ帝国鉄道庁シュテッテン管理局の錚々たる土木技師で、出身はプロイセン王国鉄道から統合によって国有鉄道の枢要な地位に昇っていった人である。同国の慣例に従って、現職のまま休職して海外後進国の技術援助指導のため、一八九八（明

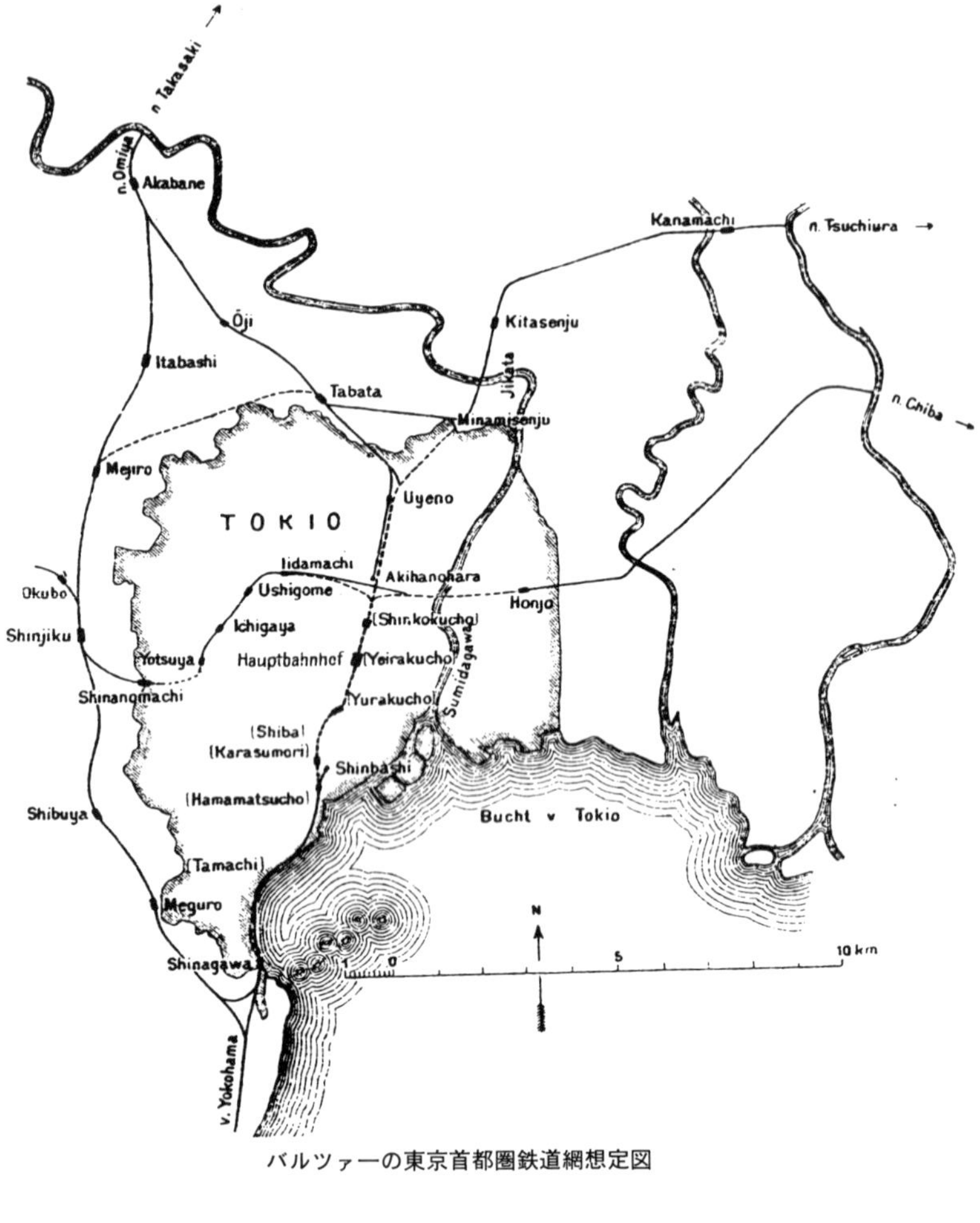

バルツァーの東京首都圏鉄道網想定図

治三一）年に日本に派遣されたのである。当時の逓信省に属して東京中央駅を中心として高架鉄道線の建設計画を具体的に設計指導した。そのときの設計内容を記述した論文を、彼が帰国後ＶｄＩの会誌に発表したものである。

この論文をお読みになるとわかるが、ヘルマン・ルムシュッテルがバルツァーよりも一〇年ほど前に日本に来ている。ルムシュッテルはドイツ国の長官級の技師で、まず九州鉄道会社の指導をすませて、さらに上京して日本政府各般の指導にあたり、おおいに実力を示した人である。たとえば東京の市区改正等について貴重な助言を行った。専門の鉄道分野では東京市街地の鉄道高架線計画や当時日本鉄道に属していた山手線の建設に当っての計画・調査・指導を行ったと伝えられている。つまり、わが国の鉄道創設期から十数年を経て、明治二〇年から三〇年代にかけてのいわゆる全国鉄道幹線網の建設発展期に、この二人のドイツ人鉄道識者が前後して来日して、ともに首都東京の鉄道線についての重要な提言および設計指導を行ったわけである。

一八九六（明治二九）年に帝国議会は東京中央駅を設けることを議決して着工にとりかかる。ヘルマン・ルムシュッテルの日本在任中に、すでに東京高架鉄道線の協力指導が得られたとして、バルツァー論文に明記されているから、まさに二人の連携がなされたごとくに相前後しながら彼らの考え方が提起・継承され、その指導のもとに紆余曲折を経ながらも、着々と東京中央駅の現実の姿が日本人の手によってまとめあげられていったわけである。

彼らの指導理念としてつらぬかれている点は、一国の根幹的交通機関としての鉄道の在り方について、全国一点集中型ではなく「主要都市は全国鉄道網のそれぞれの結節点としてともに栄えるべきである」というのであって、いかにして欧米各国のこれまでの苦い経験の数々を踏まえて、その誤りを繰り返さないように改めて真に合理的な設計を、その国の実情を考えながら実施に移させようかと努力していることである。バルツァーの報告論文は、鉄道に関する知識がいまだ必ずしもゆきわたっていない国である日本に来てみて、鉄道をたんに便利な新技術として驚き迎えるのみで、その建設にあたっての一時的繁忙を喜び、あるいはこれを自己の企業上の、さらには政治的の利益と結び付けて蠢動する輩も多く出てきている中で、長期にわたって有用なもの、また社会情勢の変化に耐えるものを推薦する姿勢がみられる。もちろん、いわゆる先進国で経験した失敗例はなんとしてでも避けさせようと、あくまで努力している論調が、苦しい文脈の中から読み取られるのである。

そして諸般の国内情勢から「中央駅をスルーの駅方式にするプラン」を押しきれず、東京駅以北の建設が駄目になって「線路打ち切りの頭端駅のような形」にせざるをえなくなった条件下での設計になっている。しかし、呉服橋通りと鍛冶橋通りの間にせばめられた平面に、客車ヤード、貨物ヤード等々を高架線から地平におろして無理にも作らざるをえなかった駅裏側（現在の八重洲口側）の設計も含めて、将来いつかはスルー駅方式の理想的な案が生かされるであろうと想定して、そのときに手戻りができるかぎり少なくてすむような配慮をしている。終端駅でありながら長距離列車用のプラットホームの先のほうに折返し線を設けたり、機回りの外側線を将来のホーム増設余地として考えておくとか、後々役立つようにしてある。

彼らの母国ドイツのみならず当時の欧米諸国の鉄道では、主要都市の駅は市内の中心部で、外洋船の波止場みたいに頭端駅として堂々と残っていた。ただひとつベルリンだけは彼らの苦心の設計に基づいて、なんとか各駅をわたる線を作って環状線方式になるように改良していたので、旅客にはもちろん、とくに積替えの困難な貨物輸送についても、国内のみならず欧州各地へと列車の直通ができて便利なようになっていた。その後、ケルン、ニュールンベルグやベルギーのブラッセル等も本格的なスルー駅方式に改良されたが、これも長い年月の経過のすえにやっと達成されたものである。米国のニューヨークでもグランドセントラル駅は広大な頭端駅を作ったが、列車の折返しに苦労して大きな円周状の回頭線を駅構内に増設している。その一方でペンシルバニア駅はスルー駅方式にしたので、ボストンとワシントンを結ぶ列車の往来に都合がよい。

諸外国では通勤用列車の終着駅での発着に困難を覚えるようになってから、プッシュプル（あるいはドイツ流にいえばペンデルツーク）方式という推進運転をする総括制御列車をその後生み出したが、列車の合理的な運転方法からみた場合は、長い編成列車の推進運転をかなり高い速度で常用するのは必ずしも理想的な運転の姿ではない。わが国は一九四九（昭和二四）年に東海道線に湘南電車を登場させたのを嚆《こう》矢として、双頭式の総括制御電車またはディーゼル動車を主体にしてきた。この考え方は新幹線にもつらぬかれてきた頭端駅活用の便法であって、これもスルー駅構想とはまったく無縁の問題ではない。他の名古屋、大阪、仙台といった大都市の駅も欧米のように頭端駅方式にしなかったことが、どれだけ鉄道の発達を促すことになったかははかりしれない。現在ハイウエイがインターチェンジを設けてどこへでも寄り道せずに自動車が走っているが、鉄道網も同様に乗換えや方向転換の手間をかけずに列車運行ができるようにしなければならない。

高架線の将来発展の余地を配慮した設計についての論述については、本書の第三部で瀧山養・守田久盛両氏によってバルツァー以前・以後にわたって、改良工事の経過と技術検証を詳述していただいた。これによってバルツァーがいかに先見の明をもっていたかが明らかにされ、また、あるいはその後の改築にいろいろ苦労を伴った部分のあったことと関連する記録にしてまとめていただいた。彼の論文の中で、本来ならば鉄骨構造にしたかったところも、国産の煉瓦を使ったほうが内需振興のためになると思えば、それなりに良心的な設計で煉瓦アーチ橋を試みているが、地震国であることの配慮を十分行いながらも、彼自身それに未体験であることを述べて心配してくれている。幸いなことに大正一二年の関東大震災のときにも、この高架線は大きな被害はなかった。

また、彼は交通を論じるにあたって、鉄道も街路もあわせて都市計画の活きた機能であることを十分認識して、山手線の建設は庶民に低廉で良質な住宅を入手できる援けになると明察したり、用地買収は早く手を打ち土地騰貴に対する抑止に全力を尽くすべき等、市民の側に立った政策的助言が随所にうかがわれる。近時、わが国も海外技術援助協力として、鉄道の分野でも発展途上国に派遣が多くなっている。わが国の鉄道も幸いにして技術経験豊かな、しかも良心的な外国人の協力を過去に受けて、鍛え磨かれて発展してきたことに思いをいたし、わが国の経験を生かして、それぞれの国の風土・文化を十分配慮した温かい思いやりのある協力をすることが大切である。

バルツァー論文の第五章には東京駅および新しい新橋駅のことが記述されている。そこには東京駅に対する和風建築の提案図面が目に触れるわけであるが、実はこれも、この論文発見によって出てきた史実で、東大生産技術研究所の藤森助教授が鑑定してくださり、同氏の御著書にも引用されたのが本邦はじめての発表になったと思う。これについてもバルツァー論文を読んでからの私の考えを申せば、これも、もとはといえばスルー駅方式にするという原案を、臨時的な頭端駅扱いにした東京駅、を対象に提案されたものと解釈したい。そして南口を乗車口、北口を降車口として距離を十分とって一方通行式にしたのも、本格的な頭端駅としては作れないもので、これはスルー駅方式としての理想から出たものと思われる。

首都東京の玄関駅として、長距離旅客の入口・出口・皇室専用口、それに通勤客専用の出口では、それぞれのファンクションに合わせた各室の容量と配置が定められている。これはまさに本職の鉄道技術者としての多年の経験に基づいて、最低限必要なものをきちんと配列し設計しているのである。やがて東京帝国大学工学部建築工学科の辰野金吾教授が、東京駅の駅舎を煉瓦造の立派な建築設計で完成されたが、駅の規模および機能についてはほとんどバルツァーの構想がそのまま使われており、辰野博士も専門家の領域は尊重なさって機能的な設備はそのままの形で採用されたと思われる。バルツァーの業績は、東京駅をどういう機能の駅にすべきか、というレイアウト設計が主体で、そのことを高く評価すべきである。

彼は当時の日本の乏しい財政事情のなかで最大限の効果を発揮させようと考えたもので、もし資金的にいくらでも余裕ができたら、なんとかして鉄道線路をスルーにさせ、駅方式を理想に近づける方向に金を使って欲しいと願っていた、というのが本旨だったろうと私は推察する。バルツァーは彼の停車場設計素案に、建築物としては何を被せてもよいが彼の私案とすれば、日本人自身は当時としてあまり好まないようだが、日本古来の建築様式のものを被せるとこのような姿になるであろうと、謙遜しながら作図したのが論文に載っている日本建築の絵である。

時移り、日露戦争勝利による好景気に支えられた結果、十分な予算が得られ、着せ替え人形が仮の和服を豪華な大振りの洋服に取り替えられたように、洋風のルネッサンス様式の壮大な煉瓦造の東京駅が完成した。辰野博士も立派な方であるから、当然日本建築様式の良さにも大いに理解があったはずで、外人の鉄道技師が描いた謙虚な和風の駅舎の提案についてけっして非礼な暴言など、ご自身ではおはきにはならなかったであろうと私は思っている。

父安次郎はじめ私たちの家族は東京旧市内の芝の新浜町という所に明治の末期から大正の中頃まで住んでいた。東海道線は御殿山の切り通しから品川、田町と海岸の砂浜を離れて海の中に土手を築いた上を走って、現在の東京港口と呼んでいる入江の上をガードで越して陸岸にあがり、芝離宮庭園の脇を進んでさらに浜離宮の西側の旧新橋駅（汐留）へと進むのであるが、その最初の陸へあがったところの線路の海側が新浜町である。そのとっつきは漁師町で、大きな漁船を何杯ももつ親方たちとその一統が住んでいた。大きな海水槽がいくつも並んでいて、高みの水槽に若い衆が龍吐水みたいな手押しポンプで汲み上げた海水を青竹の管で各槽に噴水のように吹きかけ、毎夕、彼らが運んできた江戸前や房州物の活け魚を山と泳がせていた。そして翌朝暗いうちから、大競りにかけるのであった。その一帯を過ぎると左手は汽車路、右手は海岸まで、そして先は金杉川で芝離宮に対する所までのしっかりした平地が広がっていた。ここはもと、田中鉄工所とその経営者田中氏の所有地だったと聞いている。それが三井一族の手に移って、奥のほうの半分の工場用地は、今の東芝の前身である芝浦製作所が盛んに電気機器を製作していたが、手前の半分の土地は三井系統の経営する大型の住宅団地として新しく開発されていた。旧田中邸の庭園の築山は田中山と呼ばれて残され、この周囲が小公園になっていた。見晴らしのよい芝生の整備された旧本邸は集会所を兼ねて料亭『竹芝館』となり、テニスコート数面が設けられていたほかは、広い面積が芝浦製作所の大通りを証にして、直角・平行の街路で整然と区画されて宅地になっていた。

街路の両側には細くてかなり深い、煉瓦造のきれいな開溝があり、庭園の池のあふれ水がいつも透明で清らかによどみなく海のほうに向かって流れていた。路面はまだコンクリートもアスファルトも知らない時分とて、割栗石と粘土をきつく転圧したマカダム道路とかで、堅く平らに固められていた。そこでゴムまり遊びなどしていて、誤ってボールを溝に落すと、用意の手網で手早く拾い上げないと、ドンドン下流に流されていってしまうのであった。

団地内は調和がとれて偏らないように大小の宅地が上手に互い違いに混ぜて配置されていた。大部分は和風だが外国帰りの人が洋館を建てたり、それぞれの好みに応じて自宅を建てる人も多いが、残りは不動産会社が建てた借家といった具合で家が建ち並び、まさに明治時代の新興住宅街として皆が満足して静かな生活を営んでいた。住居者は三井系の会社の役員が多かったようだが、実業の日本の社長の増田義一さんの豪邸もあったし、私どもの父のように官員の局長・課長とか大学教授とかいった人々の家もあったのである。当時はまだ街灯はガス灯で、家庭の電灯もカーボン・フィラメントで薄暗かった。ただ私どもの家ではガスの、「空気ランプ」と称するマントル灯を使っていて、どこの家よりも明るいと、技術者の家らしく照明の工夫を凝らしたことを誇りにしていた時代であった。

そのような私の幼年から少年にかけての時に、目の前で東海道線の大改良工事が始まって、それが烏森駅から東京駅への高架線関連の工事とのことであった。新浜町あたりの土手は急に土盛りを増す工事が始まった。「東京港口」の付近から烏森辺の市内高架の高さにまでアプローチをとるためである。それまでは線路の向こう側に行くときは土手を斜めに上って、軌道の間に木の板を敷いたところを俥でガタガタと苦労して横切らなくてはならなかった。それがガードという新しい橋の下をくぐることになって、俥に乗っていても快適に地平のまま横切れるようになった。当時この素晴らしいものが出現したことに歓声をあげたのをいまでも懐かしく想い出すし、バルツァー論文を読んでいると当時の情景がまぶたの裏にはっきりと浮かんでくる。そして、この工事が終ると、それを待ってましたとばかりに、東京駅から横浜行きの新形の京浜線電車が走るようになった。

この論文を父に贈ってくださったルムシュッテルは父の親友であった。また彼が九州鉄道の開発を手伝ったことから、仙石貢と彼は肝胆相照らす仲となり、また父安次郎は関西鉄道時代から仙石貢と仕事上のつながりが深かった。

いま日本鉄道建設公団総裁をしている岡田宏氏の御祖父の岡田竹五郎氏が当時日本側の技術陣の長として直接バルツァーに接触して建設にあたり、またドイツに渡航出張してバルツァーにも直接会ってこられた由である。私が一九二七（昭和二）年に、東京帝国大学工学部機械工学科教授の斯波忠三郎男爵に随行して、欧米諸国の政府・学界および世界的に有名な企業を訪問して、東京ではじめて開催する万国工業会議への参加誘致のため欧米を一周したとき、ドイツでは父の紹介でベルリーナー機械製造会社の会長室を訪ね、そこでルムシュッテルゆかりの方々と彼をしのんだりしたこともあって、ことさらその人柄に親しみを憶えた次第である。

交通ペンクラブ会員である西尾源太郎、吉沢まこと両君の企画により、バルツァーの技術論文の全訳を青木真美さんが引き受けてくださり、難しい専門用語が多く、しかもかなり古文調のドイツ文にとりくんで、読みやすい日本文に仕上げてもらった。そのうえ特に構造解説のある第三、第四章の箇所は、私の親友で鉄道構造物設計の権威者である友永和夫氏が専門用語の校閲をしてくださったので、専門の方にも参考になる文献として読んでいただけるものになったと思う。

鉄道のみならず、技術とか文化の所産は先人の苦心して積み上げられたノウハウが継承されて、人類社会の繁栄・福祉に役立ってきた。とくに技術の世界は急速なテンポで日進月歩してきているが、けっして過去のものをすべて放擲するのが進歩であるということにはならない。技術開発は自由な創造を妨げるものではないから、多くの人のいろいろな試行錯誤によって目移りするほどの多くのモードが、今も昔も生れたり消えたりしている。その中で優良な品種は過酷な環境にあっても、しっかりと根を下ろして枝葉を茂らせてきた。いまから九〇年も前に提言しているバルツァーの論旨はけっして陳腐なものではなく、今日の社会にも立派に通用し、まことに示唆に富んだ内容のものである。

この論文は遠く理想の星をみつめて仕事をするドイツ人らしいど根性がみえるように私には思える。これはぜひ広く読んでいただきたい、とくに第一章の終りのあたりはバルツァー論文を理解する意味で味わって読んでもらいたいと思うのである。

第二部　バルツァー論文「東京の高架鉄道」

青木真美訳

ドイツ技術者協会誌

一九〇三年一二月号掲載論文

ドイツ帝国鉄道庁シュテッテン管理局参事官

建設技監

フランツ・バルツァー著［Die Hochbahn von Tokio］

＊シュテッテンは現在ポーランド領であるが、当時は大ドイツ帝国の範囲に属し、ベルリンの北東部に当たり、重要な港のある都市である。

一　まえがき

島国日本の首都東京は面積ではベルリンを九〇〇ヘクタール上回る七、二四九ヘクタールの市街地に、一六〇万人以上の市民が住んでいる。とくに市街地がたいへん広いため、地域内の交通や東京を通過する交通の便が悪い。東京から西南の方に、横浜－名古屋－岐阜－京都－大阪－神戸を結ぶ官営鉄道の東海道線は、東京市内の芝区（現在の港区の一部）の北東部にある頭端式の新橋駅が始発駅になっている。

日本国土の中心をなす本土（本州）の北部への鉄道線を運行している日本鉄道会社の東京における出発点は、下谷区（現在の台東区に相当）にある名所の蓮の池（原文のまま、不忍池のこと）と上野公園の東に位置する上野駅である。東京に至るこの二つの重要な幹線の終着駅、新橋と上野との距離は直線にして約六キロである。いまのところ、馬を使っている乗合馬車では速度が遅いため約四五分かかり、徒歩では一時間以上もかかってしまう。この国の庶民的な乗物として普及している人力車で、足の速い車夫が駆けたとしても四〇分をきれない。新橋駅は日本最初の鉄道、東京－横浜間の始発駅として、一八七二（明治五）年以来使われてきた。日本鉄道会社の上野駅も新橋駅と同様に頭端駅であり、一八八三（明治一六）年に営業を開始している。

西と東から東京に入ってくる長距離鉄道を市内で直通連絡するために、日本鉄道は東京の西郊に外環線を建設し、一八八五（明治一八）年から営業している。この線は東海道線の品川駅を起点として、東京の市街地の

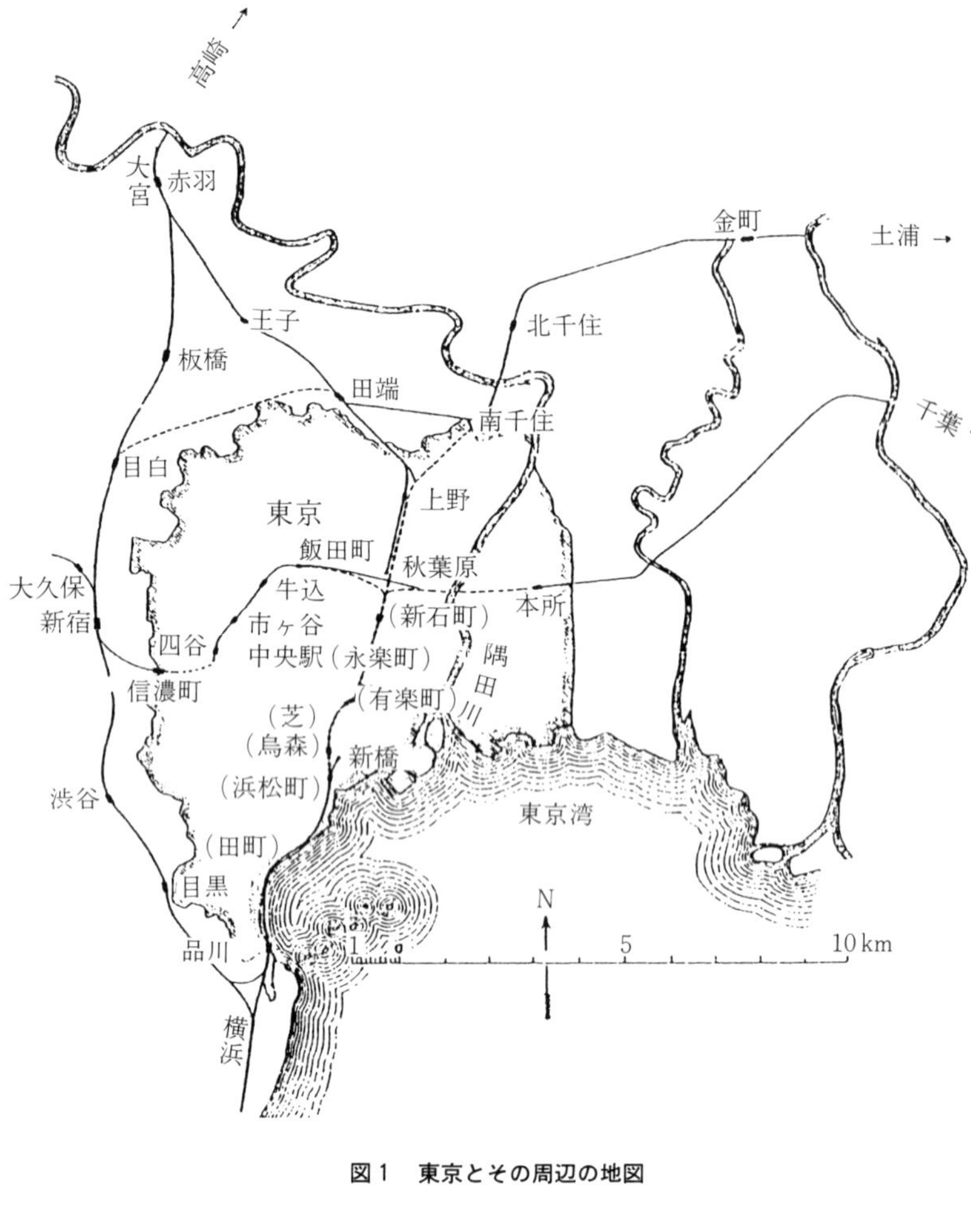

図1　東京とその周辺の地図

西辺を迂回して北に向かい、日本鉄道線の赤羽駅に至る。この連絡線ができたことによって両幹線の駅間を貨車が直通できるようになり、以前のように貨物を手押車や荷馬車に積み替えて市中を往来する必要がなくなった。しかし旅客輸送については、この外環線は（東京の西辺をつなぐ連絡線とよんだほうが適切な表現かもしれないが）、いちおうの利用客はあるけれども、この線は旅客列車と貨物列車が混在するので運行速度が低いことと、また、この区間は単線なので列車待合せがあり、旅客列車は貨物列車に邪魔されて遅れがちである。したがって東京を通過する鉄道利用客のほとんどは新橋または上野まで汽車で来て、両駅間を徒歩あるいは人力車で往来するのが通例である。

近々、東京北部郊外地の住民にとって、交通の大幅な利便性の向上がある予定である。というのは、日本鉄道会社が外環線の目白駅と田端駅を直接結ぶ短絡線を計画しており、これの完成によって北の赤羽を経由するよりもずっと近道になる。この短絡線は今年中（一九〇三年）に完成する予定である。赤羽－品川間の外環線は品川からさらに、既存の東海道線の西側に並行した独立の単線で北に延伸して、新橋までローカル列車専用の路線が設けられる。同じように北の方の田端－上野間も既存の複線の西側にローカル列車の専用線が増設される予定である。

現状の鉄道路線を示す図1を眺めると、市の中心部を通って新橋－上野間を結ぶ鉄道路線の構想が浮かび上がってくるのは当然である。このアイデアはとりこわしが容易な小さな木造の日本家屋ばかりの市街地なので、用地取得が比較的に容易であり、欧米の百万都市の水準と比較したら用地資金コストが低くて済むことを考えたならば、早急に実施すべきことであろう。

一八九〇年代の中ごろには新橋－上野間を結ぶ高架鉄道計画として、複線一組を長距離用に、もう一組をローカル線用とした明確な案が示されていた。この最初の構想は当時日本に駐在していた枢密院特命建設技監ルムシュッテルの提案である。同氏は現在ベルリーナー機械製造会社（以前のシュバルツコップ機関車製造会社）の社長であるが、日本政府顧問技監でいた以前には九州鉄道会社の顧問として同社の重要幹線の建設指導もしてきた。東京は地下水の水位が高いので地下鉄道にすることは初めから考えられず、また市内の路面交通量が多いことから、平面式の鉄道も問題外であった。一八九五（明治二八）年に新橋から東京中央駅（現在の東京駅）までの区間の工事予算として、当時の概算で三五〇万円（約七八〇万マルク）が帝国議会で承認された。つまり、この区間は官営の東海道線の延長とみなされて、国家予算によって建設されるべきものである。ところが東京中央駅から北の方の上野までの高架線は日本鉄道が資金調達をして官鉄に工事を委託するか、あるいはこの区間を自前で建設するという暗黙の了解が当時なされており、高架鉄道は新橋－上野間全線が同時に完成するものと考えられていた。

しかし、その後の事態の推移は、こうした暗黙の了解を覆すものであった。日本ではよくあることだが、日本鉄道会社の経営陣はたびたび首をすげかえられて、そうこうするうちに高架鉄道投資に対する関心を失ってしまったようである。同社の現在の経営陣も高架鉄道の北の部分の建設に対しては、いかなる資金も拠出する気はないようである。現在日本の金利は一般的に八ないし一〇パーセントであるが、この高架線投資は会社として利子負担にたえられるめどがたたないからである。つまり東京中央駅から上野までの高架線建設計画は宙ぶらりんの状態である。政府がのりだし、この泥沼に陥ったような事態を収拾する以外には手の打ちようがないことは明白である。

官営鉄道のほうの建設部分はいったん着工したら中途半端にするわけにはいかないから、帝国議会としては北の部分についても必要な予算を要求しなければ完結しない。しかし、この件については現在良い状態にあるとはいえない。議会、とくに衆議院では政府の要求に対して強硬な反対がある。地方選出の代議士は政府財源が東京市内の鉄道輸送改善という局地的計画に支出されるのはおかしいと主張している。このように政治と経済の問題が、からまってしまった結果、高架プロジェクトはまったくめどのたたない北の区間と、すでに一九〇〇（明治三三）年から着工している中央駅を含む南の区間とに分離してしまった。南の区間については、予期せぬ政治的障害や財政破綻による工事中断がないかぎり、四ないし五年後には完成する予定である。

筆者は一八九八（明治三一）年から一九〇三（明治三六）年二月まで、この高架鉄道に関する全体構想からはじめ、一枚一枚の図面を作成することまでの監督業務と計画決定の仕事を政府から委嘱され、官鉄の技師や設計実務者の陣頭にたって働いてきた。

残念なことは高架鉄道の北の区間の建設が店晒しになったことで、将来たとえ再現しても建設費の大幅な増大を覚悟しなくてはならないことが明白だからである。用地買収が遅れれば地価が現在よりもつりあがるのは火を見るよりも明らかである。日本は日清戦争後の影響でいまなお一般の物価騰貴が続いているが、それを別にしても、高架鉄道の南の部分が開通すればただちに東京市街地の地価は大暴騰するであろう。だから、北の予定区間も用地だけでも政府で先行取得しておいたほうがよかったのではなかろうか。さらに、建設計画が南だけになってしまったことで、次のような悪影響がある。長距離および近郊輸送列車とも新しい高架線に入れる長所が南半分だけでは、限られた範囲でしか発揮されない。上野と接続しない状態では東京中央駅は東海道線の列車の始終端駅と列車組成駅としての役目しか果せない。このような暫定的な設備では、のちに北の区間が開通したときには、たとえ駅の諸設備がいまだ新しくて使用に耐える状態でも、不用になってとりこわさざるをえない。もし高架鉄道が全線にわたって同時に建設することが決定されていたならば、かけなくても済んだ、まったく無駄な費用である。

高架線は長距離列車用と近距離列車用と別々に使用する複々線とする。外環線（現在の山手線）を考慮にいれれば西側の複線を都市近郊線にするほうがよい。東側つまり海側を長距離列車用とする。私の主張する点は、この海側の複線を南と北から東京に入って来る長距離列車のスルー運転用に供することである。つまり、新橋、上野とも頭端駅でなくして両駅を直接に結んでやることが、東京の交通事情を画期的に改善する手立てだと考えて推奨するものである。そうなれば東海道線の列車は北の上野駅から、日本鉄道の東北線の列車は南郊の駅（品川）から発着させるべきである。また高架区間のうちで、整備された中間駅には列車を停車させて、東京市内の各所から便利に列車利用ができるようにする。このように市内を貫通運転できることが高架鉄道の最大メリットで、軌道や駅にかけた建設費用を活かした使い方になる。これはルムシュッテルが提案した当初計画の理念と一致した方式であり、長距離列車の利便にも役立つ。品川駅の南の駅（大井町か大崎のことか？）を北向列車の組成駅とし、逆に南からの列車が上野まで運転されるならば東海道線の列車は上野で組成される。そうして真夜中には長距離線には長距離貨物列車の通過および中央卸市場へ出入りするローカル貨物列車に供用できる。

一方でローカル列車用の複線には短い編成の都市交通型の列車を可能なかぎり頻繁に、しかも等時間隔で両ターミナル間（品川－上野）に運転させる。この列車のうち、かなりの本数は北と南の接続駅から外環線に直通させて、完全な環状線として運行できるようにすべきである。そうすれば欧米の大都市でみられたように、市内と環状線沿線の郊外地区との人の交流が盛んになり、資産をもたない市民階層が健康的で低廉な住宅を容易に得られ、毎日の通勤に鉄道を利用して能率的な市中業務活動が可能になる。快適な速度で定時性が保たれ、かつ頻度の高い交通手段によって郊外の人口は大幅に増加する。市街地の連絡を良くすることと、新しい外周交通ルートをつくることによって、郊外や周辺地域の開発テンポが進み、郊外の発展はさらに市内地域の中にも良質で速い鉄道サービスの実現を促すことにもなる。このように相互補完的な発展プロセスは、欧米の百万都市でみられる定理ではあるが、東京の場合にはいまだ欧米のような急速かつ強力なテンポにならないかもしれない。というのは、日本では未だほとんどの産業が家内工業的な小規模のものであるし、庶民にとっての時間価値は西洋の大都市のあのせわしない動きになれた人たちの眼からみたら驚くほど小さなものである。

以上を要約すると、東京のほぼ真ん中の位置に計画している中央駅こそ、その位置からみても交通上では既存の駅や計画中のほかのどの駅をもはるかにしのぐ重要な意味をもっている。そのために鉄道技術者の立場からみて、ぜひともこの駅は頭端駅方式でなく通過駅方式にして建設すべきである。

二　路線の設定

新設計画中の都市鉄道の路線は、図2と図3に示すようなものである。これまでの東海道線の新橋駅（旧汐留貨物駅のところ）の南手前約七〇〇メートルの地点から北西に分岐し、一一〇分の一の勾配で四六九メートルの長さで高架線の取付け部まで渡り線を設け、市街地にかかる架道橋として必要な五・二メートルの高さまで持ち上げる。品川に向かう幹線道路（国道一号線）を斜めに横断し、頭端になっている使用中の新橋駅にかわるものとして計画されている、長距離・ローカル両方の列車を止める予定である新駅（烏森駅）が建設される新橋烏森地区の北に入る。高架鉄道はそこからやや東に向きをかえ、幸橋の東側でお堀をまたぎ麴町地区に入る。そして幸橋と山下門をつなぐ古いお堀に平行して帝国ホテルの東側の山下門に達する。そこでまた少し東に向かい、いまは埋め立てられてしまった江戸城の外郭の麴町地区をとりかこんでいるお堀の上を通り、ローカル列車専用の停車駅が設けられる予定になっている有楽町地区に入る。この地点を過ぎると路線は新しい東京市庁舎の東側を、半径四〇〇メートルのカーブを描いて、中央駅の予定地である鍛冶橋と呉服橋の間の永楽町（当時、丸ノ内はこのような名前で呼ばれていた）地区に向かう。ここはかつて江戸城の外郭だったところで、大部分は国有地で建物などあまり建っていない広々とした地区である。ここではプラットホームや本線・側線の基準線が全部平行して直線状になるように、南北約七五〇メートルの直線区間が計画されている。

ここから将来北に向かって、路線を延長する場合には、日本鉄道の秋ノ原（原文のまま、秋葉原のこと）までの貨物専用線に平行して上野へつなぐにしても、神田地区へのアプローチはごくわずかの曲線をつけるだけでよい。つまり、図でわかるように、この路線はほとんど直線的な線形である。ここでは曲線区間はまばらで、しかも限られた長さのものしかなく、本線では半径四〇〇メートル以下にはならない。図2の縦断面図に示す高低差でも、いったん市街地にかけた架道橋に必要の高さまで上げてしまえば、二〇〇分の一以上の勾配はなく、本当に限られた範囲での高低差となっている。

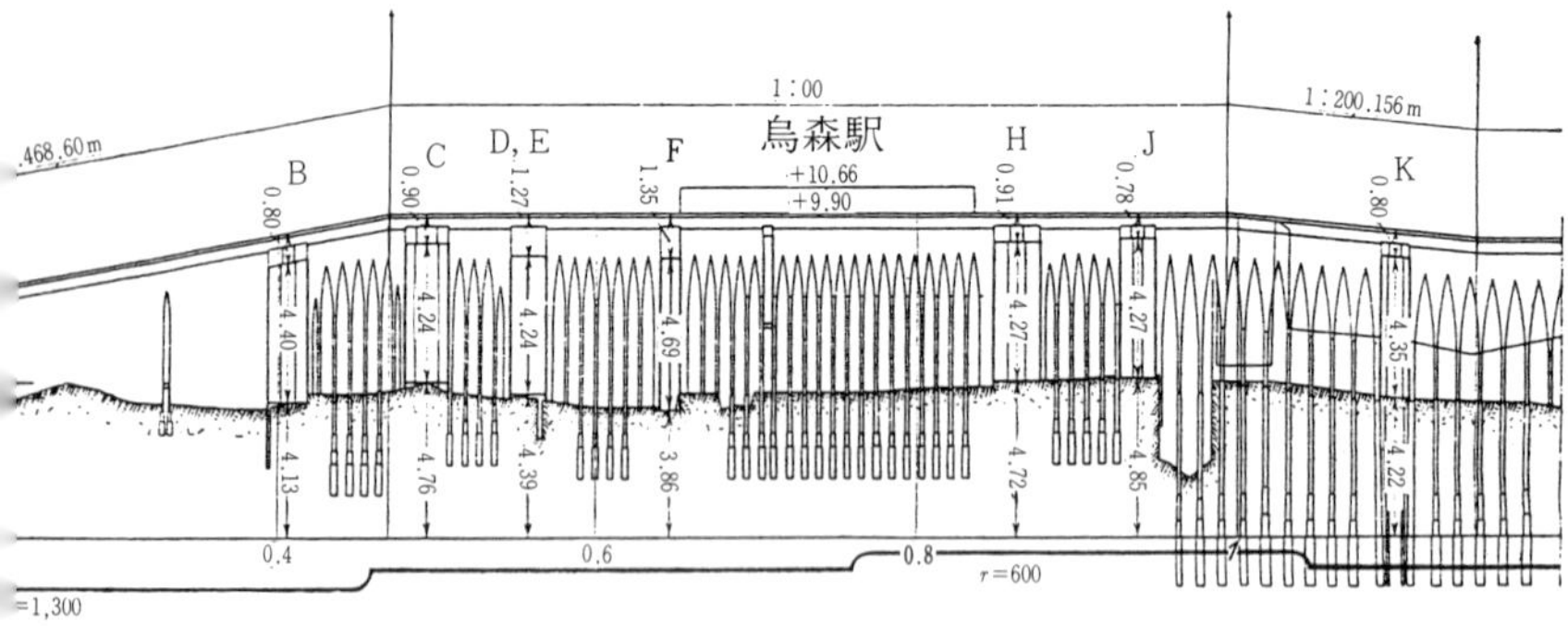

.468.60m
1:00
1:200.156m
烏森駅
B
C
D, E
F
H
J
K
0.80
0.90
1.27
1.35
+10.66
+9.90
0.91
0.78
0.80
4.40
4.24
4.24
4.69
4.27
4.27
4.35
4.13
4.76
4.39
3.86
4.72
4.85
4.22
0.4
0.6
0.8
r=600
=1,300

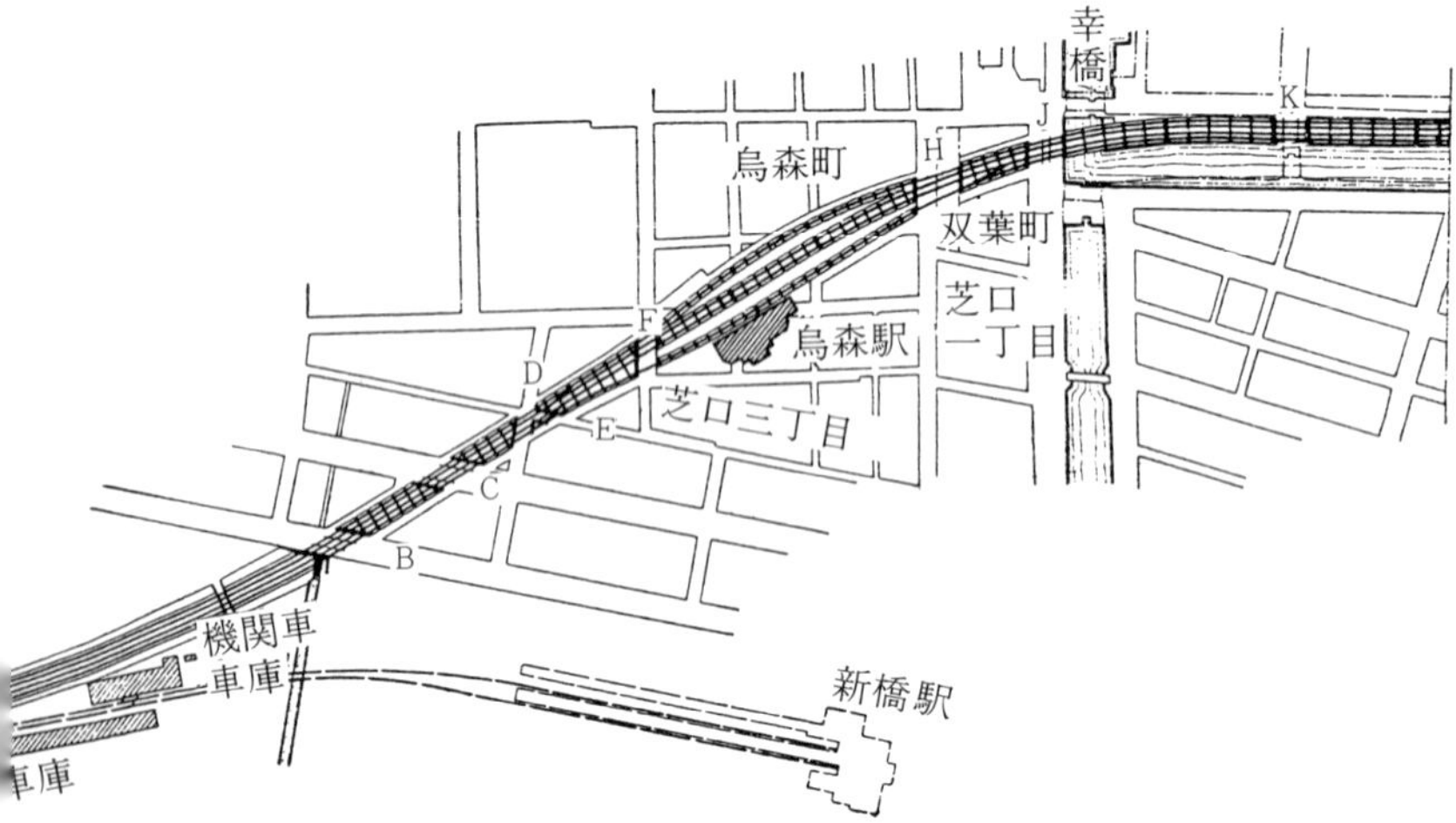

幸橋
K
J
H
烏森町
双葉町
芝口
一丁目
F
烏森駅
D
芝口三丁目
E
C
B
機関車
車庫
新橋駅
車庫

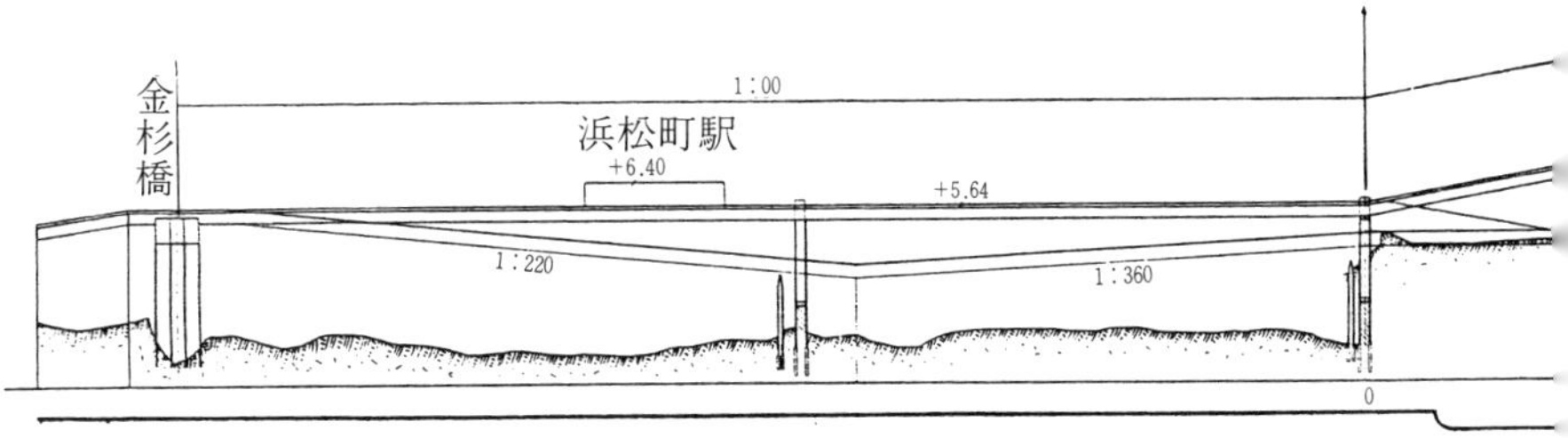

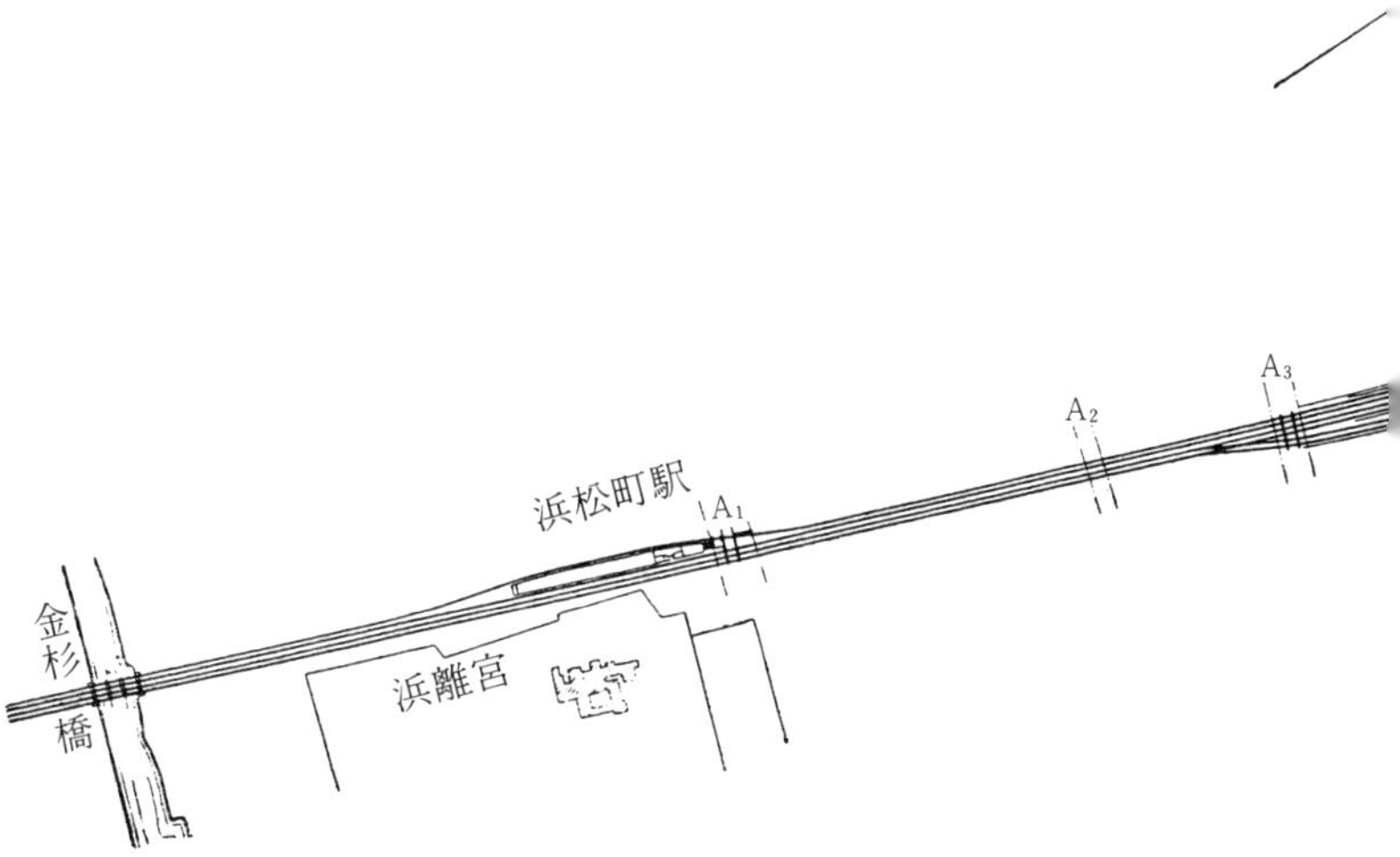

図2と図3　高架鉄道の路線図と縦断面図

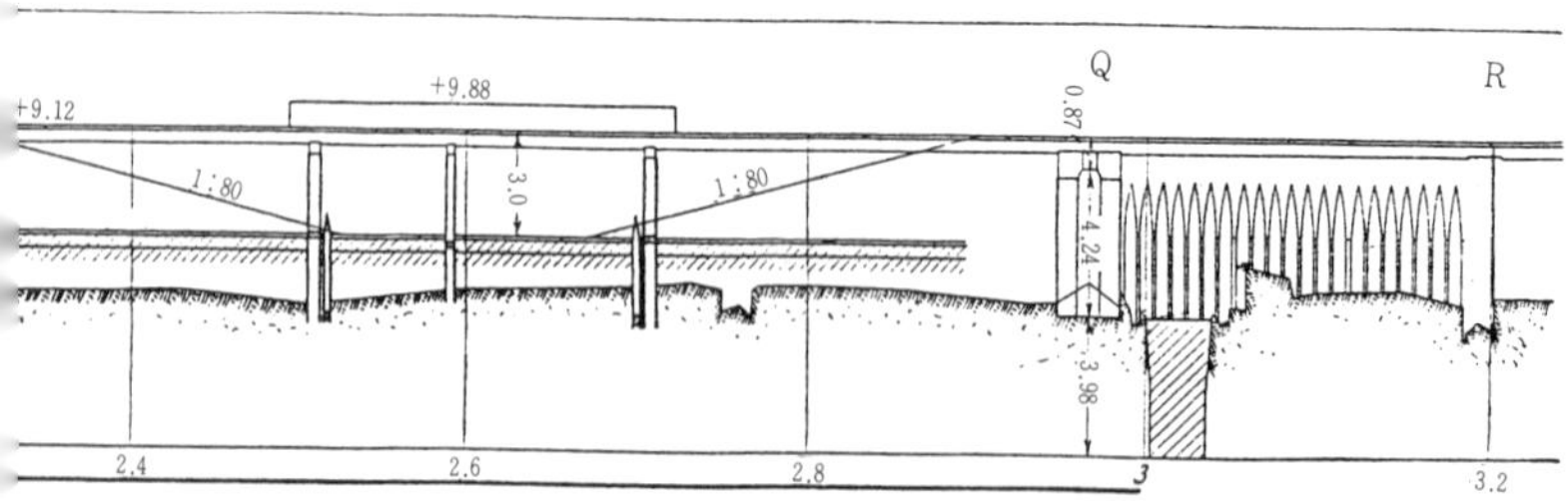
+9.12
+9.88
Q
R
0.87
1:80
3.0
1:80
4.24
3.98
2.4
2.6
2.8
3
3.2

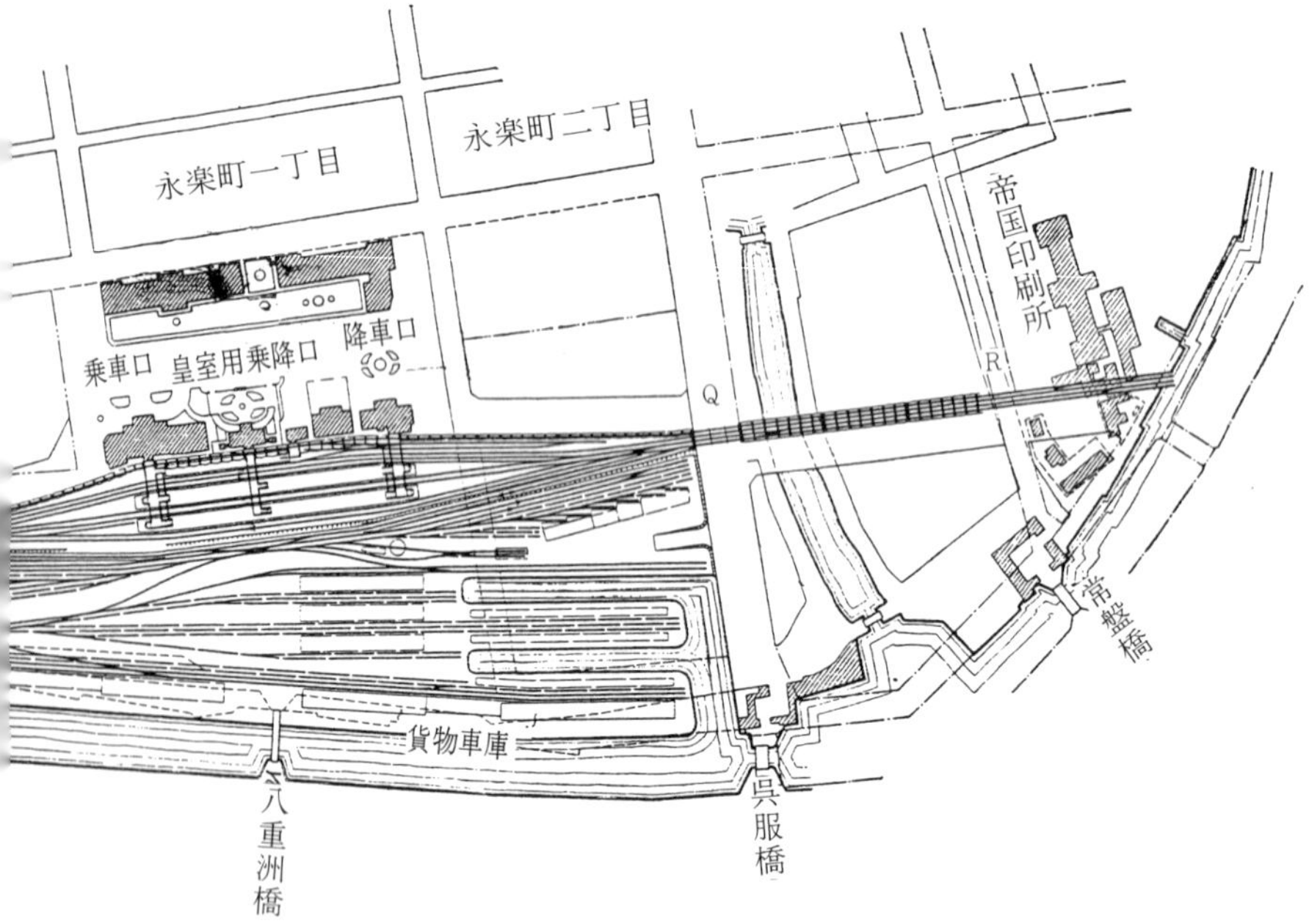
永楽町一丁目
永楽町二丁目
帝国印刷所
乗車口
皇室用乗降口
降車口
Q
R
貨物車庫
八重洲橋
呉服橋
常盤橋

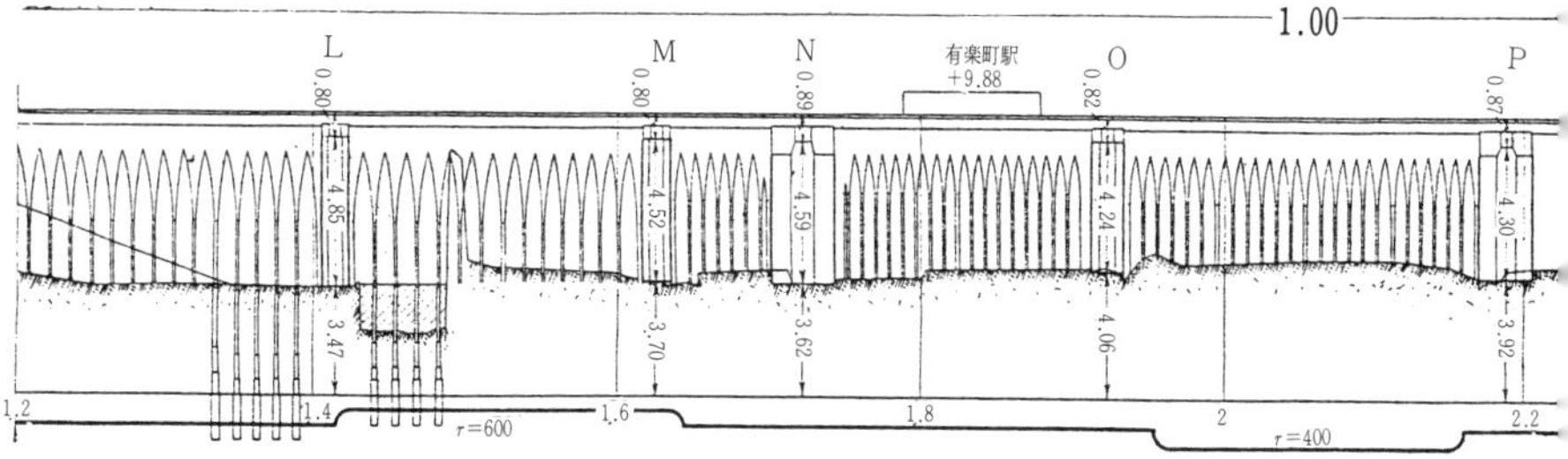
1.00
L
M
N
有楽町駅
+9.88
O
P
0.80
4.85
3.47
0.80
4.52
3.70
0.89
4.59
3.62
0.82
4.24
4.06
0.87
4.30
3.92
1.2
1.4
r=600
1.6
1.8
2
r=400
2.2

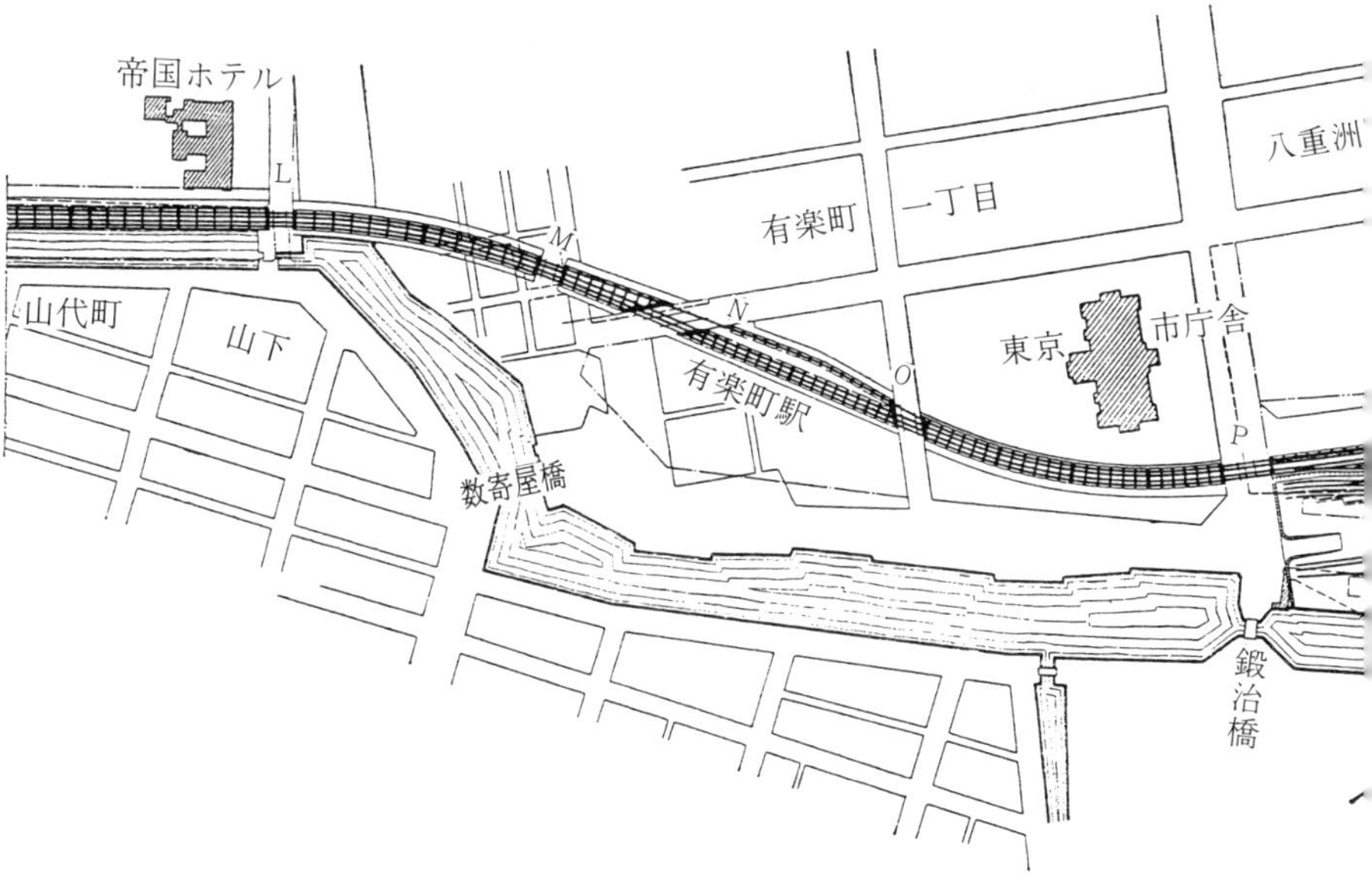
帝国ホテル
L
M
N
O
P
八重洲
有楽町
一丁目
山代町
山下
有楽町駅
東京
市庁舎
数寄屋橋
鍛
治
橋

三　架道橋に用いる鉄製構造物

複々線の高架鉄道は、通常はベルリンの都市鉄道（Sバーン）にほぼならった煉瓦造のアーチ型をした約五・六メートル幅（日本の鉄道ゲージは、一・〇六七メートル（三・五英フィート）でヨーロッパの標準軌の幅の約四分の三である）の陸橋でつくられる。高架橋の高さは市街路をまたぐ鉄製構造物の空高《あきだか》が、最小で一四尺（四・二四メートル）なくてはならないという点を考慮して、鉄道の軌道面を地表から約四・六メートルから六メートルの範囲内に納めるものでなくてはならない。日本においては、通行や出入口についての高さの基準ははっきりしていない。桁下の空高については独自に、儀典の際の天皇の御馬車に随伴する儀丈兵が、旗のついた槍を垂直に立てたままでそのまま通過できること、という判断基準から決めている。建物が建っている部分では当然、既存の建物を撤去しなくてはならない。その部分の施工については日本では信頼性が高いと思われる起拱点の比較的低い偏平な櫛形アーチの陸橋が計画されている。市街路にまたぐ部分では、設計上の高さが低くなるため、一貫して鉄製の構造物とする予定である。架道橋以外の部分でも、私としてはそういった鉄製構造物を優先して考慮すべきであると思う。東京は地震の多い地域で、煉瓦造陸橋の耐久性についてまったく前例がないからである。鉄製構造物の建設費用は現在の日本の一般物価水準からみれば、煉瓦造建造物の費用を大幅に上回るが、しかし極めて地盤の悪い東京では、荷重のかかる向きが変化しやすく、また自重も大きい煉瓦造アーチ型陸橋には、鉄製構造物よりも、基礎工事を入念に行わなくてはならずコストも余計にかかる。煉瓦造陸橋が鉄橋よりも安くなったぶんは、その大部分が基礎工事のコストに費されてしまうことになる。日本政府は以前にも、地震の危険性や基礎工事の費用を度外視して、煉瓦造を採用したことがある。鉄製構造物は、外国から輸入しなくてはならず、国の資本が外国へ流出するので、できるだけ限られた範囲にとどめようという意向と、煉瓦造の採用によって、日本の煉瓦製造業者に継続的な発注を保証できるという理由によるからである。さらに煉瓦造陸橋は一般的に鉄製よりも維持費が安いという点や煉瓦造の陸橋の桁下の空高部分は鉄橋の下よりも活用しやすいという点も考慮されている。この決定がとりかえしのつかない失敗であるかどうかは、年月が経過してみなければわからない。願わくば、島国日本の首都に、末永く大きな地震のおこらないようにと願っている。（訳注　大正一二年の関東大震災で、この煉瓦造の高架橋は被害がなかったと報告されている。）

東京の街路は政府が委嘱した都市改造委員会で決定した計画に従って作られているため、家屋が簡単な造りであるからといって、思いのままに替えることはできない。そのため、すでに建設を前提として着手されている高架鉄道は、街路——路線上で計一四本——と交差する問題が生じる。一四本のうちの五本は、ほとんど直角に交わるが、そのほかは七八度から二八・五度のまちまちな角度になる。

交差する街路の車道や歩道の幅などは、道路を定められた規格で等級分けしているそれぞれの現行規定によって定められている。図2と図3の基本設計図は、この鉄道の南の端から東京中央駅の少し先まで、現在建設が進められている区間について、架道橋を含めた全体を示すものである。日本では通例、道路には名前をつけないで、住所は道路で囲まれたブロックにつけた町名で示しているが、ここでは架道橋を簡単に表すため、交差する道路にアルファベット順に記号をつけた（Gが抜けていることに気がつくかもしれないが、当初架道橋を予定していたGの街路が、のちになってつくらないですむことになって、計画から除かれたからである）。内のりの幅が一〇メートル、五・四六メートル、一〇・九一メートルと狭いそれぞれD、E、Fの街路は、車線と歩道を分けていないが、そのほかのBからQまでの道路は次の表に示されるように、五つの等級に分けられている。

等級	道路（地図上記号）	総道路幅	歩道幅	最小径間（中心軸間）
Ⅰ	P、Q	20間＝120′＝三六・三六m	24′＝七・二七m	42′＝一二・七三m
ⅠA	H	15間＝90′＝二七・二七m	15′＝四・五五m	35′＝一〇・六一m
Ⅱ	J、M、N	12間＝72′＝二一・五二m	12′＝三・六四m	25′＝七・五八m
Ⅲ	C、K、L、O	10間＝60′＝一八・一八m	12′＝三・六四m	32′＝九・七〇m
Ⅳ	B	9間＝54′＝一六・三六m	9′＝二・七三m	26′＝七・八八m

120′＝120フィート

幅の狭いD、E、Fについては、中間支柱がないようにしなくてはならないが、そのほかの道路については、橋自体の高さを小さくする観点と交差の角度があることから、中間支柱の設置を前提としなくてはならない。それは上、下部がヒンジ構造の鋳鉄柱で、完全に自由な支柱とするか、または二本の柱の上部および下部をそれぞれ横継ぎ材で連結し、交差する斜材を設けてペンデル（揺れ）壁を形成するようにした。横継ぎ材をもつものは、鉄道と道路の斜角が直角かそれに近い場合にのみ使うことができる。東京では計画上車道ときちんと区別した歩道をつくるはずであったが、実際にはほとんどないのが当り前となっている。そのため橋脚の配置や径間の配分は、歩道についてはは考慮しなくてもかまわない。それよりも鋼製の上部工の設計意図や経済性という観点から決めるべきといえる。さらに東京では、ヨーロッパで普及している幅のある道路車両はまだ主役ではなく、徒歩や幅の狭い二輪の人力車のほうがいまだ広く用いられているため、その点からも設計は構造物の機能や使用目的という点を優先させてかまわないのである。三径間の橋とする場合に、構造力学上もっとも好ましくないかたち――側径間がとくに狭い構造――をさけることが望ましい。西欧の大都市ではそれをさけることはなかなか難しいのだが、K、L、M、Oの四つの架道橋では、側径間をなるべく広くとり、そのほかのものでは、かなり広くとることができたし、中央径間をかなり犠牲にして、側径間を広くとることができた場合もある。

架道橋の鉄製上部工の設計にあたっては、プロイセン王国鉄道における長年の実績に基づいた標準型の構造を参考にした。そして以下の四つの点を最優先事項として、可能なかぎり実現できるようにつとめた。

⑴ 道路にかかる床板は水を通さない構造とすること。
⑵ 列車通過時の騒音をできるだけ抑えること。
⑶ 木製まくら木とそれに止められた鉄製のレールからなる軌道の部分は、桁構造や床板と直接接続することなく独立して敷設されるものとする。
⑷ 主桁はできるかぎり床から分離すべきである。定期的な補修や塗装などの作業のために床板をはがすな

ど、列車運行に大きな影響がでないようにしなくてはならない。

こうした条件は最近プロイセンで実際に何件か建設されている、市街地での架道橋の鉄製の上部工の条件に近いものである。プロイセンでの架道橋の構造は、縦横に格子状に渡した梁の上に軌道用の床板をとりつけ、軌道に平行な両脇に傾斜した側板をとりつけ、路床を入れられるようにしてある。

日本の軌道では、レールの高さは一〇八ミリメートルで、タイプレートはいまだ使用されていないため、木製のまくら木に直接締結するが、その厚さは一一四ミリメートル（四・五英インチ）である。つまりレールの頭頂部は、床桁から四〇または四一センチになる。また砂利道床の幅は、道床のいちばん高いところで二・二メートルである。さらに一般的に砂利の厚さは、まくら木の下から最低一八センチは必要で、二・一三メートル（七英フィート）あるまくら木の端から、橋のふちにある側面の板までは一五センチの余裕をもたせなくてはならない。側面の板は、砂利が十分敷けるようにだいたいレールの表面の高さと同じくらいにして、ふちに五〇×五〇×七のL形鋼をつける。横桁上にはふちにL形鋼をつけた隅控え板を山形鋼でとりつけする。この隅控え板は、同時に主桁と横桁の支持構造で、両者間を半鋼結構造とする役割も果すことは、すでに知られている工法である。

駅に近いところでは、軌道の間にホームを納める場合に、軌道間の間隔を広くとり、軌道が平行でなくなることがあるが、その区間では架道橋は複々線をそれぞれ二線ずつ別にした形にする予定である。つまりそれぞれ単線を二本の主桁で支えることになる。それ以外の駅と無関係の区間では、軌道は平行になっているので、長距離列車用の複線とローカル列車用（つまり環状線用の）の複線を三本の主桁方式で支える構造となる。一組の複線同士の間隔は通常三・三五メートル（一一英フィート）なので、三本主桁のうちでいちばん大きい真ん中の主桁の部材厚さを厚くしたり、フランジ幅を広くしても、外観上はまったく不自然にはならない。隣り合う軌道の間の空間は、規定によって定められた建築限界のためにあけてあるので、荷重の大きい中央主桁を外側の桁よりもかなり上にあげることができる。こうして中央主桁の腹板高さを大きく、蓋板を幅広くしても、外からみた場合は、外側の桁にとりつけられた作業用の通路にさえぎられてほとんど目立たない（五五ページ図32を参照）。

三本の主桁に複線の荷重を配分する割合は外側の二本に五四パーセント、中央主桁に九二パーセントとする。こうすることによって荷重の小さい外側の主桁の断面剛性を利用して、主桁高が高くなりかつ、突縁断面が大きくなる傾向がさけられる。保線要員のための通路は上部工の両側につける予定である。複線と複線の間、つまり第二線と第三線の間で架道橋の内側主桁間の平均して約一メートルの帯状の空きの部分は、下の道路の明かりとりのために、あけておくものとする。いままで日本では鉄道橋のわきに通路をつけたことはなかったが、列車の通行量が多くなるこの高架鉄道には通路は欠かせないだろう。通路は、縦に通した二本の支持材の上に厚板を渡すという簡単な方法で作られる。支持材は、外側の主桁の腹板にとりつけられた三角形の片持梁で支えられている。

いままで説明した複線を三本の主桁で支える構造（三主桁）は、分岐器が入るところや入れる予定の場所には使えない。烏森駅の南側にあるD、Eの二箇所の架道橋は、一組の軌道の間にいつでも分岐器が入れられるような状態にしてある。そのために架道橋Dでは複線を二本の主桁で支える予定であり、その主桁の間に凹鈑《おうばん》

（バックルプレート）を渡して、継ぎ目のない路床を作る。支間の幅六・三五メートルと六・五五メートルに対して、必要な横桁は桁高が〇・八八五メートルになるが、この場合は道路の面がかなり低いため、隙間なく敷いた床板の下で必要な桁下高五・一一メートルが確保できる。その隣りの架道橋Eでは、鉄道は四二度の斜角で道路を横断する。Eの道幅は五・四六メートルと狭いため、道路に直角に主桁を並べ、その上に隙間なく床板を敷いて、後日、分岐器を入れる必要が生じた場合に対応できるようにする。架道橋DとEの平面図、図4に示すように、東側の正面桁は、Ⅰ〜Ⅳの軌道に平行な斜めの桁となり、段階的に短くなる桁をとりつける。これらの桁は、そのほかの1から8までの主桁と平行に同じ間隔をもち同一の四角形の凹鈑を、できるかぎり広範囲に使うようにしたものである。東側の斜め桁との接合は、三角形または五角形の凹鈑を用いる。事情に通じている人ならば、この構成

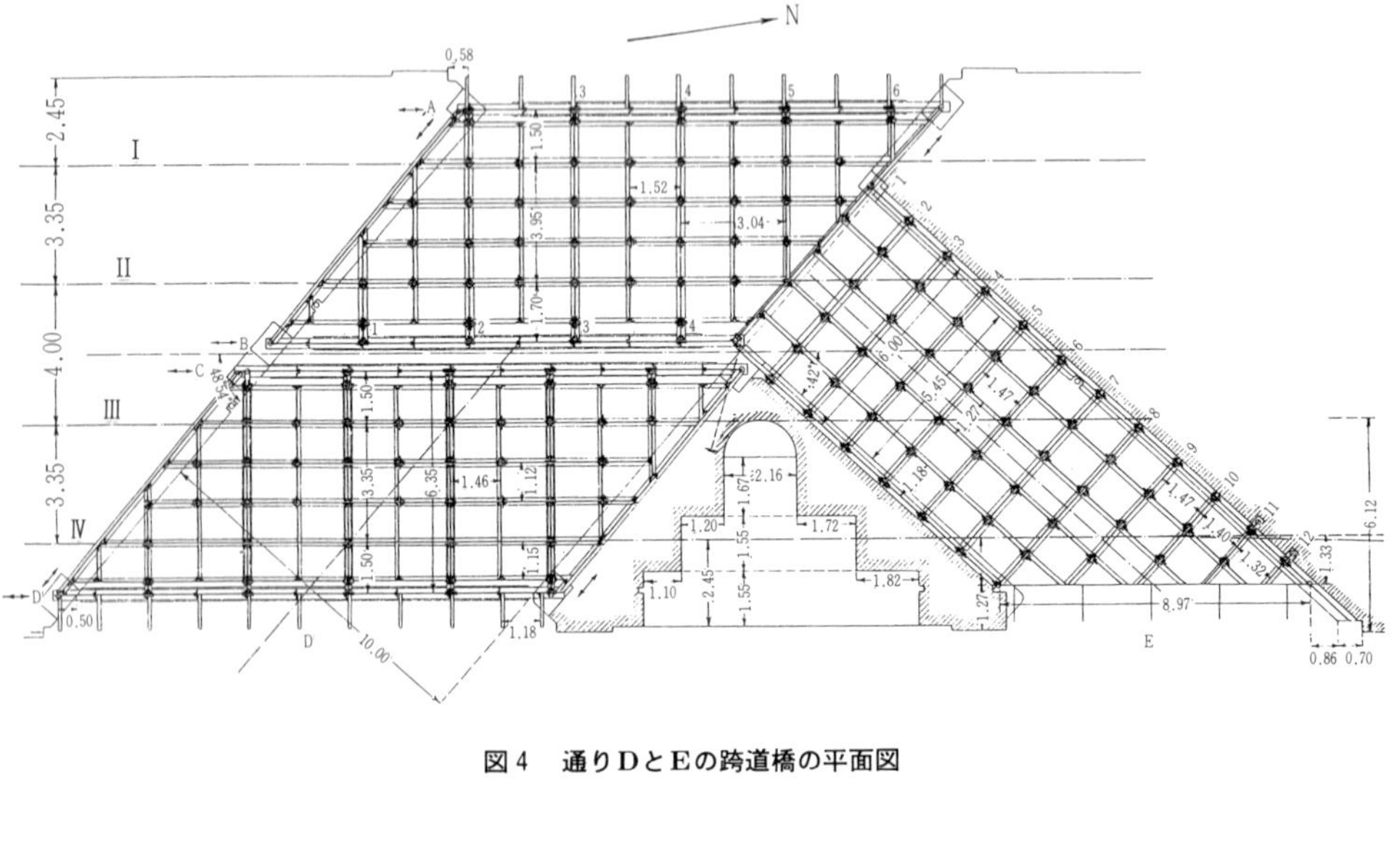

図4　通りDとEの跨道橋の平面図

はケルンのザルツマガジン通りにかかる鉄道橋の鉄製上部工にならっていることがすぐにわかるだろう。Dの架道橋で使われている二本の主桁で複線を支えるという構造では、一本の桁に単線の荷重がすべてかかることになる。これはすでに知られているように支間が大きい場合にかぎり経済的であり、分岐器接続線が入ることを考えれば設計上標準的なものになるだろう。もちろん、この構造は、Dの場合のように凹鈑の下にわたす横桁高が十分とれるときにかぎって利用できる。PとQは同じ形の架道橋だが、中央駅に近いのでDのような構造にするほうがよい。しかしそうするとレールの面を少なくとも三五センチくらい上げなくてはならないので、この案は断念した。そのために、分岐器は今後必要とあればこの架道橋の上ではなく、P橋の南やQ橋の北の陸橋の上に入れることになる。架道橋の支間は、支柱のない単径間の場合で六メートルから一四・二七メートル、三径間の場合で一九メートルから四七・五〇五メートルであり、板桁を使うことができる。鋳鉄製のペンデル支柱を用いることにした大きなスパンのところでは、一般的に主桁はゲルバー形の桁にする。ゲルバー桁は、地震の多い地域で予想される橋脚のわずかな沈下が、ビームの応力に大きな影響を与えないことで知られている。図5の架道橋PおよびQの鉄製構造物のスケッチでわかるように、桁下の開口部は、側径間の二本の梁が中央径間に張り出し、その端に独立した中梁をつないでいる。張出部の梁の長さは、列車の通行が橋台に影響を与える際に、アプリフトに対するアンカーを必要としないように決められる。この構造はスパンが小さくなるという好ましい点をもち、そのために中央吊桁の突縁断面も桁高も小さくてすむことになる。

N通りと交わる鉄道の角度は一番目の軌道で二八度三六分というたいへん浅い角度であるため、橋梁区間の長さはとくに長く四七・五〇メートルとなる。このNの架道橋や中央駅の南と北で鉄道とほぼ直角に交わる幅が三六・三六メートルの平行した通りPとQの架道橋では、このゲルバー桁の構造がよくわかる。スパンの長さに対応して側径間の梁は腹板高が高くなっているため、下突縁の線は真ん中の梁よりも低くなっている。側径間から片持部で、側径間の桁高から中央桁の桁高まで顕著に減少している。この構造では中央径間の桁下がかなり高くなるという外観上の長所があるが、PとQの架道橋では中央径間の桁下は、必要とされる四・二四メートルを超えているが、側径間ではそれがクリアされていない。複線の間にあるとくに大きな荷重がかかる内側の主桁の場合と同じように、中央に向かって大きくなる撓みのモーメントに応じて、外側の主桁の上突縁の上の線が上にあがっても、この高架鉄道ではほとんどの場合架道橋に厚板を敷いた通路を外側につけるので、それに隠れて、外からみる人の目にはまったくわからないだろう。

中央径間と側径間の梁の接合は、もっとも太い直径

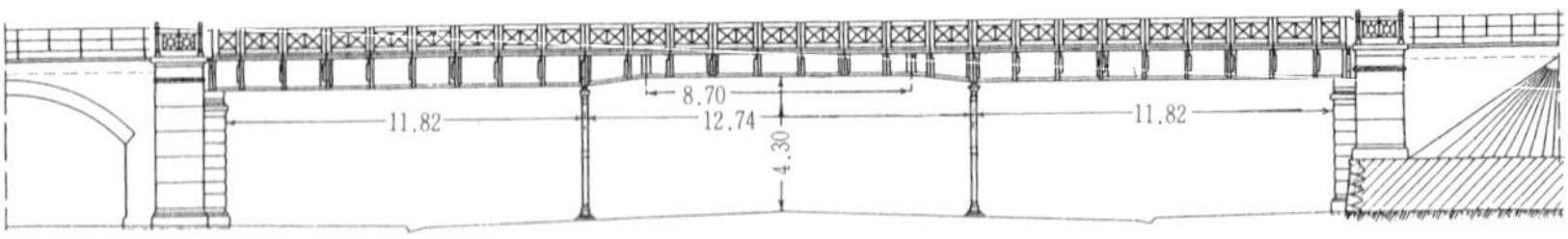

図5　通りアとQの跨道橋

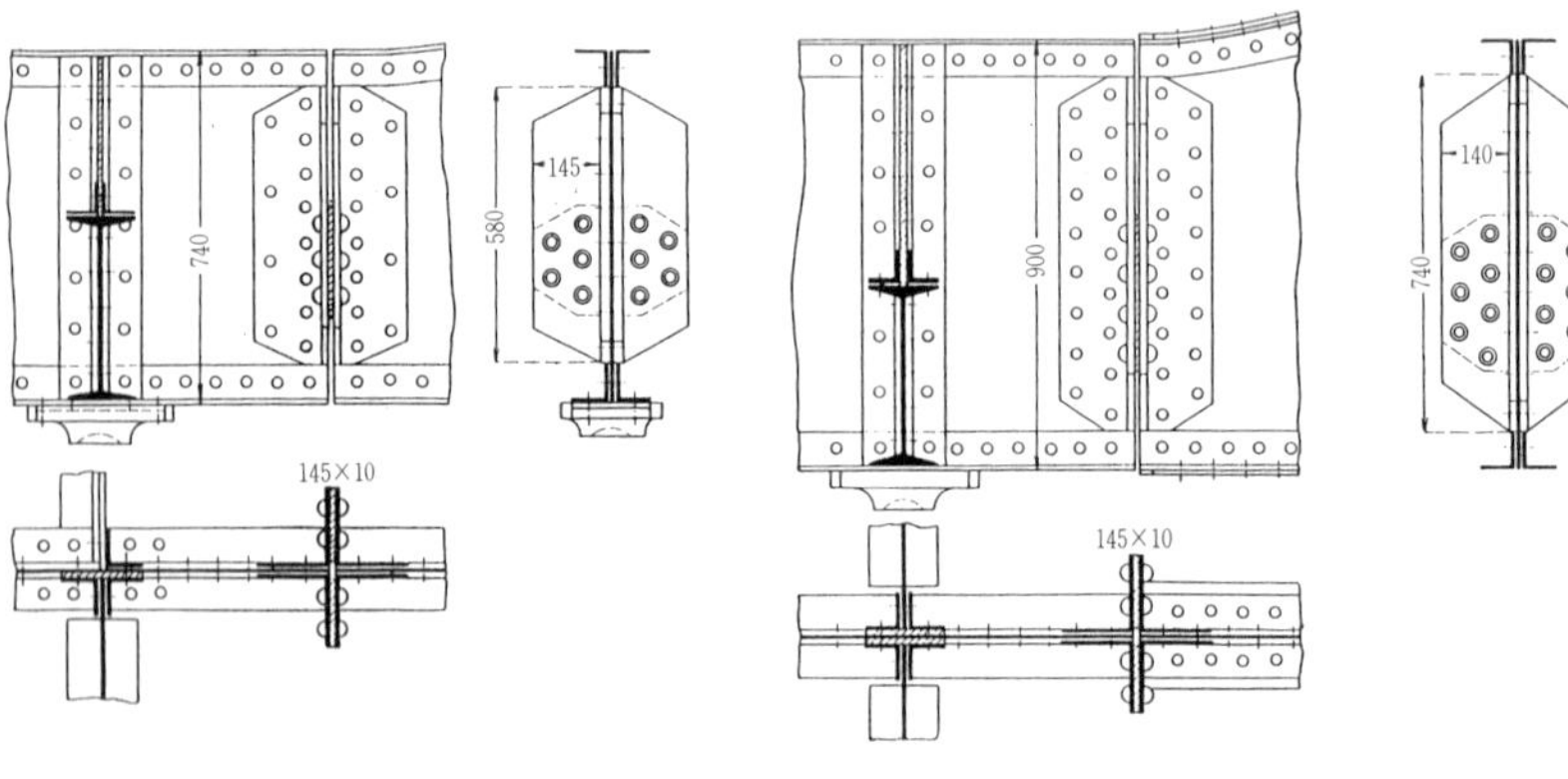

図 6～図 11　中央径間と側径間の主桁の突き合わせ

二五・四ミリ（一インチ）のリベットを使う。その際に接合リベット群の重心が、ほぼ各軌道面上にくるようにする。接合部分は曲げモーメントに耐えることができないので、それをゼロに近くするべきであり、リベット接合部分には、鉛直方向の剪断力と水平面の耐風構えとしての桁の応力だけがかかるよう設計する。

図6から図15までは、個々の実例を示したものである。腹板や突縁は切断して向い合せる。腹板にとりつけた、普通は不等脚山形鋼の自由脚を向い合せにして、その間に一〇ミリ厚の填材板を挿み込んでリベット接合する。リベット接合の部分がヒンジの役割を果し、接合した二つの梁の中立軸からかなり離れた腹板の部分が相互に関与しないように、リベットはできるかぎり間隔をつめて打つようにする。そうすることにより固定される填《てん》材の部分の長さをできるかぎり短くすることができる。またもっとも太い二五・四ミリ（一インチ）リベットを使うのは、リベットの数をできるだけ少なくして、ヒンジとしての役割にちかづけるためである。この構造は、主桁の梁の垂直方向と突合せが一致しない場合のほうがわかりやすい形になる。こうした場合はもちろんさけることが望ましいが、やむをえずそうなることもある。そのときには、填材を挟むかわりに、横桁の端部のH形の圧延鋼ＮＰ36または38の腹板部を挟み、図12から図15に示すようなかたちで接合する。軌道用の凹鈑床や砂利を押える側板は、接合部の構造において中断することなく連続させてよい。軌道用の梁のおのおのの垂直面内における曲げ剛性が小さいことを考えるとそれで大丈夫で、とくに考える必要はないと思われる。ここで説明した突合せの方法は、ケルン（ライン河畔）の鉄道施設の大幅改良の際に、市街地の架道橋に使われた鉄製構造物での方法にならったものである。（注　建築管理中央紙　一八九〇年の四六七から四七七ページの著者の報告を参照のこと。）東京の構造は、この章の最初のほうで述べたように、かなり単純化されている。通常は主桁と

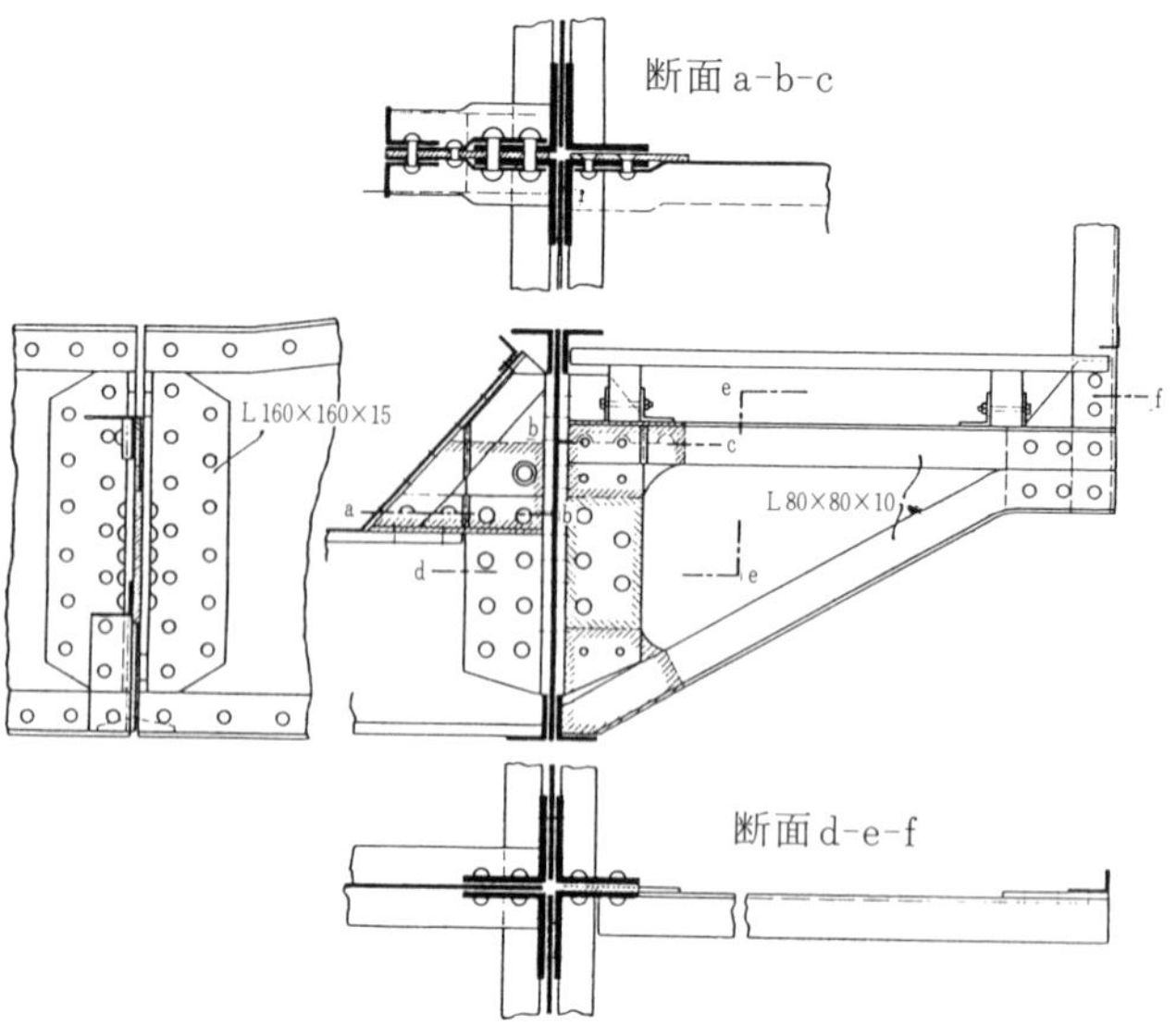

図12～図15　中央径間と側径間の主桁の突き合わせ

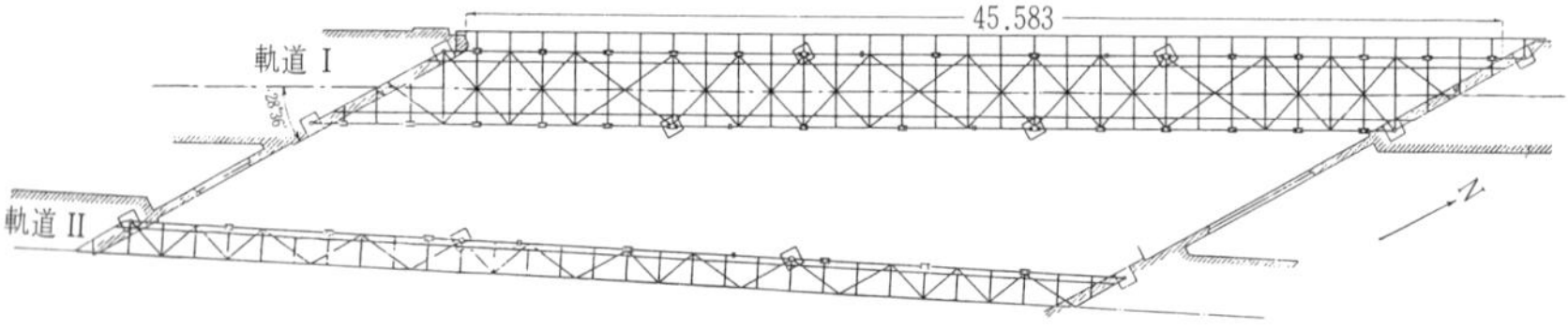

図16　通りNの跨道橋の平面図

床板を直接つなげていないからである。ここで述べた接合部分における鉛直方向に現れる構造物の曲げの影響はまえもって計算すると床板の表面についての径間長さはほとんど変りがないからである。リベット接合部分の重心は、曲げに対して回転中心またはヒンジとなるが一貫して路床の表面にあるように設計されているからである。道路と直角またはそれに近い角度で交わる場合には、一箇所の柱間にして、水平方向に上と下に横継ぎ材をつけ、長方形を形成するように、筋かいに鉄の丸棒に引張力を導入したペンデル（揺れ）壁を設けることができる。

この壁は普通の状態では歪むことはない。だが鉄道と道路の交差の角度が直角から大きくはずれている場合には、この構造はとることができない。主桁の長さが変化する場合に生じる柱頭の位置の移動によって、主桁の面を維持することができない。それは揺れ壁が下のヒンジのまわりに、その面に直角にしか回転できないからである。そのために無理にこの構造をつくるとしたら、橋脚の柱頭部をねじるか、主桁を長方向に対して横に押しつけなくてはならなくなる。それはできないので、こういう場合には、自立している、ほかとつながっていない揺れ支柱を用いるほかにないことは明らかである。また上部工の橋軸に直角な水平方向のずれを防ぐために橋脚と橋脚の間を通じてしっかりした耐風構を配置し、外からの力（突風や横からの応力、カーブにおける遠心力の作用）をすべてそれで吸収し、支承にそれを伝えるようにする。このようにして中間支柱の横倒れを防ぎ、橋桁の破壊につながるような変形も防ぐことができる。この場合には欠くことのできない耐風構の効果は、隙間なく凹鈑（バックルプレート）を張りわたした床板によって補完される。路床はそのための骨組となる縦桁と横桁とに凹鈑がリベットで固定されるため、橋梁構造の水平面で橋軸に直角の方向に、ある程度の剛性を加えるので、耐風構の効果を増す助けとなる。主桁を水平方向の耐風構の弦材としても利用できるので、側径間と中央径間の梁をつなぐ接合部のリベットは、その軸において剪断力に耐えるとともに、風下側の主桁側に生じる引張力によって追加的に発生する引張応力にも対応したものでなくてはならない。スパンの大きい、単線を二本の主桁で支えている架道橋において、これは欠くことのできないものである。概略図では耐風構としての桁高はごく小さく示されている。それに対して複線を三本あるいは長さによっては二本の主桁で支える構造はたいへん都合がいいといえる。側径間の片持部と中央径間の梁の突合せの部分に必要なリベットの数を剪断応力に耐えるように計算された数に引張力による数を増やすという方法で、おのおのの接合部について考えればよいからである。風の当たる側の主桁に生じる圧力は、リベット接合部においては問題にならない。

図16の架道橋Nでは、道路との交差に角度があるために、橋梁区間がかなり長くなっている。そしてこの計算方法で算出された側径間の片持桁と中央径間の梁の接合部におけるリベットの数が、継ぎ手としての効果をそこなうほど多くなってしまう。風荷重による長軸方向の引張応力によるリベットへの負荷を軽減するための簡単な手段として、うまく使うことができるのは、いわゆるゲルバー式板桁である。図17から図19に示すようにゲルバー桁とは、二枚一組の、上と下とに重なり合った継ぎ材で、突合せ梁の腹板の両側に山形鋼でとりつけられる折れ曲がった、二枚の引張板である。この継ぎ材は、突合せの垂直方向の山形鋼の垂直脚に外側から軽く固定されているが、風によって生じる引張応力に耐え、この接合部でつながっている梁の、垂直方向への撓みに大きな応力を生ずることがない。工事を行う場合の実際の作業上でも、問題はほとんどないだろう。工

場または現場でリベットを打つのは簡単で、継ぎ材の切断もごくわずかな金属板の切込みの作業だけである。

鉄道の架道橋の下でほぼ直角に交差しているDとEの通り（図４）に関する鉄製構造物についてとくに説明をつけ加えよう。

道路Dの北側の端は、東の部分が西よりもいくぶん引っ込んでいるので、東京市の行政当局から、その道路Eの南側の端と交差するところに直接細い柱を設置することを簡単に認めてもらえそうだ。DとEの交差するところの右側の橋台に問題があるかもしれないが、ここを曲がる交通量はごく限られているからだ。それによってⅠとⅡ、ⅢとⅣの各複線は、AとB、CとDの主桁で支えられる。Bの主桁がこの鋼鉄製の柱を北側の橋台とするため、ABのほうがスパンはやや小さくなる。二つのコの字形のNP20鋼とフランジにリベットでとめた二五〇ミリ幅の二枚の板からなる橋

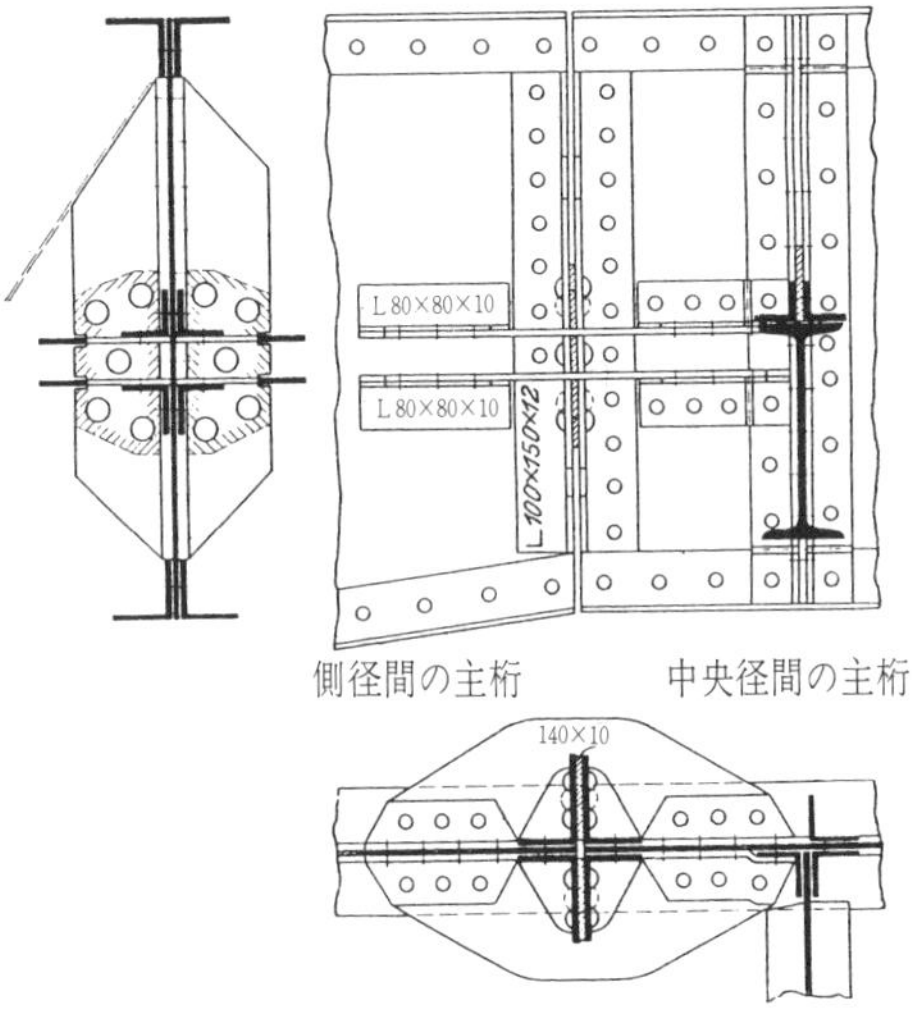

図17〜図19　中央径間と側径間の突き合わせへのゲルバープレートの利用

台（図20～図25）は、脚部は底板にしっかり固定されるが、柱頭部は球面支承沓にする予定である。図4のBの桁は、橋台に固定しないで、乗せるようにする。支承は柱頭のすぐ下の部分を、丸い棒状のアンカー二本で橋台に直接固定される。この橋台は、図4のDとEの通りに挟まれた、平面図では三角形になっている箇所である。Bの主桁はD通りの南側の橋台で可動であり、こちらの支柱上には固定される。温度の変化による膨張と収縮に対応した長方向の余裕は、他の三本の主桁もBと同じく南側の橋台でとられる。こちらの橋台の柱と

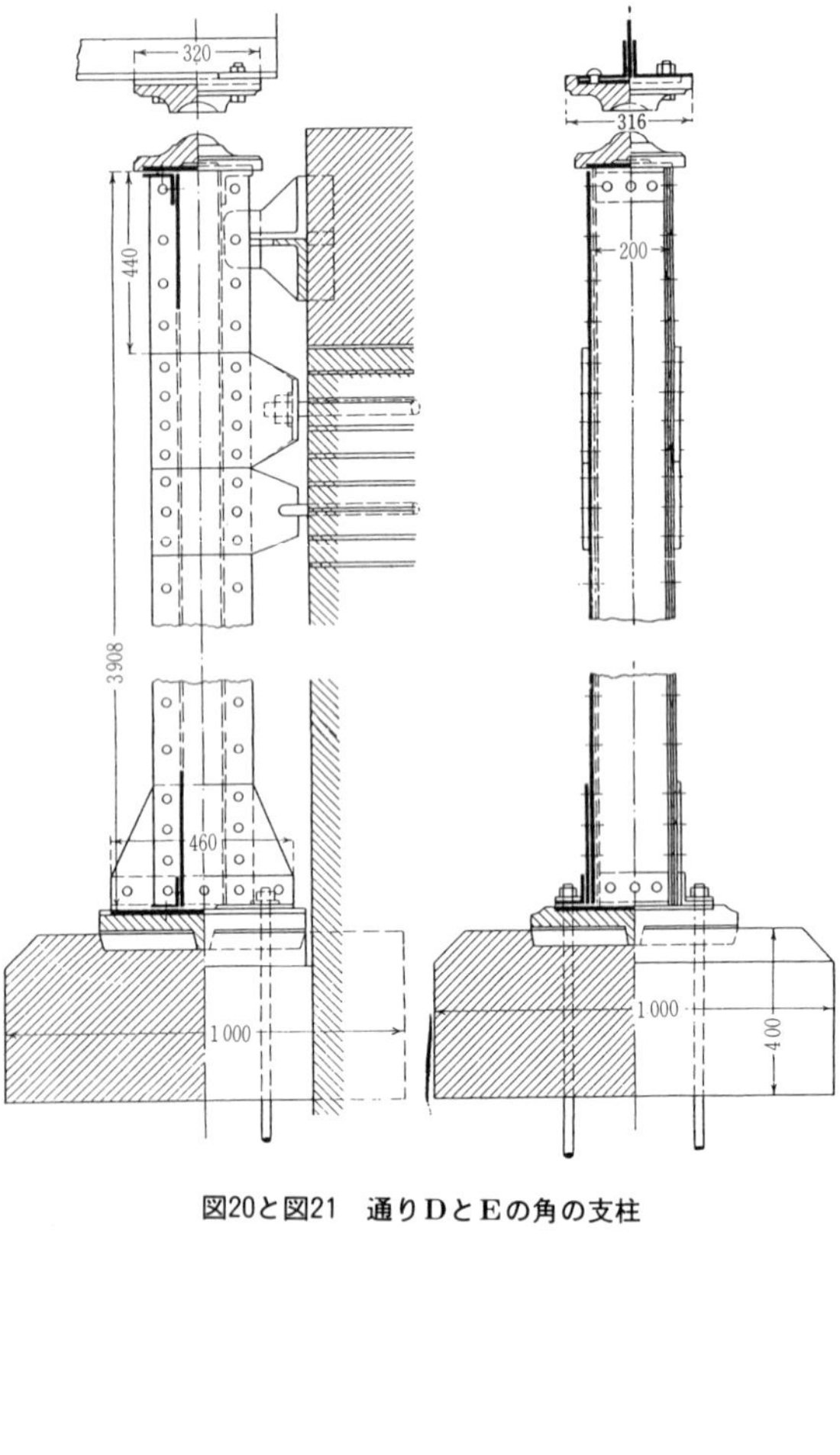

図20と図21　通りDとEの角の支柱

の接合においては、そうした余裕についての考慮はしない。AとB、CとDの二組の主桁は、おのおの四本ずつの横桁でつながっている。さらに両端の斜めになっている部分では、短い横桁を一本ずつ入れている。Bの桁の橋台のすぐ上にE通りの、道路と直角な桁のための固定された橋台がある。残りの主桁は一・四七メートルの間隔をおいて計八本並んでいる。八番目の桁は、斜めになっている側面の梁と、南の橋台でつながっている。

Eの架道橋のいちばんの主桁は、E通りの北側の橋台の先にもっと桁高の小さい圧延桁がつながっていて、D通りの上にかかる橋梁のいちばん北の横桁とほぼ同じ方向に向かい、西側の主桁Aの北側の橋台まで達している。これによって二つの架道橋の下部工と上部工の全体的な構造は、たいへん簡単になり、二つを合せたどの部分にも、可動のジョイントや不自然な接続部品はない。

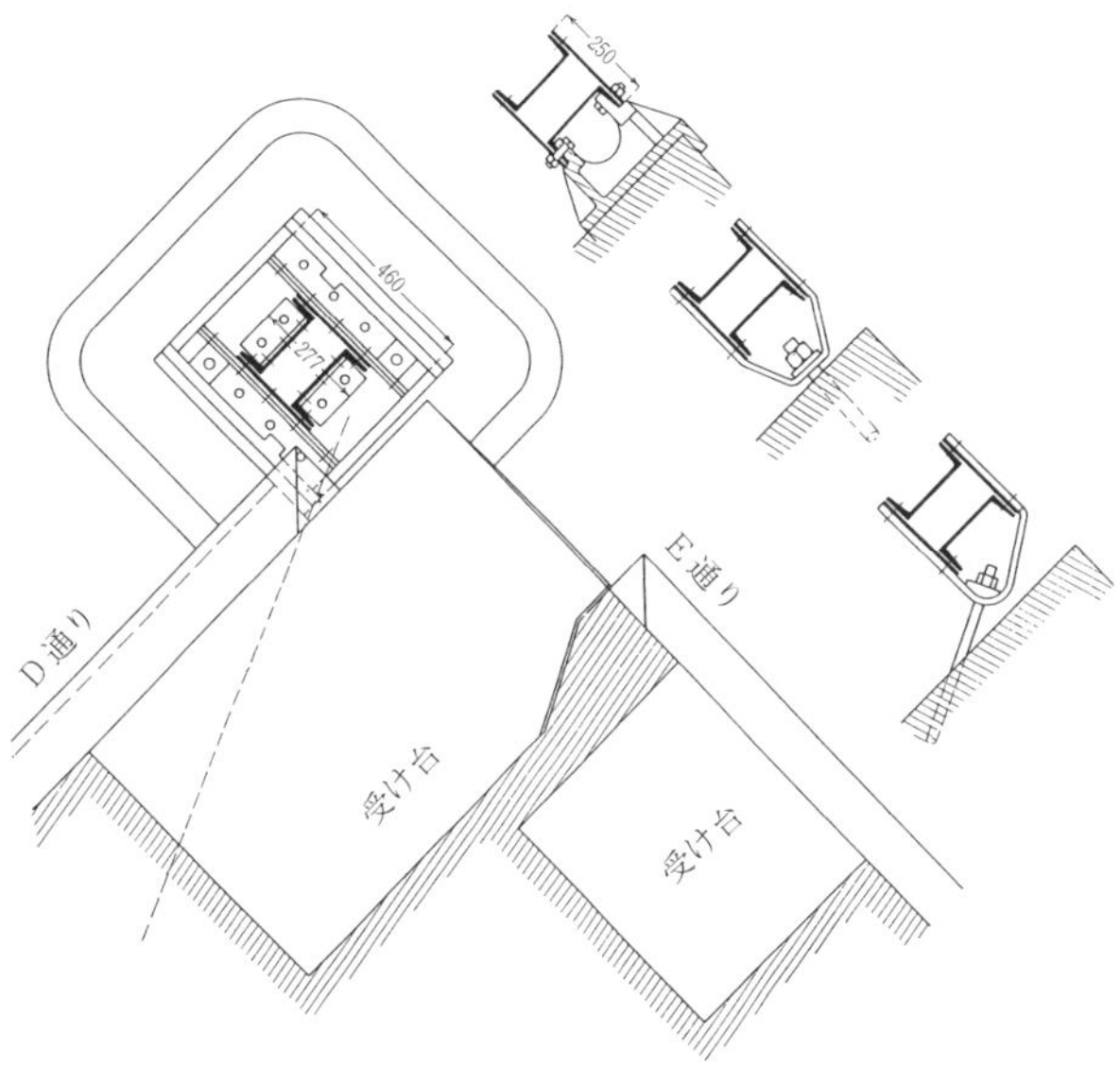

図22〜図25　図20と図21の支柱の横断面図とアンカー

四 陸橋（アーチ橋）の構造

高架鉄道の陸橋は、設計作業を可能なかぎり簡素化して、建設工事をスムーズに進行させるために二種類の標準設計をつくり、それを原型として工事発注の際の基礎資料とする。基本となる標準設計の内容はスパンが内のりで一二メートルと八メートルのものである。道路との斜角の関係で陸橋の端の角度が直角でない場合には、拱の端の橋台と橋脚とがまったく異なった構造になるため、それぞれの条件ごとについて設計計算を行う必要があった。また高さの制限との関係からスパンを一二メートル以上にすることはなかった。

内のり八メートルのスパンのものはそのまま駅施設として使えるという利点がある。ホームに屋根をつける場合も、陸橋の橋脚の中心線にその支柱を一致させなくてはならないが、軸の配分が九メートルから九・五メートルの間隔となりそれに適している。それに対して一二メートルの内のりのものは、地盤の条件が悪いため、杭基礎工事にコストがとくに大きくかかる箇所において、全体としては利点がある。路線が急カーブになるところ（半径四〇〇メートル以下のカーブはやむをえない場合にしか入れないが）では、両起拱線の平行を保つために必要な橋脚の断面をくさび形にするのに、橋脚のスパンは小さいほうが、橋脚の重量の追加分が少なくてすむ。日本では全般的に部屋の扉や居室における内のりの高さは比較的低いので、陸橋の拱台の高さは、地面から約一・五メートルくらいの高さになることもありうる。一般的には平均して二メートルになるように設計してある。高架駅の下の空間は将来待合室や駅務のために使われることを考慮して、起拱は地面から約二・七五メートルにする。起拱を低くすることは、陸脚のアーチと陸橋の割合がバランスのよいものになり、とくに地震の多い地域では大いに推奨できる。陸橋の上部のアスファルト製舗装路面の上の道床の厚さは、軌道のレールの下の面から四五センチ、または木製のまくら木の下から三四センチを最小限とする。アーチの軸圧縮力が小さい場合、列車の通行による振動の影響を考えて、できればこの基準より一〇センチ厚くする。これによって橋脚の高さとスパンの比率は、一対三・五から一対六を限度とすることを目標としている。おおむね一対五を実現することができた。

陸橋と交差する街路の跨道橋に必要な橋台と、陸橋の橋台とが、陸橋が短いために径間部の数が限られ、分けられない場合には、特別なグループ橋脚を設計している。通常の場合と同じように、このグループ橋脚は、活荷重のかかっていないアーチの一方からの剪断応力にも耐えられるような強度で設計される。以上のような要領で設計された陸橋は、ほとんどが七つか八つのアーチ径間である。駅の部分では、グループ橋脚が入っている場合でも、橋脚の中心から中心の間の軸が規則的に配分されるようにする。そうするとホームの構造や上屋のために、屋根の支柱の間隔を等しく保つことができる。そのために、駅以外の区間ではグループ橋脚の前後で標準的なアーチの幅や形を変えないが、駅の部分では、グループ橋脚のアーチの形を変えて内のりの幅をいくぶん狭くして、等間隔が保てるようにする。

日本の建築基準と車両限界の規定——軌道中心線より一・三七メートルの幅をとる——により、長距離輸送と地域内輸送の各複線において、一組の軌道の中心線間の距離は、一一英フィート、三・三五メートルである。

陸橋の縁の部分においては、保線要員の通行が危険でないように、十分な余裕がとられる。客車の扉が開いた場合を想定すると、軌道の中心線から一・八三メートル以上離れないと、線路脇に立つ人には危険である。陸橋の縁の部分に、すぐ隣りの軌道の中心線から二・四五メートルの幅をとることによって、六二センチの通行帯を、車両の扉が万が一開いた場合よりも外側、言い換えれば車両限界から五四・五センチとったところに確保できる。この通路があれば、保線要員や作業員が、列車の通行時にも安全に陸橋上を歩行できる。複線と複線の間、つまり内側の二本の軌道の間隔は、軌道の保守のため、保線要員の通行分として、それまでの認可される必要最小限の三・六六メートルよりも大きく四メートルとることに決められた。以上合計すると、陸橋の幅は、

$$2\times2.45+2\times3.35+4=15.60$$

となる。ベルリンのSバーンは、軌間が日本より広いのだが、一四・五メートルから一五・三八メートルで、通常は一五・五〇メートルとなっている。

東京の都市改造委員会の決定によって、陸橋の両側にはさらに片方に約一二フィート、三・六四メートル、もう一方に一八フィート、五・四六メートルの保護通行帯を設ける。これは陸橋の構造物とは独立した連絡通路や陸橋と平行する通路としてうまく利用できる。工事の実施の際も、この部分の帯状の空間があるとつごうがよい。完成後も残るこの空間のための用地はまだ確保されていないのだが、私としては両側に通路をつけるよりも、それをどちらか一方にまとめたほうが、もっと使いやすいものになると思う。片側にまとめておけば、遠い将来に必要となった場合に、三組めの複線の用地として利用することもできる。こうした可能性は通路を

二つに分けると決めたことによってまったくなくなってしまった。

図26の横断面図に示したような、いままで述べた陸橋上の軌道の構造および配分に従って、内のりのスパン一二メートル幅の陸橋では、中間橋脚の中心線のところに、アーチ工の天井までとどく幅二メートルの空間をとることができる。さらに、外側の軌道の中心線の下におのおの一・二メートル幅の空間がとれ、それは陸橋のアーチの起拱部よりも下になるが、放物線形のアーチでふちどられる。こうすると荷重の小さい外側の橋脚をよりよく利用できる。そうして死荷重と活荷重をなるべく均等に配分して、橋脚のどの部分でもほとんど資材の必要量が同じになるようにする。グループ橋台では、中央に一メートル幅の、陸橋の起拱部よりも低く、放物線のアーチをもった開口部しかつくらない。橋台の中心の、高い開口部は、二重にカーブをつけた石材でふちどりされ、陸橋の壁につなげる。

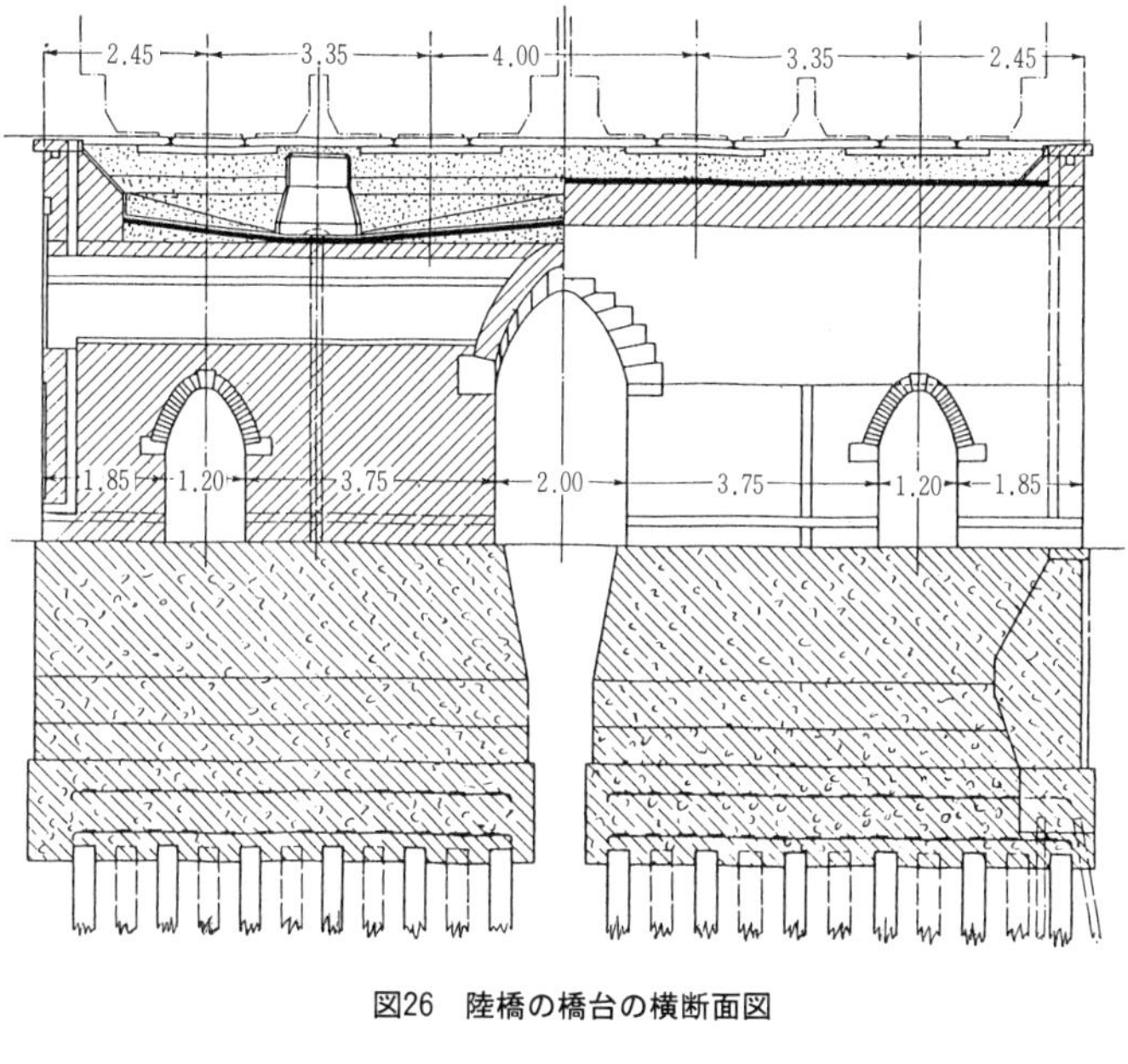

図26　陸橋の橋台の横断面図

開口部の内側の天井は、煉瓦で円柱状の円天井をつくる。この円天井の準曲線は、三つの中心点をもつ円弧でほぼ代替できる放物線である。

陸橋の排水設備およびその規則的な保守については、東京の冬が北部ヨーロッパと比べてかなり温暖なので、ベルリンやケルンのSバーンの陸橋で生じたような問題はあまりでないと思われる。通常の区間での複々線用の標準的な構造の陸橋については、橋台ごとに、複線ひと組に一本ずつ、計二本の内のり直径一二センチの鋳鉄製の排水管を設置する予定である。その位置は複線の軌道の間とする。この排水管は、アーチの下をいつでも通行できるようにしておくために、橋台の外側に、煉瓦の厚さの半分の溝をつくり、まっすぐ下に向かわせる。排水管に水を集める集水口の上部には、アーチ形の覆いをつけ、さらに四角い排水桝を設け、そこには人が入ることができるようにしておく。その排水桝は、水を通すために下部に放射状にス

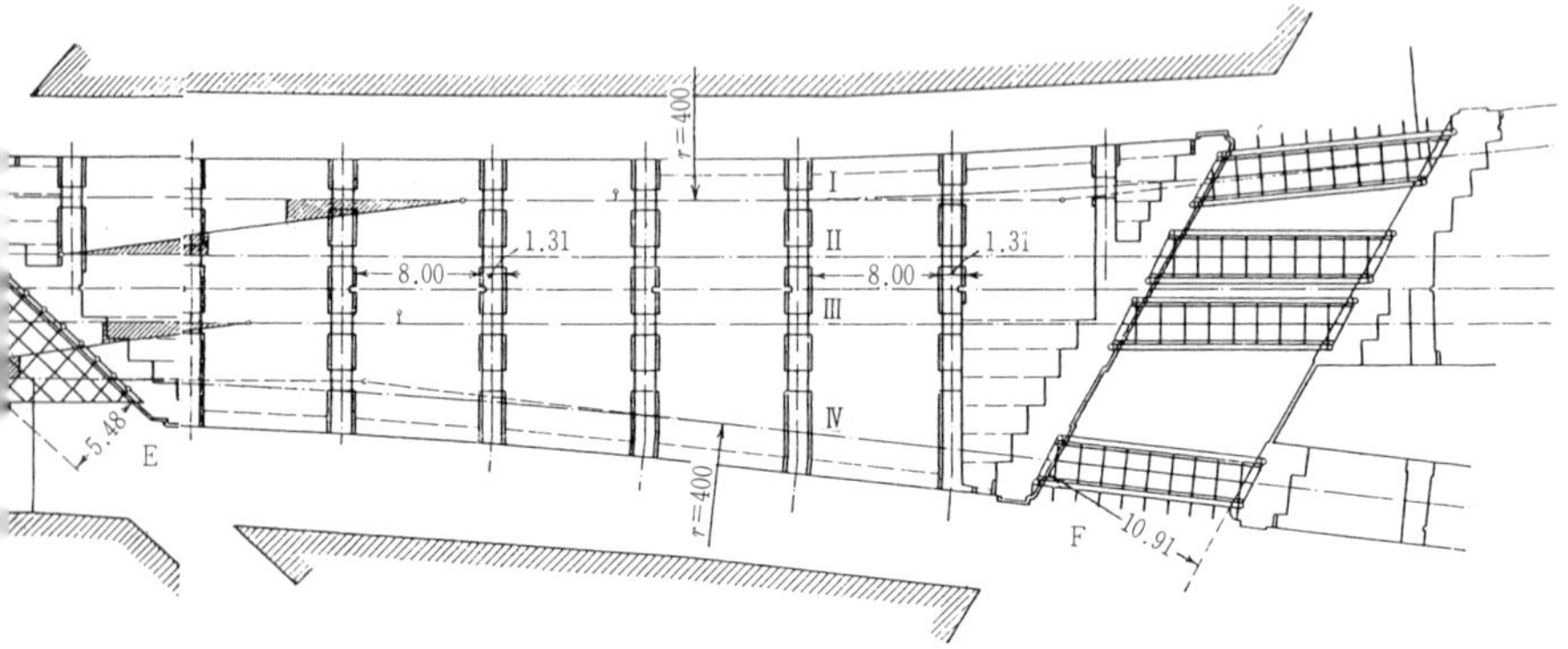

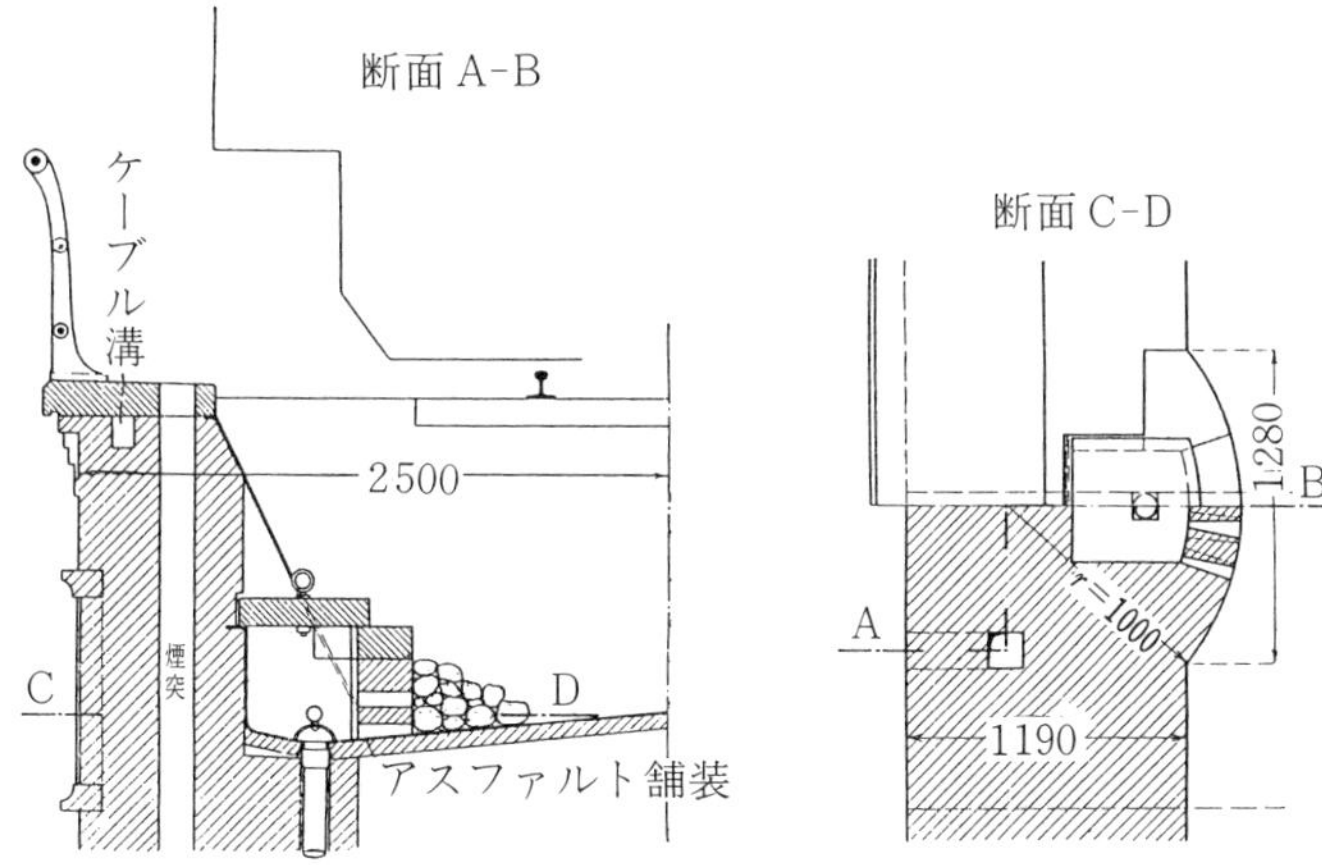

図28と図29　単線用陸橋の排水設備の設計

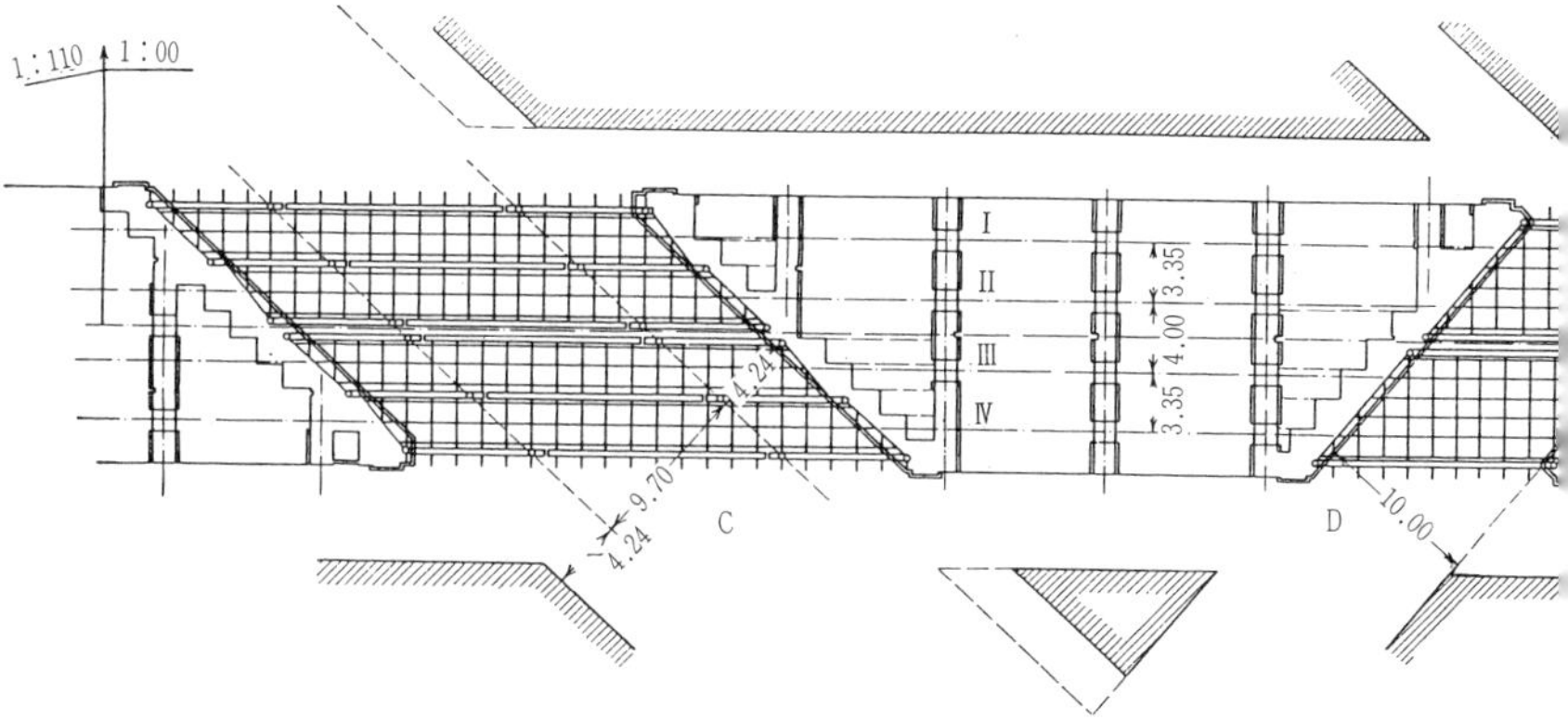

図27　通りC・F間の陸橋の橋台平面図・全体構

リットを入れ、上はレールの上面から二五センチのところまでの高さとする。側面からの力に耐えるように、排水桝の四角形はいくぶん外にふくらみをもっている。排水桝には足場の金具がつけられ、上の口は石材でふちどられ、木製の蓋がかぶせられる。さらにその上に約二〇センチの砂利が敷かれる。この砂利は排水用のタンクを冷え込みが強い夜間の凍結から守るためのものである。図26でわかるように、排水管の上、つまりこの排水桝の中には簡単に入れ、もし排水管の中に何かが詰まったときには、蓋をとって簡単に取り除くことができる。排水管の下の部分には泥溜りを設け、陸橋にそった道路または陸橋に交差する道路まで導かれる。

軌道の間に分岐器を入れる場合、または分岐器分の余裕をとっておく場合には、複線の間に排水管を入れられない。その場合、四本の軌道がひとつの陸橋の上にある、街路CとFの間の陸橋のような場合では、図27に示すように、陸橋の構造物の中心線に一本だけ排水管をつける予定である。

駅では、ホームの分の空間をつくるために外側の軌道が平行でなくなるので、内側の二本と外側一本ずつ、あるいは長距離列車が停車しない有楽町駅のように、三本と一本というように陸橋が離れるために、こうした場合についての排水の方法が問題になる。軌道が三本または二本の陸橋については、前述のような軌道の間に排水管をつけて、その上部に人が入ることができる大きさの排水桝をつけた構造にすればよい。軌道が一本の陸橋について、特別に標準的なものとは異なった仕様を作る必要がある。図28と図29で示すように、その場合には排水管を外側の壁の近くに設置して、上部には、陸橋の外壁と接し、軌道側に集水用のスリットをもった排水桝をつける。軌道の砂利をどけて石材製の蓋をとれば、陸橋の上から排水管の上に入ることができる。この場合でも、排水管が詰まったときは、まくら木を取り除かなくても、点検や復旧作業ができる。つまり列車の運行には大きな影響を与えないですむ。

陸橋のすかし模様——一二メートルの陸橋では主桁のアーチの起拱部とアーチの上の拱腔部に、軌道方向と直角にすかしを入れる。これは内のりで一メートルのスパンをもつ三つのアーチをさらに欠円アーチで囲んだものである。このすかしは陸橋の端から端まで通じていて、主拱の起拱部の内側で切れる。八メートルのスパンの陸橋の場合には、空間的な余裕がないので、このすかしは入れないが、すかしは陸橋の外観をよくするための装飾である。

図30のようにグループ橋台の場合でも同じように両側に通じているすかしを入れる。陸橋の正面では、すかしの外側のアーチの腕木の上に化粧梁のアーチをかける。主拱は茶色の化粧石材でふちどりをつけ、橋脚の部分は中を一部凹ませ、そこはしっくいで仕上げる。残りの陸橋の全体は整形した煉瓦を混ぜない一重の煉瓦の飾り縁で覆う。陸橋の高欄はベルリンのSバーンにならって、鋳鉄の欄干に三本のガス管製の桟を通したものを切石の縁石に固定する。跨道橋に面した側は橋台の全面を化粧切石で覆う予定である。しかしその柱頭部は一般的に用いられているような切石の胸壁は使わないで、飾りをつけた特別な高欄（図31）をつける予定である。切石の胸壁をつけると重心が高い位置となり、大きな地震があったときにはすぐに落ちて大きな事故をまねくおそれがある。落下を防止するために強固な固定装置をつけると、構造上の簡素さがそこなわれ、コストもかなりかかる。さらに切石の胸壁はかなり厚みがあるので、鋳鉄製の高欄より場所をとることになり、軌道で作業する保線作業員のための空間が狭くなるという理由もある。橋台はできるかぎり主要な構造やサイズ、たとえば柱頭の幅や陸橋の横への張り出し、角の丸みのつけ方などを全部統一している。これはひとつには設

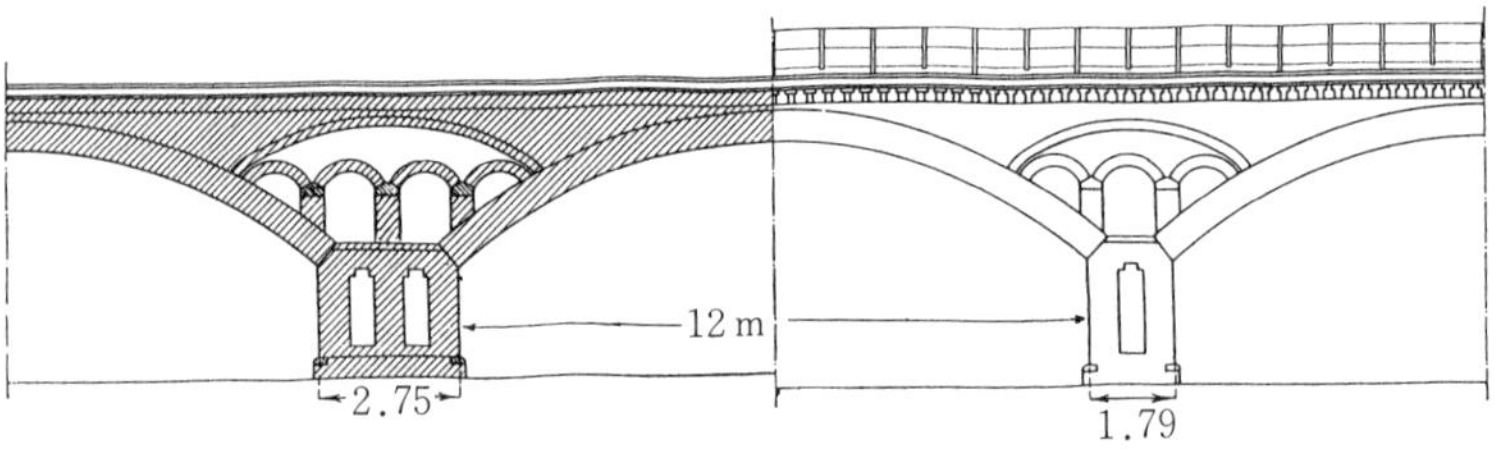

図30　石積みの陸橋の側面からの図

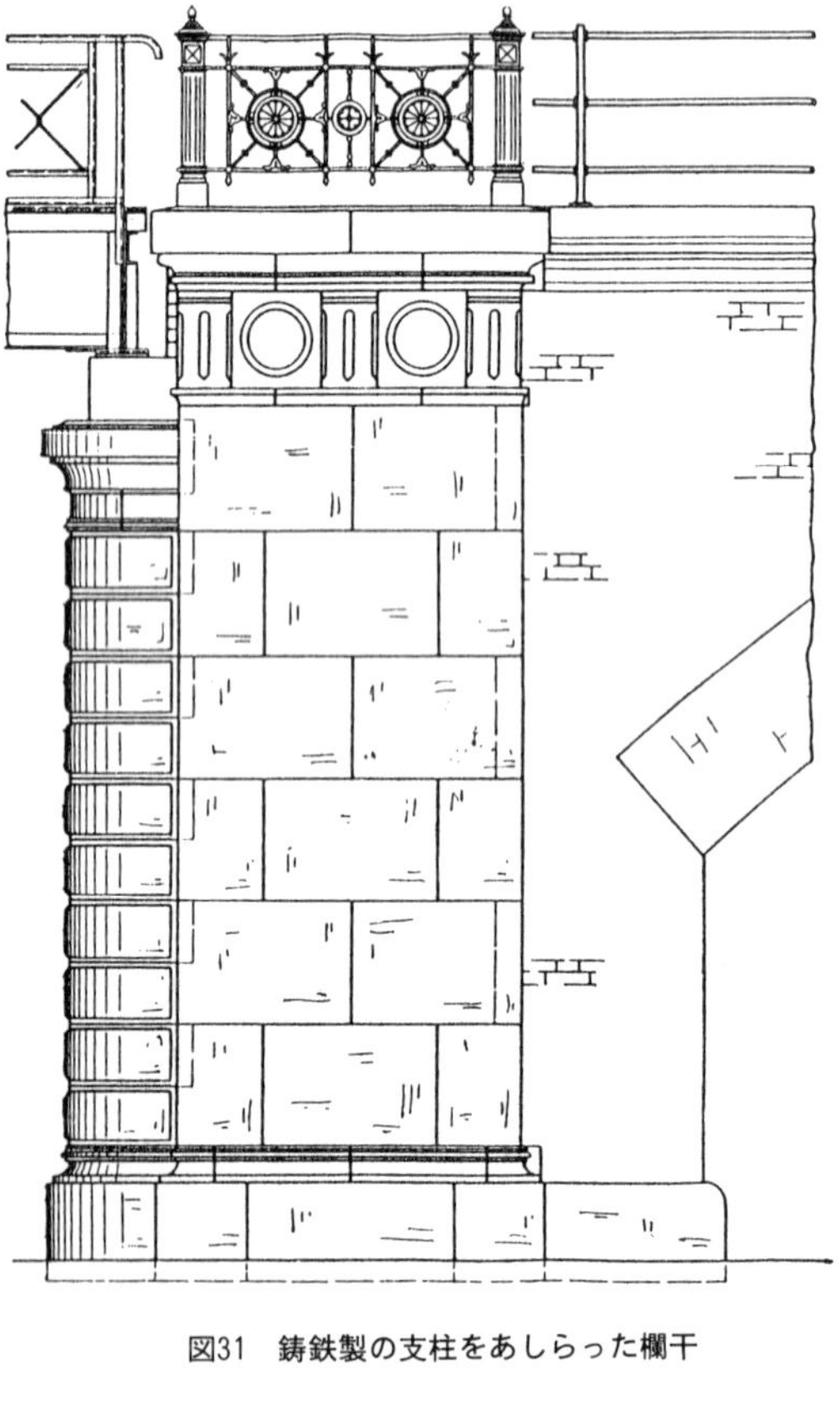

図31　鋳鉄製の支柱をあしらった欄干

計作業や積算、たとえば切石の必要量などを大きく簡素化するためである。一方、実際の工事のコストも下げる。こうした統一化は、もちろん、いろいろなデザインの陸橋をつくるという多様性が失われ、芸術的な創造とは正反対の、ある種の画一主義が支配するおそれがある。しかし、この場合にはすでにデザイン以前の問題が山積みされているため、高級すぎる芸術的な尺度をあてはめるにはいたらないのである。跨道橋においては、規格を定めたとしても、高さの関係や個々の道路と鉄道との斜角がまちまちであるため、外観上は豊富なバリエーションが生れているのであるから。道路に面した陸橋の表面は、切石の台座と飾り縁をつけ、角はルスティカ型の切石を積む。その間の平面には四分の一または二分の一の厚さの上質の煉瓦を貼る。陸橋の表面に排水管用の切込みが必要であり計画されている場合には、通常はうんざりしてしまうほど長い橋台の壁という建築上の構成が活用できる。図32

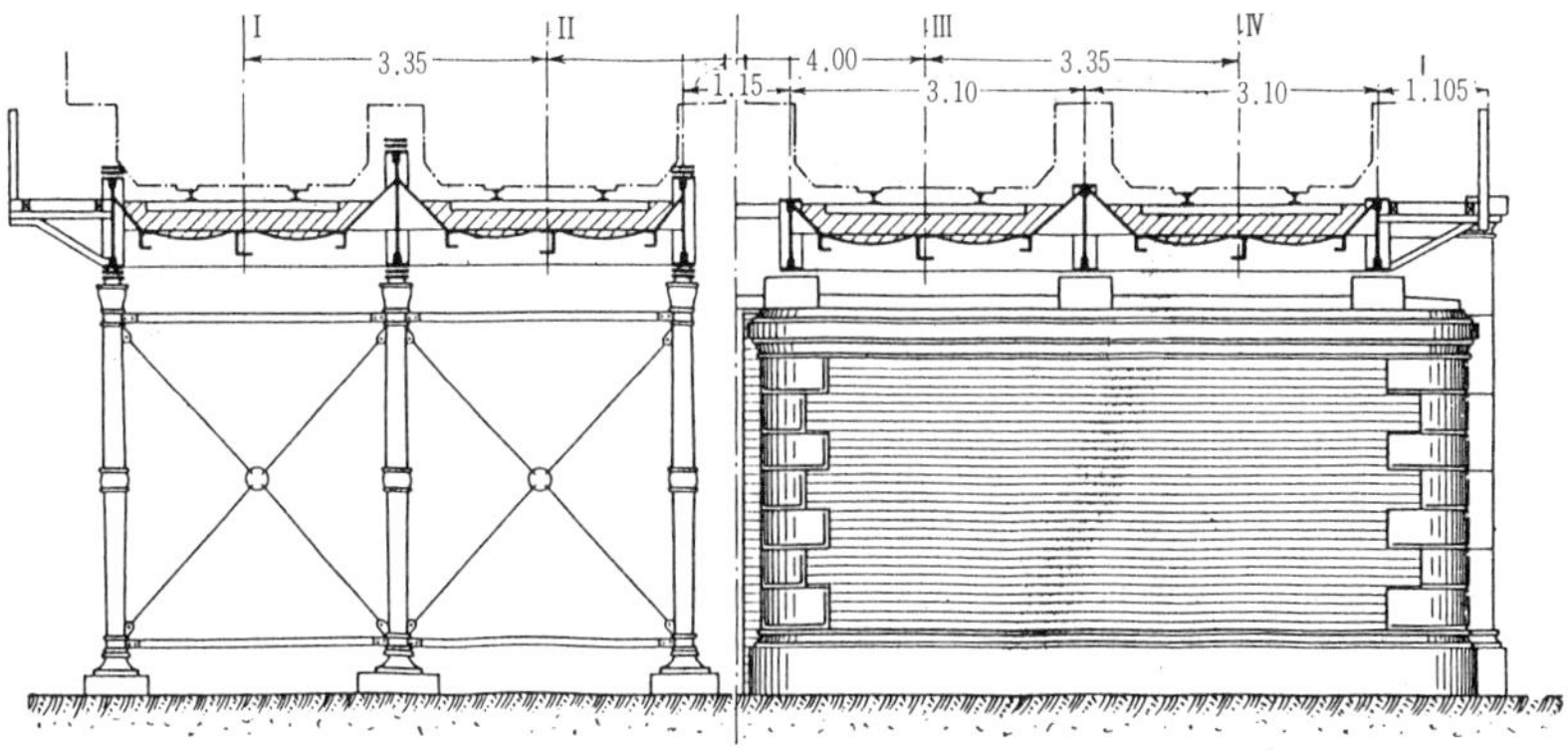

図32　懸垂壁と石づくりの陸橋の橋台

にその例を示す。

陸橋の基礎工事――東京の土質構造は主に沖積層から成り、比較的荷重の大きい陸橋の基礎工事は難問である。とくにこのような工事について近代において似たような建造物についての経験は少なく、こうした仕事を行っている建設業者は日本にはまだ現れていない。東京の隅田川に架かる何本かの道路橋は、それほど橋梁区間は長くない（六七・五メートル以上のものはない）が、橋台の基礎工事にはかなり深い深礎杭を使っている。高架鉄道の橋脚は数が多くて長いし、またアーチ型のため車両の動きによって荷重の方向が変化するので、井筒を掘り下げて中詰材としてコンクリートをつめる深礎杭は、支持地盤がところどころでたいへん深いところにあるので、コストを押し上げる原因となる。深礎杭に近い方法として、木製の杭を利用することがあげられる。地下水の水位が高い場合には、水から露出することなく固い支持地盤まで到達でき、矢板壁の間に流し込んだ厚さ一メートルから一・五メートルのコンクリートの底版を支える。支持地盤がとくに深いところにある場合には、コンクリートを、平板をリベットでとめて交差させ両端を曲げたものを二段に入れて補強する。この平鋼板は図26でわかるように水平に埋め込まれている。こうした鋼鉄製の補強材がコンクリートの引張応力を負担し、地震の際の振動に対し、安全性がかなり大きくなるのは明らかである。コンクリートが比較的浅い位置にあるため、煉瓦でつくられる基礎壁の質重は可能なかぎり制限される。木の杭はコンクリートの土台の下にほとんどの場合に施工されることになる。地盤が比較的良好な場合には、杭は短くまた細いものですむかもしれないが、まったく使用しないということはほとんどありえない。

跨道橋KとLの間の約一五〇メートルの区間は、とくに深いところ――地表から約二〇メートルの場合もある――に支持地盤がある。ここには古代は東京湾の一部だった深い入江があった。そのために両端に跨道橋KとLのためのグループ橋台を配したこの区間には、とくに深くて入念な基礎工事が必要である。ここのコンクリート基礎の厚さは、地表下で約五・五メートルで、杭の長さはふつうは一一メートルで十分なのだが、ここでは場所により一六・四メートル（五五尺）にしなくてはならない。おもに土圧を受け斜めの方向から荷重をうける端の橋台の部分ではすべて鉛直方向に対して三ないし六対一の角度をつけて杭を打設している。

五　駅施設

中央駅の概要

図2と図3に示す中央駅は江戸城の外郭の東側で、市庁舎（もとの都庁舎）の北側に当たる永楽町内に建設される。その区画は三六・三六メートル幅の平行するPとQの道路に挟まれた約七五〇メートル幅の国有地で、PとQの道路の東の先には、外濠にかかる鍛冶橋と呉服橋がある。駅の北東の角から約四〇〇メートルのあたりには、南から北西に通じる広い道路日本橋がある。この橋には、日本の道路原標があり東京の商業の中心地としても有名である。駅の敷地の西側には十分余裕があり、東側は東京の中心部に縦横に設けられた堀川で区切られた市街地がある。この堀川は小さな舟やはしけが活発に行き交い、隅田川や東京湾を航行する小型の沿岸船舶への荷物積替えが盛んに行われる。

旅客駅

旅客駅は将来高架鉄道が日本鉄道の終着駅上野まで北に向かって延伸されたときには中間駅として使用される。しかしその開通はかなり遅くなると思われるので、少なくともそれまでの期間は中央駅を名古屋、京都、大阪、神戸に向かう東海道線の列車の組成駅として使用しなくてはならない。旅客駅は周囲の敷地から約五・三〇メートル高くなっている高架プラットホームをもち、その東側に計画されている貨物駅は、旅客駅の線路の高さよりも三メートル低いところに線路を敷くことにしている。その理由は広大な駅敷地の盛土の量をいくらかでも少なくするためと、貨物駅において船舶と鉄道の間の積替えをできるかぎり容易にするためである。

図3と図33の構内図で明らかなように、高架鉄道の複々線の配置は、都内交通用の複線は島式のプラットホームとし、北側に方向転換用の線路を設ける。それに対して長距離用の複線は上り、下りの方向別に分けた二本のプラットホームとする。（日本はイギリスにならって一般的に左側通行であることに注意したほうがいいだろう。）さらに長距離用複線の外側に入換えや貨物列車あるいは機関車の付替えなどに必要な機回り線を二本ずつ、計四線入れる。この二本の、外側の軌道は、駅の端で本線と合流する。中央駅の開業当初は、使う必要はないかもしれないが、その分の用地を確保しておいたほうがいいだろう。本線をなにかの理由であけなくては

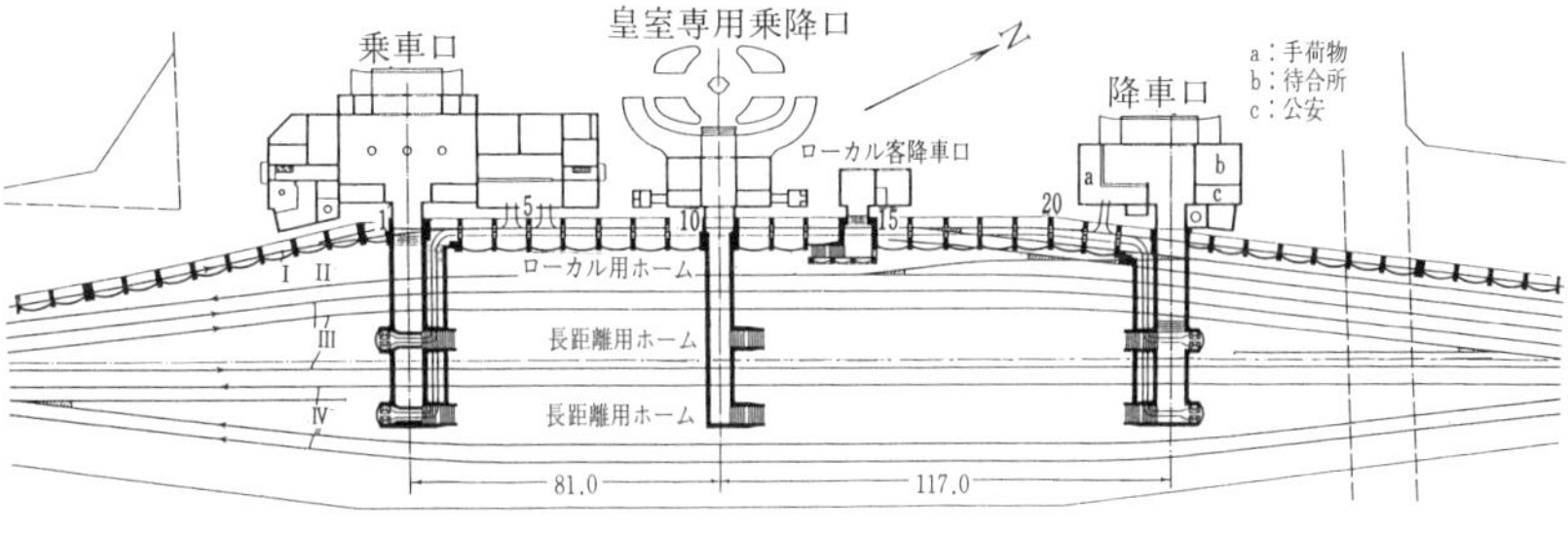

図33　中央駅

ならないときに、この線に一編成全部を一時的に留置することもできるからである。

貨物駅

高架の本線や旅客と貨物駅との連絡は、跨道橋Pのすぐ北と跨道橋Qのすぐ南のポイントによって分岐した、図3に示す渡り線を通ることによって行われる。渡り線の勾配は八〇分の一で、二四〇メートルの長さになり、南と北の渡り線の間の平坦な部分は十分な長さ、すなわち約一二〇メートルが確保され、そこからさらにポイントによって貨物ヤードの南や北に広がる部分につなげることができる。この貨物駅では、北へ向かう列車と北から来る日本鉄道の列車は、北の渡り線を通って貨物ヤードの南の部分に入る。同様に、東海道線の列車は南の渡り線から駅の北の部分に入ることになる。南北の渡り線の間の距離が十分とれないので、両方向の進入軌道が交差してしまうため、両方の渡り線を同時に使うことは、もちろんできない。貨物列車は、ほとんどが短い編成になると思われるが、旅客輸送の需要が少ない夜間に運行するべきだろう。そうなれば方向転換をしないで直接、貨物ヤードに進入して、さらにべつだんの操車作業なしに貨物ヤードから渡り線を使って本線上に入ることができる。

積替え貨物の量が多いと予想されるため、呉服橋に近い駅の北東の端にもうひとつ船溜り（バース）をつくる予定である。船溜りは現在、駅の北東の端にある堀川とつながっていて、上屋や荷揚線をもった二本の線は長くのびてポイントへとつながる。

地域内の小荷物と車扱いの貨物は、日本では一般的にドイツほど厳密に区別しないのがつねであるため、上屋や貨物ホームや貨物線は、二重の構造にする予定である。つまり北から出入りする貨物はヤードの南半分、南から出入りする貨物はヤードの北半分で扱うことになる。貨物置場は線路の上面から九一センチの高さに貨物台のある、輪郭をのこぎり状にした上屋だけの（壁のない）倉庫（ケルンの小荷物倉庫にならった）を計画している。同じ高さの上屋をつけない貨物ホームがそれにつながっている。積替えについては、日本で通常行われているように、長辺の両側、あるいは片側に軌道を敷いた、貨物置場と同じような上屋だけの倉庫を建てる。ここから、固定されているが上屋のない一対三・五の横断勾配をもつ積降し場と貨物の一時置場が岸壁ぎりぎりのところまで続いている。岸壁の縁は、この貨物駅の設計として水面上数フィートの高さでかまわない。積込みや陸揚げの作業については、日本では機械設備はまだごくわずかしか使用されていないので、かなり単純なものになる。積降し台にも岸壁にも面していないヤードには、おもに鉄道で運ばれてきて、さらに鉄道に積み替えられる貨物を比較的短い期間置いておく、がっしりとした耐火造の貨物置場が建設される。

貨物置場の付近での盛土の高さは、工事前の地面から一・三メートルくらいである。さらにポイントで分岐している積降し、積込み、保管用の線は、一本は既存の堀川に、一本は新しくつくられる船溜りに沿って長く延びるが、付属する建造物も含めて、用地全体に四〇〇分の一の勾配をもたせる。それによって高さの異なる水上と鉄道の貨物の移動や積降し作業が大きな支障なく、労力が軽減される。潮の干満による水面の高さの差は、堀でも新設される船溜りでも、普通は一・三二メートルしかない。図3の平面図に示された小型船や上屋、積降し台、一時置場、軌道および積降し用通路などのための用地は、当初は全部使うわけではないが、徐々に需要の拡大にあわせて時期をみて使用されるようになるだろう。

貨物駅の北と南の用地への自動車などの陸上走行車両の進入は、道路PとQにつながる南と北の坂が使われる。貨物駅で常時必要とされる操車入換え用機関車および貨物列車牽引用機関車は、現在はおもにタンク機関車であるが、その留置のために石炭置場、給水塔、転車台を備えた機関車車庫が、貨物駅のほぼ中央の、進入線の東側に設けられる予定である。

百万都市の真ん中に、貴重な土地を使って広大な貨物駅の施設をつくることが、合理性に欠け、不経済なのではないかという疑問はどうしても生じてくるだろう。ヨーロッパの大都市では、もちろん地価が高いためこのような施設の可能性はまったくない。しかし東京の場合は、計画された中央駅の周辺にまったく手のつけられていない広い土地があるので、貨物駅の建設もいちおう考えられる。まず、計画している鉄道施設を建設して利用を開始して、この用地のもっとよい利用方法が将来的にでてくることもあるだろう。さらに遠い将来には、広い用地を占めている車扱い貨物や積替え施設を東京の中心部から、かなり遠くの周辺部に移動させて、価格の高い小荷物や旅客駅の近くに開設される予定の、食料品市場のための生鮮食料品だけを扱う施設に縮小することも、まったくないこととはいえないだろう。その場合でも、少なくともほかの利用目的に使えるこの用地を放出して、鉄道財政に大きな利益をもたらすことができる。

旅客駅ホーム

旅客駅は前に述べたように、平行な三本の高い島式のプラットホームをもち、駅舎からみて手前の約一〇〇メートルの長さのものが都市交通用、あとの二本のおのおの二二八メートルの長さのものを長距離用とする。左側通行のため三本のホームの真ん中は、南から北の、東側のホームはその逆の、北から南に向かう列車の運行に使われる。したがって真ん中のホームは、神戸、大阪、京都、名古屋、横浜から到着する東海道線の長距離列車および福島、仙台、青森へ出発する日本鉄道の列車を扱い、東側のホームはその逆の北から来る日本鉄道の列車の到着、南へ向かう東海道線の長距離列車の出発を扱う。PとQの道路の間の、ホームを含めた軌道全体は、駅の西側の駅前広場と線路と平行な西側の境界となる道路から、土止擁壁で区切られた盛土によって高架と同じ高さになる。この部分は一般的には盛土を区切った鉛直面にアーチ形の土留擁壁をもった構造になる。都市交通線のプラットホームの北側には、盛土の上に中央駅で終点となり折り返す外環線へのローカル列車の折返し用の線路がつけられる。

駅舎全体のレイアウト

図33に示すように駅舎は盛土の西側にあり、三個の独立した建物に分かれている。南の建物は乗車口、北の建物は降車口で、両者の中間に位置する駅舎は皇室用の建物である。さらに皇室用の中央駅舎と降車口の間に、ローカル列車用の降車口に小さな屋根付きホールが計画されている。その北側は、盛土のすぐ西に接する鉄道郵便取扱い業務用の建物の建築予定地である。三本のプラットホームは、隣り合って並び、図33に示すように降車口と乗車口からはおのおの七メートル幅の旅客用地下通路で結ばれている。皇室用駅舎は、二本の長距離用のホームとだけ五メートル幅の通路で結ばれる。日本の皇室の慣わしとして、天皇や皇族がローカル列車に乗車されることはいまだかつてないし、これからもありえないと思われるからだ。

プラットホームとの手荷物の受渡し搬送のために、南の乗車口旅客通路の北側と、北の降車口旅客通路の南側に、旅客用通路と平行して内のり四メートル幅の手荷物用地下道が設けられる。この地下道は、乗車口の手荷物受付と降車口の手荷物引渡しと、二本の長距離用プラットホームの両端に設置される手荷物用のエレベーターを直接つなぎ、地下通路でもプラットホーム上でも旅客の通行が手荷物用のカートで妨げられることはない。さらに南と北の手荷物用の地下道間に、二本の手荷物用カートの南北受渡し専用通路があり、軌道の西側を区切る陸橋の擁壁の下部工の中に擁壁に沿って設けられる。そのため南と北のトンネルの間の陸橋の構造物はいくぶん横に拡げて、カート受渡し用の専用通路が通れるように、二本の支柱は一・三メートルの壁孔を二つ設ける予定である。この専用通路が、三本の横断通路の下を通るところでは、地下通路の床は、カート専用通路用の地下道が内のりの高さ一・九メートルを保ってその下を通れるような位置にする。長距離列車の荷物車はいつも列車最後部、あるいは機関車のすぐうしろに連結されるため、プラットホーム上を荷物カートがうろうろして旅客の通行を邪魔しないですむ。八基のエレベーターは電動式とする。旅客駅や貨物駅の照明のためにいずれにせよ発電施設が必要であるからだ。エレベーターは旅客列車の郵便車で輸送される郵便の小包や小荷物のカート搬送に共用する。図33の支柱16番から22番の間の五径間は、鉄道郵便カートのために使われ、長距離の降車口と都市交通の降車口との間の空間は、郵便のための特別な業務用の建物がつくられる。官営鉄道と帝国郵便は、逓信省の管下にあるので、エレベーターなどを共用することについてはまったく問題ない。カート専用通路が、皇室専用通路の下をくぐるところは、一対二〇の勾配をつけていくぶん深くしてある。ここは高架線軌道を支える鉄製の上部工を支える部分の下にあたり、その下の皇室専用通路の内のりの高さの最小寸法が二・五メートルを下回らないようにするためである。二本の一般旅客用通路は、内のりの高さを二・二五メートルまで低くして、荷物用のカート専用通路と地下道があまり深く地下に入りすぎないようにする。ほかのところで述べたように、日本の国民は扉や通路の高さについては、身長がかなり低いために、まだあまり高さ寸法についての要求が強くないため、通路の高さはこの程度でもかまわないと考える。

都市交通線のプラットホームはかなり短いので、その出口用階段と、長距離到着旅客通路や降車口の駅舎とを直接結ぶことはできない。そのために都市交通と長距離の間の乗換えや乗継ぎのための通路は、南の連絡通路だけになる。乗換えの旅客がプラットホームを移るときに、できるだけ昇り降りをしないですむように、通路の床とプラットホームの高低差をできるだけ小さくする必要がある。この場合は、南の地下通路において、軌道の下をくぐる部分でも、鉄製の上部工を支える部分の下の深さをできるだけ制限する必要がある。南の旅客通路の床を高くするために、都市交通線のホームに北に向かって昇る階段のすぐ手前に、数段の階段を通路の方向につける。それに対して北側の旅客通路はこうした配慮がいらないため、床を高くするための階段は、通路の中ほどの駅舎からみて手前の長距離用のホームに南向きに昇る階段のすぐ手前につけられる。そのため北側の旅客通路の西の部分は、床を低くするので、アーチ造りをがっしりしたものにできる。この部分は軌道が地下通路と直交しないし、一部にポイントも入る予定なので、鉄製の桁による地下通路の建設工事はたいへん手がかかるはずであるが、床が低いぶんだけかなり楽になる。皇室用通路は、レールの上面から〇・七六メートルの高さにあるホームの面の下の部分でもアーチ形に天井をかたちづくり、軌道の下は鉄製の跨道橋と同じように防水を考慮した凹鈑（バックルプレート）を用いる予定である。皇室用通路は、間口の広い皇室用乗降口の表玄関とつながるところでは、七メートル幅に拡げられる。

都市交通線のホームに昇る階段および長距離用のホームに昇り降りする階段はすべて内のり四メートル幅とし、必要な場合には階段の真ん中に手摺をつけて、対面交通客を分けることができる。階段はすべて一定の方向、つまり南から北に流れる通行を原則とし、南側の通路での都市交通と長距離のプラットホームの乗換えだけは例外となる。プラットホームには上屋をつけ、列車の行先表示やベンチ、小さな待合所を設ける。ベンチには背面と側面に高い壁をつけ、それは背もたれとしてと同時に風よけとしての効果がある。列車案内放送および発車業務のために、すべてのプラットホームには小さな運転事務室および信号所が設置される。すべてのホームは、ホーム上に立てた鋳鉄製の支柱の上にかけられた上屋をもつことになる。この形式にしたのは、建設資金がかぎられているために、大がかりでスパンの広いドーム式の大屋根を駅全体にかけることをコストの面からやめたという理由ばかりでなく、東京の気候が比較的温暖であるために上屋の側面に壁はいらないことや、煤煙の多い日本の石炭が使われていることを考えるとホームや線路全体をおおうことはたいへん不快になること、さらに鉄道交通の発展が期待されているこの時点で、重厚な大屋根の構造にしてしまうことは、駅施設全体の改造や拡張の可能性を考慮した場合には将来、問題を残すことになるということも理由である。一方、ベルリンのヴァンゼー鉄道を手本として建設される廉価で簡単なつくりの上屋は、交通事情の変化で必要となれば簡単に拡張したり、とりこわしたり、また部材を大きく損うことなくほかの場所に流用することができる。プラットホーム上の旅客の流れはそれでもやはり、支柱によって妨げられることになるので、本数をできるだけ少なくするため、幅木と支柱の間隔を九メートルと決め、三本の平行しているプラットホームの上屋は規則正しく支柱が立つことになる。主合掌梁と支柱の中間には、おのおの引張棒で補強した中間のつなぎ材を入れ、両側の片持梁とその間の合掌梁として設計されている木製梁との釣合いが、日本で普及している範囲にとどまるように考えられている。中間の合掌形の受け台および縦方向の結合を強固にするため、そして切妻や合掌梁に対して垂直方向の風圧に耐えるようにするため、鋳鉄製の支柱の上部においてL形鋼で、棟の線に平行な二本の弦をもったラチス梁を柱に直角にとりつけ、隣りあう二本の柱を一つの強固に固定された構造として結びつける。屋根の張出しはできるかぎり軌道上から離すことが望ましく、同時に合掌梁の長さを目的にあわせて短くするため、合掌梁を支える高さにおける支柱の間隔は、都市交通線の軌道では一二メートル、長距離線の軌道では一五メートルという軌道間隔に合せてそれぞれ、五・五メートルと八・五メートルと定める。屋根葺きの素材としては、亜鉛引きの波形鉄板を一対五の勾配でふき、夏の日照の影響をできるかぎり弱めるため、その下には薄い木の板ばりをほどこす。合掌梁はベルリンのヴァンゼー鉄道にならい、引張鋼棒つきの木製の支柱組みとする。鋳鉄の支柱の足下には、鋳鉄製の持ち出縁のついたものをねじで止めつけ、それをコンクリートに埋め込んで固める。支柱の上部の支柱と幅木の間の補強箇所も同じように鋳鉄でつくったものを、支柱にねじで止める。

旅客用通路では、軌道と軌道の間に天窓を入れる予定で、軌道の間隔によって窓の大きさは異なるが、厚みのあるガラスをはめこむ。

駅舎の各部設計

図34と図35に示すように、乗車口は外に張り出した幅の広い建築で、建築物の中央部が印象的である。幅三六メートル、奥行一七メートルの、二階まで吹抜きの玄関ホールがあり、ホールは七メートル幅のプラットホームにいたる通路への入口手前までは左右対称形となっている。玄関ホールの手前には屋根のついた車寄せと、その両側には一階建の空間をとり、向かって右側は鉄道公安官用に、左側は案内係と手荷物一時預り所、赤帽

の詰所が設けられる。ホールの長辺の、外からの入口の正面には、左右におのおの七個の出札口が並び、右側を東京から南に向かう列車、左側を東京以北に向かう列車の乗車券発売窓口とする。これによって駅に入れば一目ですぐにわかるようになる。表玄関のホールの前後の空間はすべて一階建とするので、ホールの吹抜きの二階の部分の前と後の壁に大きな窓をつけることに問題はなく、ホールの採光と換気は簡単かつ十分に行うことができる。玄関ホールの右側には、ホールからも、中の通路からも入ることのできる広い駅長室、そして手前に駅員および列車運行指令の室、さらに旅客への電報の受渡しも行う電報室、その奥にはトイレと洗面所というレイアウトになっている。トイレと洗面所の部分は一階建にするが、通気と採光のために、一体となった天窓つきとする予定である。この部分の通路から南側の建物の外に出られる出口を設ける。またこの通路には、上の駅務室に昇る階段を設

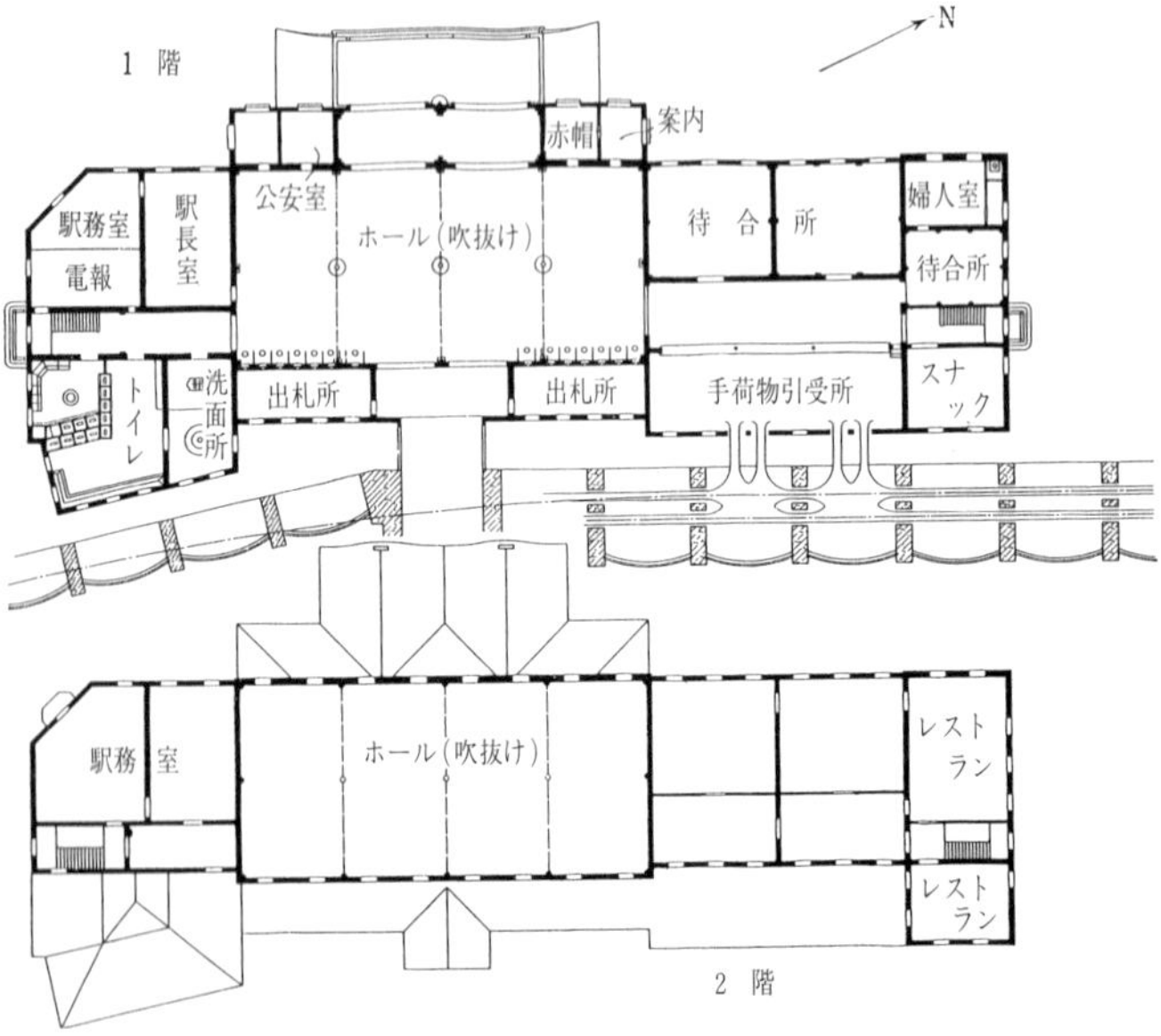

図34と図35　乗車口駅舎

け、この駅務室に勤務する職員が中央ホールを通らずに建物に出入りすることができるようにする。

入って左側には、右側よりも幅の広い通路を設け、通路の手前と奥に待合所を設ける。通路の右側、つまり建物の奥にあたる側には幅いっぱいに手荷物引受所を設け、そこには約二二メートルの長さの低い荷物台を置く。通路には三等、二等、一等の待合室が並び、一等待合室の奥には婦人専用室をおく。通路の突当たりには、上に通じる階段と、右側と同じように階段から直接北側へ出られる業務用の出入口を設ける。階段の右手奥には、同一平面の入りやすいカウンター形式のスナック、階段を昇った上の室は正式の食事のとれるレストランや、特別な場合に利用される室である。

駅舎の東側の建築線は、盛土築堤の西側の擁壁の手前で少なくとも二・五メートル以上の間隔をとるものとする。図34でもわかるように一階部分のすべての室、とくに出札所と手荷物預り所に直接日光が十分に入り、快適な換気も行えるようにするためである。コストがかかるスパンの広い支持工を避けるため、表玄関ホールの天井と屋根の二階まで通っている心柱を、ホール内にも建てることになるが、その足下には柱を囲んで円形のベンチをつけ、人の動きを振り分けてうまく流れるようにするためにも利用される。図35は二階の部分の間取りであるが、玄関ホールは前述のように吹抜きになっている。ホールの中央部の奥はホームにつながる通路の入口となるが、誤乗車をさけるために階段を昇ってホームに出たところで改札をするという考えよりも、むしろここで改札を行うほうが流れがよい。図34には、手荷物用カートの専用通路が擁壁のペンデル（揺れ）壁に設けた壁孔二つを通り、それが手荷物引受所に入り荷物台の手前までできていることが示されている。ヨーロッパからみると手荷物引受所は狭すぎるように思えるかもしれないが、東京、いや日本ではそもそも旅客列車に連結された荷物車での小荷物や手荷物の輸送は、ヨーロッパに比べるとその需要度は高くない。庶民階級の日本人は旅行の際に自分の手回り品程度の荷物しか持たず、別送しなくてはならないような大きな荷物はほとんど見られないといっていいほど例外的である。今後もヨーロッパ的な習慣に変っていかないとはいいきれないが、日本の駅における荷物扱い量はわれわれほどの大きな役割をもっていないようだ。

陸橋の擁壁の手前の空地は、必要ならば駅務員や作業員の休憩所や機械や資材などの一時置場として簡単に手を加えて設備を設けることができる。

駅舎を、適度に切石をあしらった煉瓦造にするならば、内部のひとつひとつの様式もヨーロッパにならったものになるだろうが、私としては、図36や37の外観図に示されるような、ある程度、可能な範囲で日本の伝統的な城郭や寺社建築の効果的で利用できる要素を、とくに土台や屋根、棟、切妻などのデザインに用

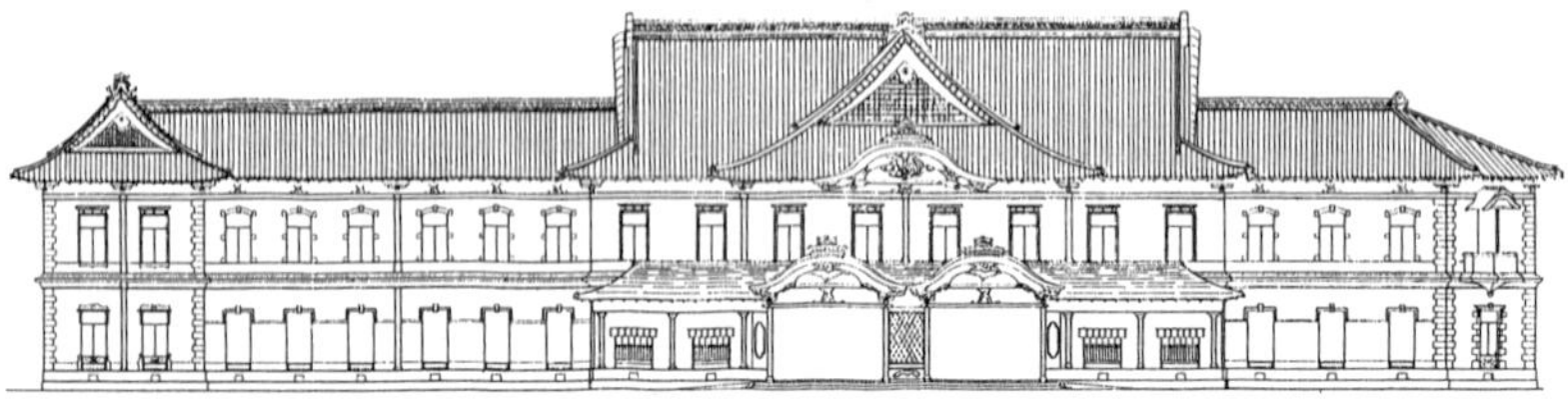

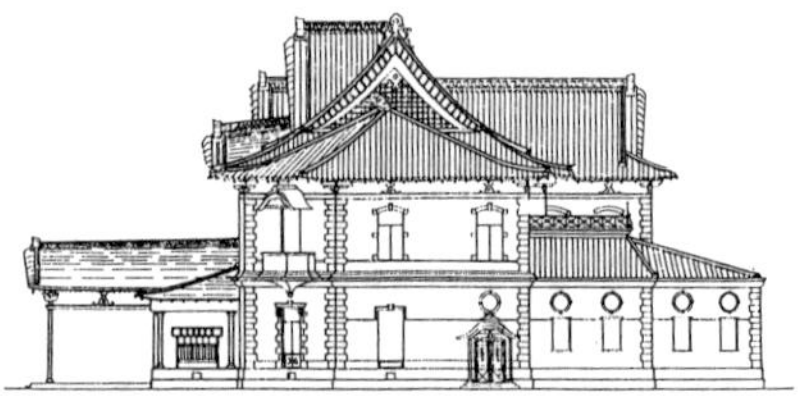

図36と図37　乗車口の正面及び側面のスケッチ

いることを提案したい。この国に特有で、なじんでいる様式を新しい時代の目的に使用する建物の様式にとけこませることに、のりこえられないほどの大きな障害はないと思える。それはともかく、高貴な宮殿や城および寺社の建築の例が数多く遺されている日本の建築様式を、新しい時代に向けた建造物に用いて、これら日本古来の文化を荒廃と忘却から救いだし、ふたたび尊重されるようにあらゆる努力をすることが、日本の建築家の義務ではないかと思う。美しい反りの曲線と大きな張出しという豊かな構成をもつ日本の瓦屋根は、近代的な実用建築のためにも支障なく使えることができるということにまったく疑いはないだろう。

前述の場合には、二階まで吹抜きのホールがおさまっている中央部分は、十分に張り出した棟と切妻にデザインをきかせた、勾配と高さのある両切妻屋根が、両翼の建物の低い両切妻屋根から抜き出ている。両切妻屋根の正面中央には、曲線をもった飾り切妻（千鳥破風）と、さらにそれにつけた片屋根と中国風切妻（唐破風）をデザインしている。このスケッチの仕上げを、もっと才能ある人にまかせれば、この国とはまったく異質なヨーロッパやアメリカの建築様式、それも古典様式やイタリアのルネッサンス様式の失敗ともいえる代物を使わないでも、好ましく満足のいく解決を見出し、素晴らしい建築上の成果を実現できるだろう。ついでにつけくわえると、私のみるかぎりでは、指導的立場にある日本人の大多数は、奇妙なことに、独自の日本古来の建築を理解したうえでの再興や現代の必要性に応じたアレンジには、いままでまったく関心がなかったようである。

長距離用の降車口の駅舎は、図38に駅前広場からみた正面図を示す。乗車口と同じような設計であるが一階建である。この建物は北側の旅客通路の手前にあり、屋根をもった通路の手前の大きな降車口ホールがそのほとんどを占めている。到着した旅客からみて左手にはL字形の、約二〇メートルの荷物台を設けた手荷物引渡し所があり、そこには乗車口と同じような方式で、手荷物用カートの専用通路が引き込まれている。降車口ホールの北側にはさらに、大きな待合所、鉄道公安室、そして乗車口のものよりはかなり狭くなるが、必要最小限のトイレと洗面所を配する（図33）。

ローカル線専用の降車口駅舎は図39に正面図を示すが、プラットホームから駅前に出る階段の手前にある。この建物には、側面の壁のないホールと小さな待合室、そして二輪の小さな人力車の切符を発売する窓口があるだけである。人力車はここから乗ることができる。ホールの左右には、ここで旅客を待つ人力車のために十分な空地をとっている。

皇室専用乗降口

図40と図41に正面図と側面図を示すこの建物も一階建で、乗車口と同じように優雅な日本の城郭建築の様式でデザインにしている。建物の一階には、両翼に伸びた一対二〇の勾配をもつ車寄せが、玄関のお車止めの中央手前の屋外階段を昇って入るようになっていて、この建物につながる皇室専用通路と同じ床の高さである。階段と車寄せから、屋根付きのお車玄関に入り、そこから中央駅のすべての施設の中心にあたる八・五メートル幅の応接ホールに入る。中央の応接ホールの両側は、完全に左右対称で、天皇と皇后のための応接間がおのおの一室ずつ、その奥には護衛やお付きの人たちのための部屋が配されている。そこから脇の方向に、独立させたやや背の低い建物となっているトイレと洗面所につなげる短い渡り廊下がある。皇室専用口の外観の建築やお車玄関、ホール、応接室の内装は、この建物のいちばん重要な役割を果すために、形状や素材については

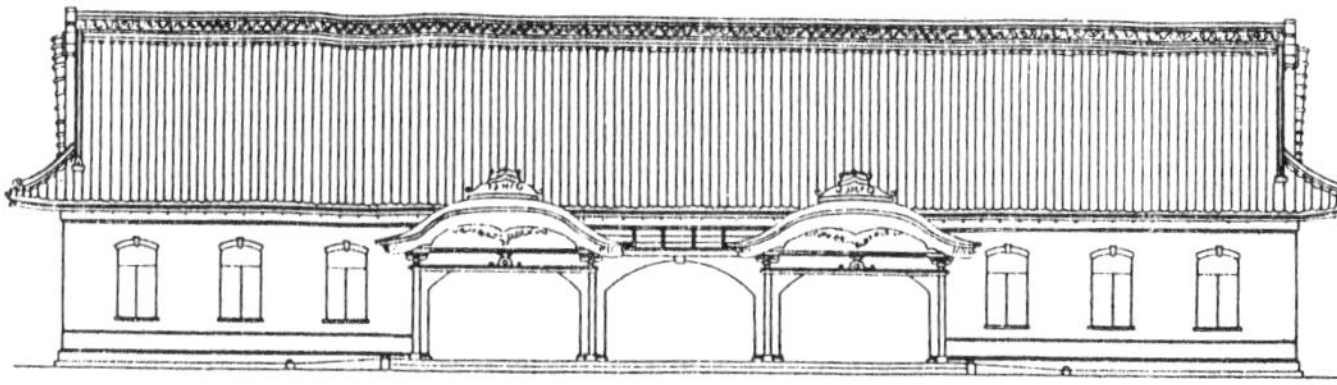

図38　長距離の降車口

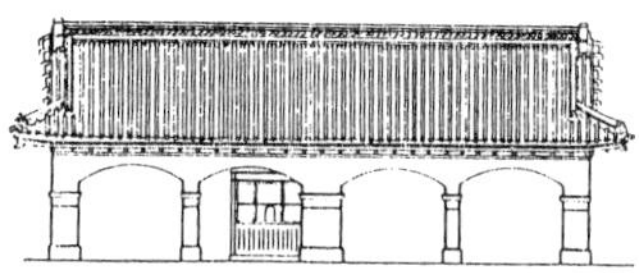

図39　ローカル線専用の降車口

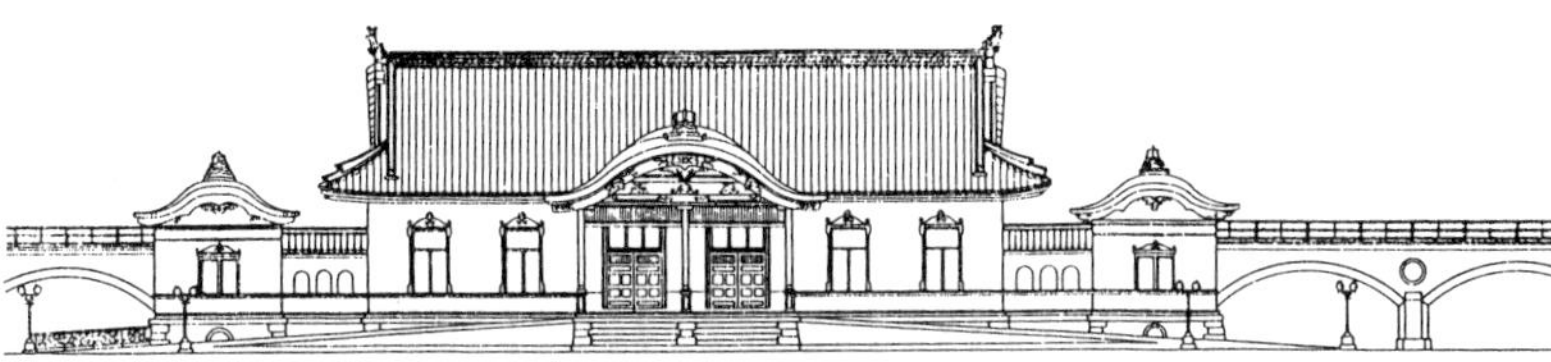

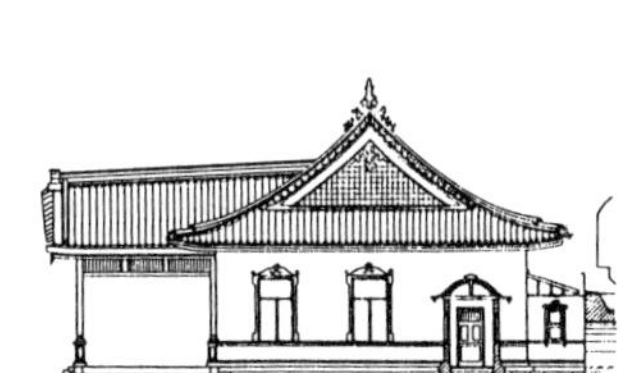

図40と図41　皇室専用乗降口

重厚な麗々しさが出るように吟味すべきである。建物の前の広場は日本の慣わしに従って、一般の通行に供されている広場とは遮断され、二本の車寄せのゲートをつけた、美しく飾られた垣根で囲む。この囲まれた部分は、芝生や観賞用の灌木、噴水などの庭園エクステリアで整備すべきだろう。

皇室専用乗降口の位置は、皇室用の通路の位置によって決まっている。皇室用の通路はそこから直角にホームに昇っていく階段が、できるだけ二本の長距離列車用のプラットホームの全長の中央にくるようにして、普通は列車の中央に連結される御料車への距離をできるだけ短くする、という条件から位置が決められる。こうしたレイアウトであれば、天皇や皇后の出発や到着の際に、直接使用しないそのほかのプラットホームの部分の、一般乗客に対する一時的な通行止めを、最小範囲に抑えることができる。

必要な仮設構造物

高架鉄道の中央駅から、日本鉄道の上野駅までの北への延伸は、すでに述べたように、話題にはのぼっているが、いまのところまだ着工される気配はない。そのための資金がなく、調達の見通しもついていないし、政府からの助成があるという話もないからである。そのため今後当分は、東海道線の長距離列車は仮に中央駅で組成される予定である。将来、上野まで高架鉄道が通じた時点では、中央駅は列車組成などの役割をもたなくなるので、列車組成や車両の洗浄、機関車の留置などの施設はただちに取り除いて、その分の用地で、中央駅を旅客および貨物輸送の目的でフルに活用するための整備をすることになる。

作業上の列車の入換え作業をできるだけ小さくし、簡単にするために、すべての一時的に必要となる車両基地用の線路敷は、旅客駅と同じレベルにするのが望ましいだろう。そのため、仮設の操車場は、高架鉄道の本線と同じ高さにある仮設ではない機関区用の施設よりも広くできない。このため暫定開業の間は長距離のプラットホームをひとつだけ使うことにして、もう一本のプラットホームを仮に車両留置用として利用し、あわせて組成や車両の清掃や洗車のための留置線とすることによって当座の必要がみたされる。都市交通線の軌道と長距離線の軌道の間の貨物列車用の軌道を、機関車の入換えに用いることとしたい。暫定的開業の間、長距離のプラットホームの西側のホームを到着、東側のホームを出発の列車が使うことに定める。回送列車の入換えは、その列車が出発するホームの北側で行う予定である。そうすれば到着した列車は方向転換をしないでホームを離れることができ、列車の進入方向にある南側での入換え作業をできるかぎりさけることが可能である。東海道線の長距離用の長い編成の列車入換えのための補助線として、将来は北行の本線として用いられる、中央駅を通過した神田寄りの複々線の陸橋上の部分が用いられ、必要な場合にはそれを延長する。機関車のための仮設設備として車庫、石炭台、石炭庫、転車台、給水塔が必要だが、それは下方の貨物駅の構内の、将来も活用できるようなところに設けられる。将来は日本鉄道の貨物列車の進入線となる南から北に八〇分の一の勾配でのぼる渡り線を使って、機関車は旅客駅の本線に出ることができる。こうすると仮設目的で旅客駅に盛土をして、のちにそれをまた取り除くといった手間が省ける。二本目の長距離列車用のプラットホームの使用を開始して本格的な開業の状態にするには、ごくわずかポイントの付替えをするだけですむ。その後には、東海道線の南へ向かう列車の組成駅は上野駅となり、上野駅の現在のプラットホームの北側にその施設を設けなくてはならないが、それについても私はすでに基本的な設計を行っている。

烏森駅

都市交通ローカル列車と長距離列車の両方の停車駅とする烏森駅は、図42にその基本設計を示す。同駅は長距離用のプラットホームの長さが十分とれるFとHの通りの間に建設される。現在東京の南の品川への市街交通の幹線となっている旧東海道国道一号線の西側で、その向い側には将来は旅客駅ではなく地域内の貨物駅（汐留駅）と、工場として使われる現在の終着駅新橋がある。旧新橋駅と高架鉄道の新しい駅とは約三〇〇メートルしか離れていない。二階建に計画されている駅舎は、長距離ホームの側、つまり陸橋の東側に予定されているが、西側にも都市交通線利用客のために、事情によっては乗降口施設がつくれるような用地を確保しておく。将来輸送量が増えたときに西側に施設を移して、東側の駅舎と駅前広場に都市交通線の利用客と混用しないようにするためである。駅前広場への進入をよりスムーズにするために、市当局は約一八メートル幅の進入路を北側からほぼ直角に広場に入れ、同じ幅の道路を南東から広場につなげることを考えている。現在の道路配置の路線図からわかるように、現在の新駅の広場への進入路はたとえ、ひかえめな交通需要を想定したとしても十分とはいえず、計画されている道路と広場の拡張が新駅の開業に間に合うように、実際上ただちに実施されることが強く望まれる。さもないと開業当初から大失敗となってしまうだろう。

輸送や駅務のための空間を、橋台の位置によって区切られ、ほとんど見通しがきかず、採光が難しい陸橋の下に入れることは、すでに述べたように、用地取得のコストが東京ではまだ比較的小さいので、無理に行うべきではないだろう。高架鉄道の、中央駅の北までの土地の取得については現在まで約一二六万円（約二六五万マルク）であった。その一平方メートル当りの平均単価は二八・五マルクで、最高でも四二・五マルクであっ

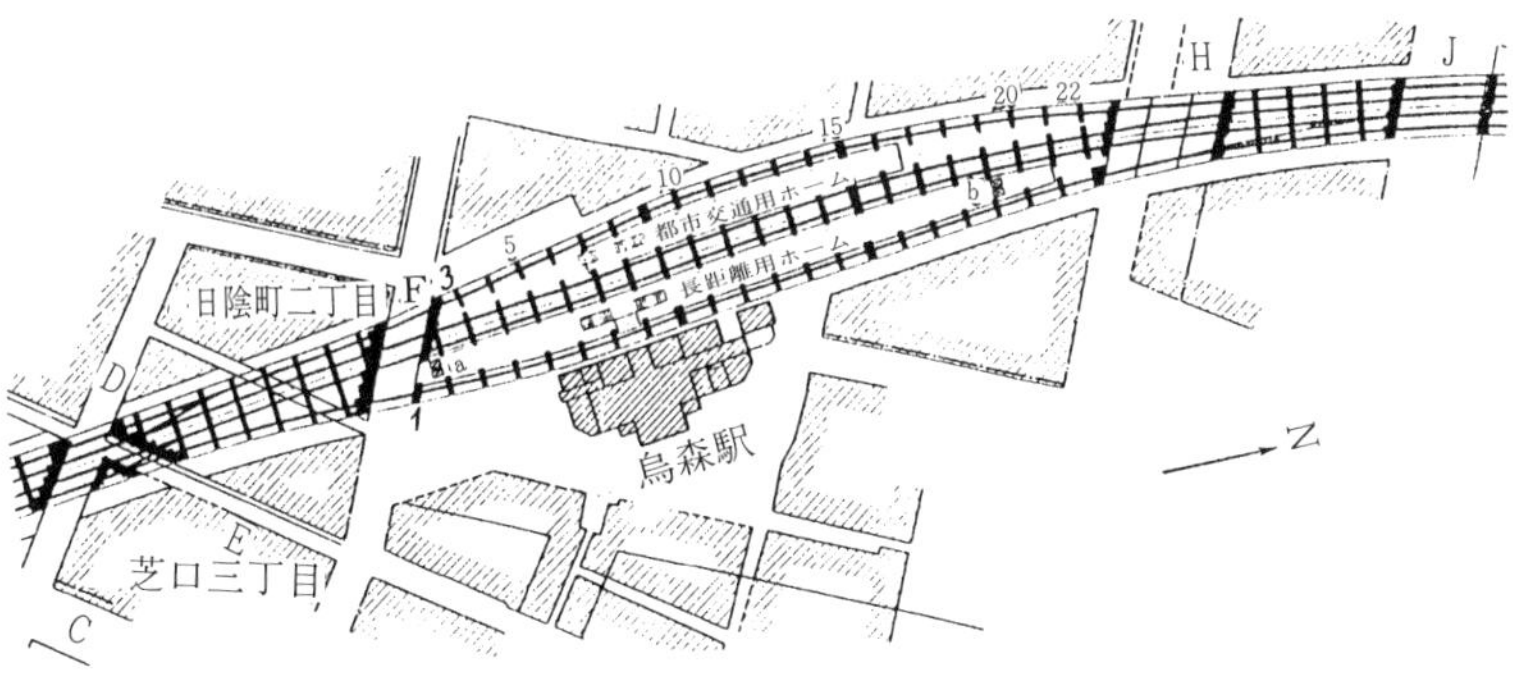

図42　烏森駅

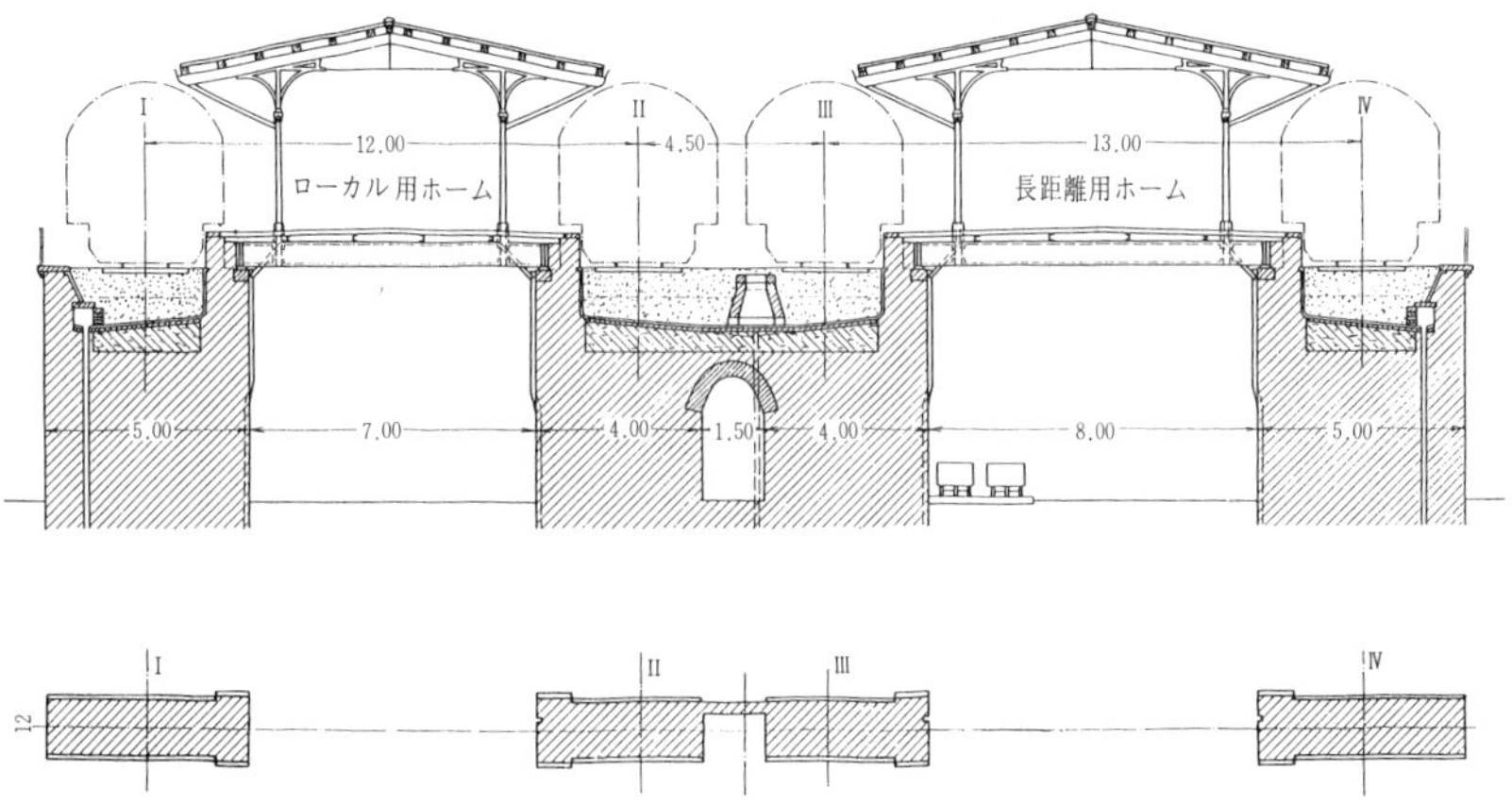

図43と図44　烏森駅ホームの断面図

た。こうした状況なので、建物が密集している烏森地区でも、高架鉄道の陸橋の外に、業務と輸送に必要な空間の見通しや出入りや採光、換気がよりよい条件にある駅舎として建設するほうがいいだろう。必要な場合には陸橋の下の空間やホームの下の土地を使って将来駅を拡張できる。

駅は通常の中間駅で、二本の島式プラットホームにおのおの二本の軌道をもち、プラットホームの南側に、非常渡り用のポイント装置を設けてその二本の軌道をつないでいる。長距離の軌道には、北側にも跨道橋HとJの間の陸橋の上に、必要な際に簡単に列車を入れられるようなこうしたポイント設備を設ける。二本のプラットホームには、図43と図44の断面図に示すように、側面のあいた、軌道上には屋根のかからない上屋をつける。上屋の支柱はプラットホーム上に橋脚の位置にあわせて配置され、中央の二線用の陸橋と外側の単線用の陸橋の前面の壁が受けている桁でつくった格子桁で受けられ、その格子桁は波形鉄板を敷きつめる。プラットホームは波形鉄板の波をコンクリートでならした上にモルタルかセメント塗りで仕上げる。日本ではプラットホームにアスファルトを使うことはさけている。なぜなら国産の原材料を使うのは安っぽいと考えられ、夏に熱帯のような暑さになることも多いため、アスファルトが溶けるおそれがあるからである。図42のaとbは、長距離用のプラットホームの端に設置する予定の手荷物用エレベーターの位置である。この二基のエレベーターはホームの下の地表の部分で二本のカート用専用通路で結ばれている。専用通路は同じ高さにある旅客の流れと交差しないように、中央陸橋の東側の外壁に沿って敷かれ、駅舎に入る手荷物引受け・引渡し所につながっている。

駅舎の二階まで吹抜きの玄関ホールは、プラットホームへの中央通路の手前の位置にある。玄関ホールを横切って、荷物カート用の専用通路が通っているぶんだけ高くなっているところの数段の階段を昇るとホームへの連絡通路に達する。連絡通路にはまず手前の、つまり東側の長距離ホームへの上り階段が左に、通路に直角につけられ、右にはもっぱら長距離ホームからの出口として使われる下り階段がある。まっすぐ行くと中間の陸橋の上の二本目と三本目の軌道の下をくぐって都市交通線用の西側のプラットホームに昇る右側に曲がった階段がある。改札口はここでも乗客の誤乗車をさけるために階段を昇ったところに設けるのがよいだろう。ここでの通行量が多くなった場合には、七メートル幅の連絡通路の真ん中に柵をつけて、旅客を片側一方通行にする。その際に日本では英国の習慣に忠実にならっているため、一般的に左側通行の原則に従っていることに注意するべきだろう。それは厳密なものではないが、こうした施設では従わなくてはならない。のちに必要な場合には長距離プラットホームの二つ目の下り階段は北側に、柱12と13の間につけられる予定である。図42でわかるように、その階段から駅前広場への出口は、駅前広場を北へ拡張しないかぎり、たいへん不便な条件下にある。

出札や小さな待合室、必要な洗面所などの都市交通の旅客のための施設は、陸橋の西側の、ホームから連絡通路につながる階段の下のほうに設けられる。通路の真ん中の部分は長距離列車と都市交通ローカル列車の乗換え旅客だけが使うことになる。都市交通のプラットホームの二つ目の階段はさらに北側の柱17と18の間に予定されている。下り専用階段として将来使われることになるこの階段を使って、到着した旅客は鉄道と平行する西側の道路からFとHの道路に出ることができる。

駅舎の一階の玄関ホールには、入口に向かって左側に手荷物引受け、右側に手荷物引渡しを配し、ホールの左側には六つの出札口が並ぶ。玄関ホールには屋根付きの車寄せの両側に一階建の空間があり、そこには右に公安室、左に手回り品の一時預り所を予定している。出札所と手荷物引受所の間の、建物の南側の翼には、電報室と駅長室を置き、北翼には中央の通路の両側に待合所を設ける。建物の手前側には通路手前から一等用待合室・婦人専用室、二等用待合室が並び、三等用の待合室は通路を隔てた建物の奥の側にある。通路はさらに別棟のトイレと洗面所に続き、北翼の二階に予定されている駅の食堂に入る階段もある。南翼の二階は駅長室の脇の階段から昇れるようにした駅務室がある。この階段には南の方向に駅前広場に出られる特別な出口を設ける。玄関ホールの前後の室は全部一階建として、前と後の上の階の壁に十分な窓をとって、ホールに高い位置からの脇から入る光によって十分な明るさが得られるようにする。出札所の内外にも直接自然に光を入れて十分に明るくなるようにする。

ドイツ技術者連盟（ＶｄＩ）特約編集・発行人　ユリウス・シュプリンガー　ベルリンN
印刷所　Ａ・Ｗ・シャーデ　シュルツェンドルファー通り26番、ベルリンN

技術用語監修　友永和夫

架道橋名称

設計者サイン

現在ＪＲ東日本に保存されているバルツァーのサイン入り青写真図面集

バルツァーの下で設計にあたった人々として、渡辺六蔵、山中新太郎、高橋邦太郎、川江秀雄ら多くの日本人技師の名前が記録に残されている。

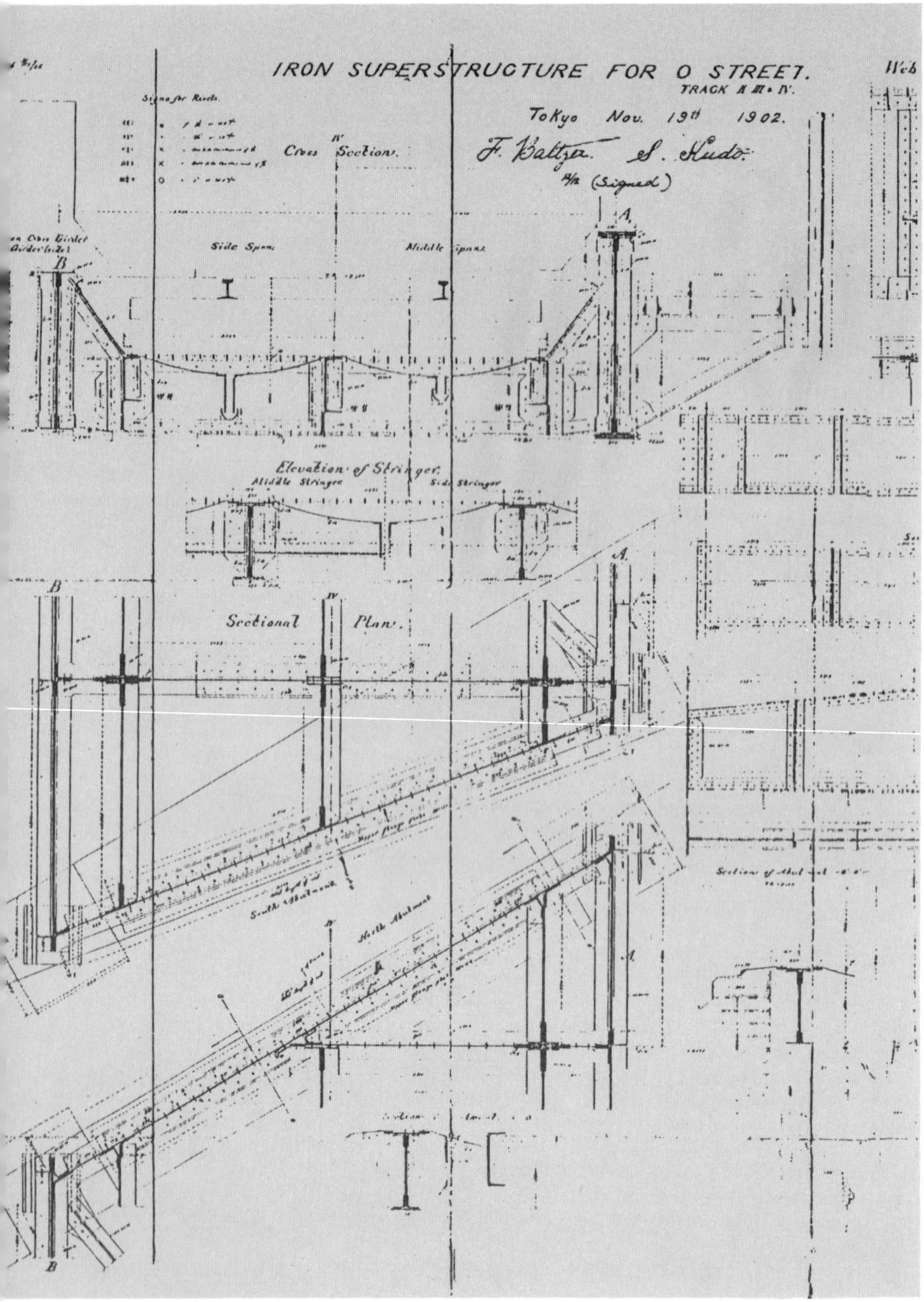

道路「O」にかかる鉄製高架橋

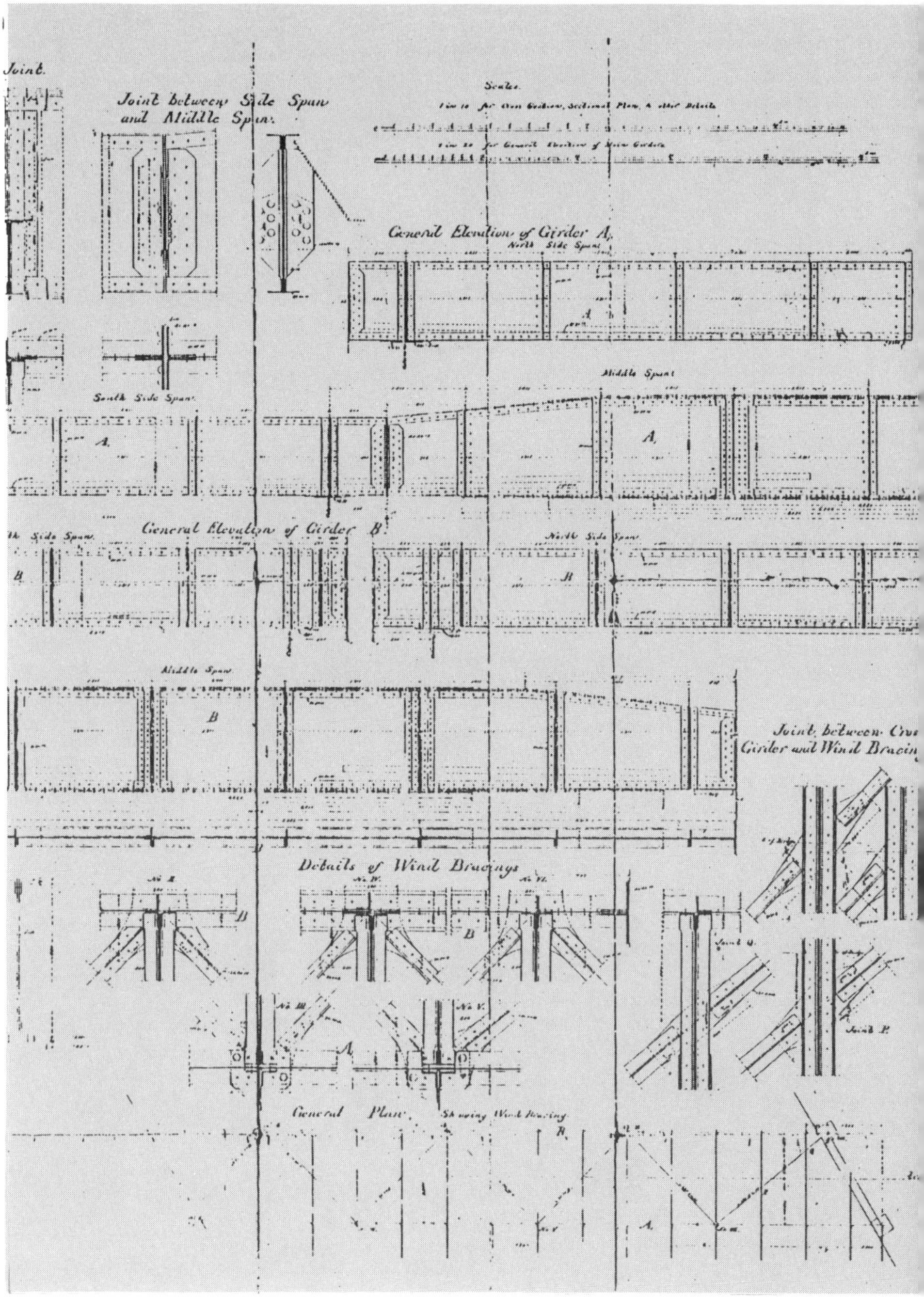

バルツァーのサイン入り鉄構造高架橋図面

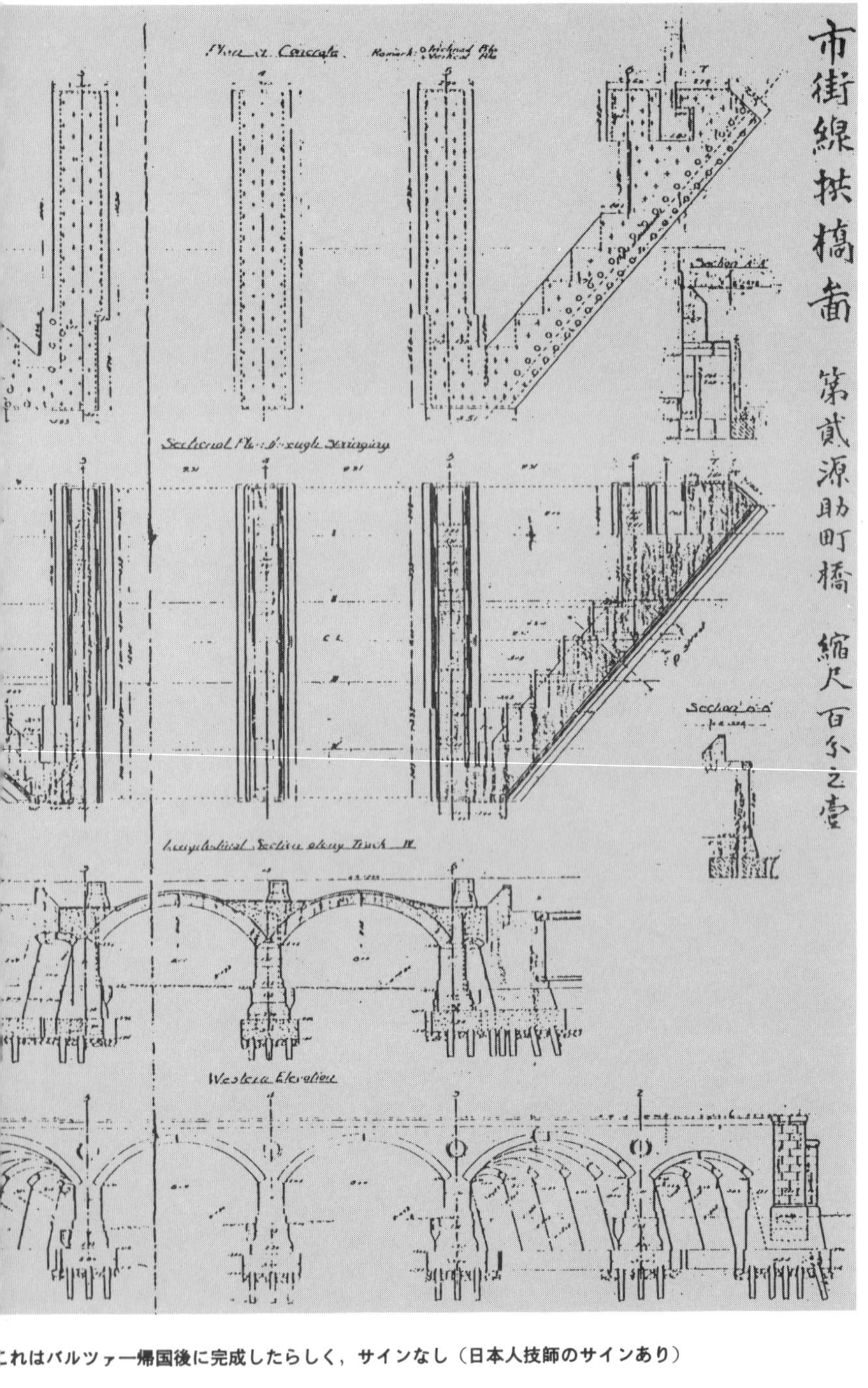

これはバルツァー帰国後に完成したらしく，サインなし（日本人技師のサインあり）

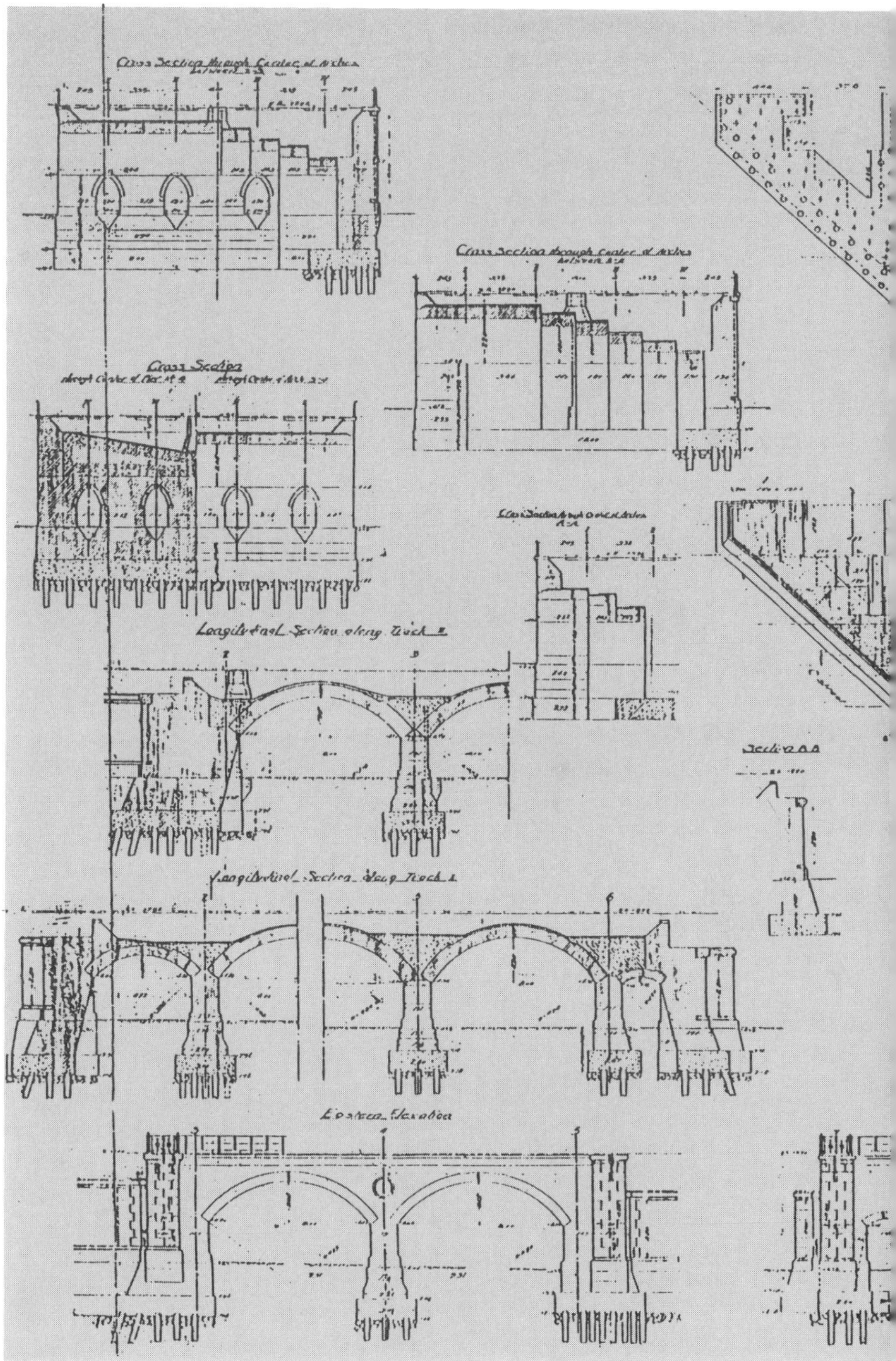

煉瓦アーチ橋の図面（第二源助町橋

第二部　東京駅を中心とした鉄道建設・改良の変遷
——バルツァー以前・以後——

瀧山　養
守田久盛

一　江戸の街づくりと丸の内の形成

⑴　江戸の都市づくり

昔、現在の東京の地域には桓武平氏の流れをくむ江戸という豪族が居を構えていた。ここに居城を築いたのは太田道灌で、いまから五三〇年ばかり昔の永禄元年である。

道灌の築城は、深く陸地に入りこんだ日比谷の奥、現在の東御苑付近で海に面していた。したがって千石舟が直接入港でき、繁昌していたということである。

豊臣秀吉の北条征伐の後、徳川家康が関東に移封され、居城を江戸城とし、大拡張して今日の皇居を築いた。家康がまず手がけたのは大規模な江戸の街づくりであった。関ケ原の合戦のあと征夷大将軍となった家康は、諸大名に命じて大規模な埋立工事を行い、御茶の水の台地を掘り割って神田川を切り換え、掘り削りで発生した土砂を埋立てに当てた。埋立地は掘割で区切られ、濠は運河として舟運に利用された。城の外濠の内側の地域は旗本と大名の上《かみ》家敷とし、外濠の外は一部大名の下《しも》屋敷とされ、下町は町人町、職人町と定められた。この街づくりは三代将軍家光の時代まで、三〇年を要したといわれている。丸の内は日比谷の埋立地であり、入江の谷に当る部分は現在でも地盤がすこぶる軟弱である。

余談ではあるが、外濠に面した大名屋敷の中で、現在の八重洲口の国労会館の付近に、吉良家の上屋敷があった。吉良上野介は城中松の廊下の刃傷事件のあとで、本所の下屋敷に移されて浅野浪士に討たれたというので、もし上屋敷に居ったとしたら、忠臣蔵の美談は生れなかったといわれている。

三代将軍家光の時代に徳川幕府の基礎が固まり、参勤交替を制度化して、江戸と地方を結ぶ街道が整備された。江戸と京を結ぶのが東海道と中仙道で、東北とを結ぶのが、陸羽街道、それに陸前浜街道で、甲府と結ぶのが甲州街道であった。江戸への物資は海路で利根川または隅田川を経て市内の運河沿いの倉庫に運ばれた。

⑵　丸の内の形成と三菱ケ原

明治維新で首都は京都から江戸に移り、東京と称せられ

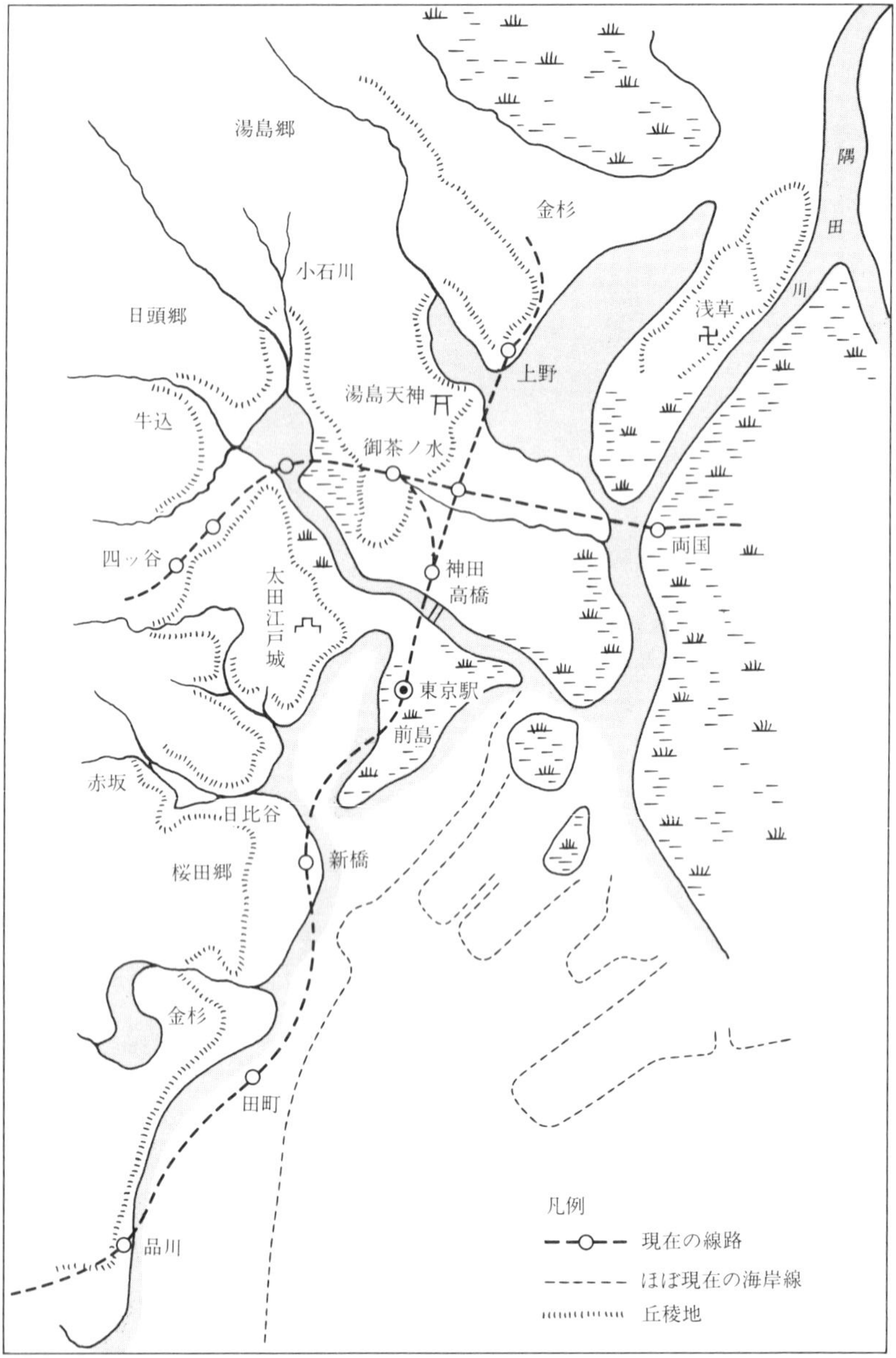
湯島郷
金杉
隅田川
小石川
日頭郷
浅草
上野
湯島天神
牛込
御茶ノ水
両国
四ッ谷
神田
高橋
太田江戸城
東京駅
前島
赤坂
日比谷
新橋
桜田郷
金杉
田町
品川
凡例
現在の線路
ほぼ現在の海岸線
丘稜地

図1　中世の江戸図

た。

丸の内一帯は明治にはいって江戸城明渡しとともに、大名屋敷があったのを幸いとして、大部分は陸軍の兵営や司法省・警視庁などの官庁舎に、さっそく転用された。ところが一八七二（明治五）年、丸の内の大火によって旧大名屋敷はことごとく焼失してしまった。焼跡を開発するといっても、当時の政府は資金の点で苦しく、応急的な仮屋を建てるにとどまり、有楽町とか呉服橋は広い練兵場になっていた。広壮な大名屋敷の消失した丸の内一帯はさすがに広く、崩れた土塀や築山、池がそのまま残り、草ぼうぼうの荒涼たる姿であった。

一八八八（明治二一）年東京府は、東京市区改正条例（都市計画）を布告、丸の内一帯を市街地に指定した。このため陸軍兵営を麻布へ移転することになったが、財政が苦しく兵営建築費の一五〇万円の調達ができない。そこで窮余の策として丸の内を払い下げて資金調達をもくろんだが、当時東京の中心は銀座から日本橋通りであって、丸の内はまったく利用の圏外であったため払下げ希望者が出てこなかった。そこで財閥を集めて入札に付したが、一五〇万円ではどうしても落札しない。このため万策つきた政府は三菱の岩崎弥之助に買収を頼んだ。その結果ついに岩崎が引き受けることになったというのである。払下げ価格は丸の内一括一五〇万円一三カ月八回の分割払いで決定した。ただ現在の東京駅構内に当たるところは、三菱払下げ後も一部の官地が残り、司法省・大審院・軽罪始審裁判所・控訴裁判所・重罪裁判所・鍛冶橋監獄署があった。

なお、現在の都庁一号館のところに、明治二七年妻木頼黄の設計になるドイツ様式の府庁が建築された。新永間煉瓦アーチ高架橋の原案を設計したルムシュッテルの来日は明治二〇年、東京駅本屋の原案を設計したバルツァーも、ともにドイツ人であることを思えば、新興国ドイツの影響の強さが感じられる。

さて丸の内の大部分を占めていた兵営が引き払ったあとの丸の内は一望の荒野となってしまった。これが三菱ケ原といわれたゆえんである。明治二三年丸の内の払下げを受けた三菱社は、その後ここを日本のビジネスセンターとする計画をたてた。

このため建築物にも厳重な条件をつけた。まず最初に着手したのが馬場先門通り、現在の都庁前から馬場先門に至る通りである。手本にしたのはロンドンのロンバート街で

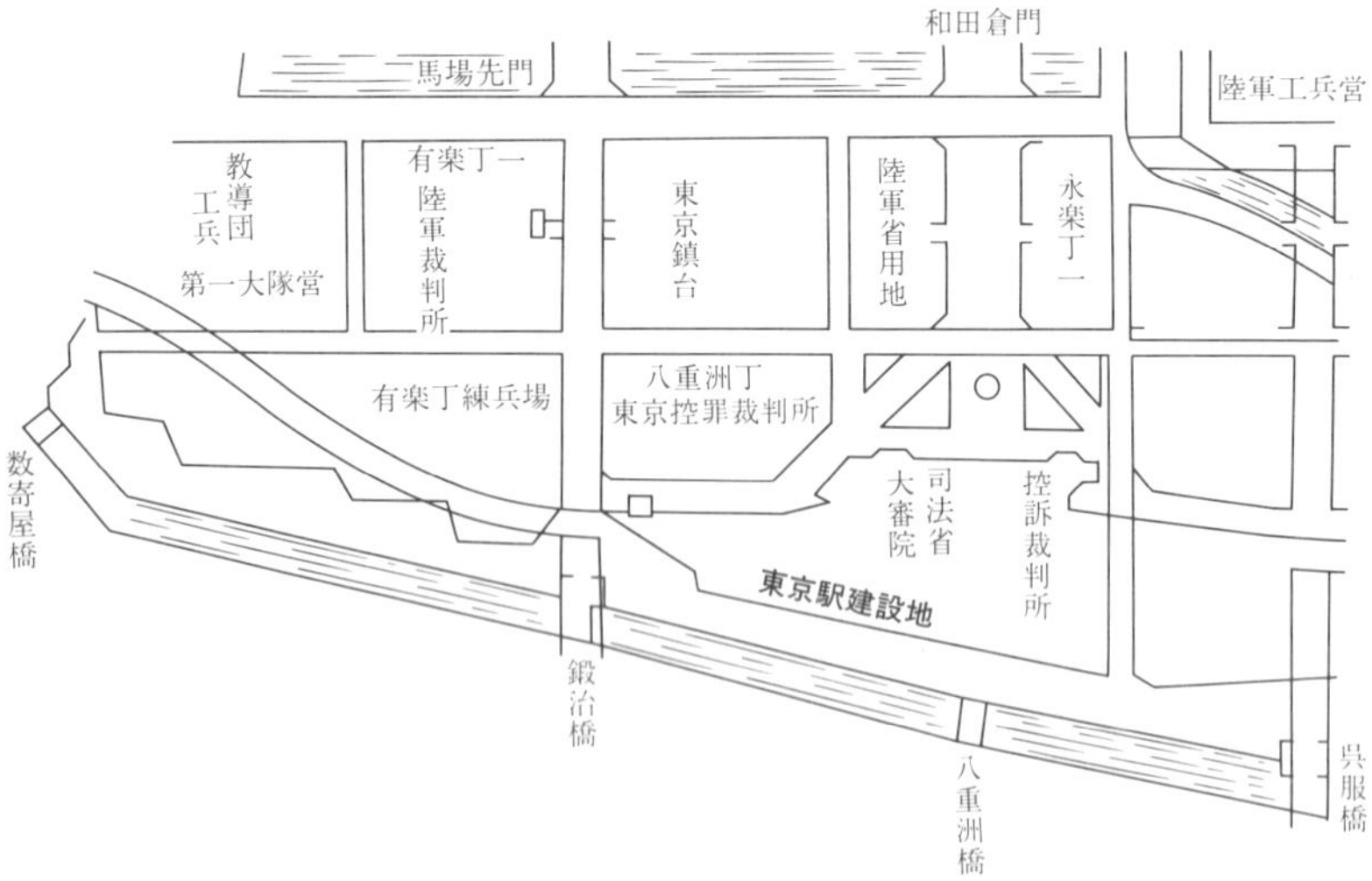

図2　明治初期における丸の内〔1887（明治20）年〕

あった。明治二七年煉瓦造三階建の三菱一号館ができた。日本における最初のオフィス・ビルといわれるものである。その後明治四四年ごろまでかかって、馬場先門通りの両側に三階建のイギリス風煉瓦造のオフィス・ビルが建ちならんで、一丁ロンドンと呼ばれた。

三菱の努力で日本では珍しいビル街ができたものの、後につづいてくる者がない。馬場先門通りの一丁ロンドンをはずれたところは、依然として三菱ケ原のままであった。

東京の中央停車場東京駅ができるまでの丸の内は、このような、一言でいえば東京の場末であったのであった。

(3)　活かされた日本の伝統技術

わが国の鉄道建設創業期には、多くのお雇い外国人の指導を受けて建設事業が行われた。イギリス人モレルをはじめこれらの外国指導者たちは日本人の技量についての素質の良さを認識したと伝えられている。わが国は文化を中国からうけいれたが、それを十分咀嚼《そしやく》して自らの薬籠中のものとして、さらに独自の技術をうみだしていた。河川の護岸や用水路を自らの技術で築いてもきたし、城壁の石垣は今日の土木工学理論に照らしてもかなっている。利根川と荒川を結ぶ見沼用水は、パナマ運河より一七〇年も前に閘門をつくって舟運の便をはかっていた。京都－大津間の逢坂山トンネルは、生野銀山の採鉱夫を使って日本人の手で完成したのであった。

また建築の分野では、古くから神社・仏閣にはすぐれた建物が多く遺されている。法隆寺をはじめとし多くの五重塔は地震に耐え抜いてきたのであった。これらの建築をうけついできた宮大工の技術が、明治初期にさっそく鉄道の客貨車の製作技術に役立ち、車両の製作は鉄製機械部品を欧米より輸入して、国内で製造組立てが行われ、機関車については、明治二六年に官営鉄道神戸工場で、イギリス人技師トレビシックの指導により、国産一号機が誕生している。また、この年に汽車製造会社が設立され車両製造工業が始まった。完全に機関車の国産が確立したのは国有化後の明治末期から大正の初めにかけてである。

土木建築工事の材料にしても、煉瓦が中心であったので、煉瓦工場が全国各地に建設されたが、その品質は陶芸技術の伝統があったので、良質の折紙がつけられ、現在もなおその当時の煉瓦建造物で健在なものも少なからず残っている。

二　鉄道の創設とお雇い外国人の協力

(1)　明治政府の鉄道政策

明治政府は国防を重視する一方、国内の統一を最重点政策とした。

そのためには幹線交通路の整備が必要とされ、街道には馬車が通れるようにし、河川には橋がかけられた。

明治の初め欧米を視察した岩倉具視の一行は鉄道の重要性を深く認識して帰った。

明治元勲の中で鉄道の建設を強く主張したのは、岩倉具視と、これを強く支持した大隈重信、伊藤博文たちであった。

一八六九（明治二）年、岩倉は大隈、伊藤の二人を列席させたうえで、鉄道起業の廟議をひらき、東西両京の連絡を幹線とし、東京－横浜間その他を支線として、まず東京－横浜間に工事を起すことが廟議決定し布告された。

ここまで事を進めた三卿の考えは、旧来の封建的な割拠思想を除いて、全国の人心を統一することと、産業を振興して国の経済的発展をはかる、というものであった。また、まっさきに東京－横浜間鉄道の着工を決定したのは、幕末以来、植民地同様に東京と外人居留地の横浜の間に鉄道を敷設して権益を独占することに着目した多数の外国人の、敷設運動に先手をうつためであった。これは日本を植民地なみに牛耳ろうとした外国に、乗ずる隙を与えない確固たる国是の宣揚であった。

当時鉄道の建設には朝野に反対も多かった。

国防の重要性を主張した軍は当然反対にたったし、人力車の車夫の失業に対する反発も強かったので、保守的な気風の強いところでは鉄道の通ることに反対した町も少なくなかった。

欧米先進国のわが国に対する鉄道の売込みは激しかった。結局、イギリスの駐日公使パークスの熱意が奏功して、わが国はイギリスの援助を受けることになった。一八六九（明治二）年、廟議で東京－横浜間、東京－京都－神戸間と、琵琶湖を経て、敦賀に出る線路の建設が決定され、井上勝が鉄道頭《てつどうのかみ》に任ぜられた。

井上勝は幕末に伊藤博文らとともに、幕禁を犯しイギリスに密航して技術を学んだ一員で、二十余年間にわたり日本の鉄道の建設に尽した鉄道の大恩人である。東京駅の玄関に、今でも皇居を仰いだ銅像が立っている。

西南戦争の軍隊輸送に鉄道がおおいに役立ったので、当初、予算を食いすぎるという理由で反対していた陸軍までが、鉄道の建設を支持するにいたった。

明治政府は当初、主要幹線の建設は国の事業として行う方針であったが、資金の調達が苦しかったので、民間の資金を活用することを考え、全国鉄道網を私鉄にもまかせる方針をうちだした。

明治一四年最初に承認を受けたのが日本鉄道株式会社で、東北、常磐、高崎、山手各線を含む大会社であった。技術者は官鉄から派遣された。日本鉄道のあとを追って、山陽、関西、九州、北海道、総武などの私鉄の建設があいついだ。官鉄は北陸、奥羽、信越、中央、山陰などの建設を進めた。

(2)　軌間の問題

日本の鉄道はイギリスの指導を受けたので、軌間は、南アフリカ、オーストラリア、ニュージーランドなどの植民地と同じように、三フィート六インチ（一〇六七ミリ）の狭軌が採用された。

軌間についてはナポレオンの侵略にいためつけられたスペインとロシアの両国を除く、全ヨーロッパ、アメリカ合衆国、中国大陸などに広く採用されているのが、四フィート八インチ半（一四三五ミリ）の標準軌間、すなわち、スタンダードゲージである。

大正の初期、狭軌から標準軌に変更しようという改軌案が鉄道内にもちあがった。鉄道改良主義の後藤新平、仙石貢、島安次郎ら（後年東海道新幹線を軌道にのせた十河信二もその一員）が強く主張し、議会では憲政会が支持したが、新線建設を主張する政友会と対立し、九年間にわたる議論の結果、原敬内閣のとき、論争の終止符がうたれ狭軌存続となった。

一九三九（昭和一四）年標準軌による東京－下関間弾丸列車計画が島安次郎を委員長として浮上し、一部に着工したが戦争が苛烈となって中止された。

それが戦後、国鉄総裁十河信二、技師長島秀雄の手によって、標準軌間の鉄道が新幹線として、一九六四（昭和三九）年に実現したのであった。

(3) 鉄道建設の開始とお雇い外国人の活躍

最初に鉄道を着工したのは新橋－横浜間で、イギリス人モレルの指導のもとに一〇〇〇人をこす外国人の技術者の協力を得て、一八七二（明治五）年に完成し、明治天皇御来駕を仰ぎ盛大な開通式が催された。

鉄道関係の最初のお雇い外国人であったエドモンド・モレルは、一八四一年イギリスのピカデリー・ノッチングビルに生れた鉄道技師で、着任にあたり時の大蔵少輔伊藤博文に、日本の技術者養成について長文の建言書を提出した。その一節を要約すれば、測量科に数人の助手を要す。その助手たるは篤学雄才の日本人とする。助手の真実の任務は学術を学ぶものである。政府はまず土木一般を管轄するために大局を建て、国内生産の部材をもって、国土建設の事業を起し、かつ工科大学校を建てて学術を教導し、非常の場合以外は欧州人の手を借らずして事を行うべきである。このためには、俊秀の少年を選び、後年それぞれ一事業を引き受け、建設百般に熟練したエンジニアを養成すべきである。その方法は永遠にして、大きな辛苦を要するが、一七、一八歳くらいの少年に、数学、工学、理学、外国語を学ばせたるうえは、工科大学校に送り五、六年のあいだ就学させることである。かくすれば登用の試験を受ける力が備わり、試験を受けたうえは一局管長に配属させられるべきである。私のみたところでは、有志の少年を教導できる大学校は貴国にはない。また学術研究所や図書館もない。外国との交際日に日にひらかれているが、貴国従来の風習にかかわらず、今日ただいまより、外国人の籠絡をまぬがれるよう、貴国人の学力を備え、対外政策の機密を熟知し、わが無術不学を幸いとして国を害せんと謀る者ありといえども、これを論破していささかその欺きをうけないよう、いまより人材を養うは至極慧敏《しごくけいびん》の処置というべし。

以上述べたことは、モレルの建言書のはしがきの一部にすぎないが、モレルが日本に示した真摯な心の一端を想起できるのではなかろうかと思われる。

しかし建築師長（ここで書かれている建築とは、今日でいう建築のみでなく、土木建設を含んで建築と称した）モレルは惜しくもその功をまたずに、鉄道開業の前年である明治四年九月、三〇歳をもって日本において客死した。また同夫人は悲嘆のあまり自ら命を断ったが、いま横浜外人墓地に夫妻とも静かに眠っている。

またモレルの功を惜しまれた明治天皇は、病中、転地療養の資として五千両を下賜された。

このモレルの提言は鉄道頭井上勝によってとりいれられ、日本人の技術者の養成機関たる工技生養成所を設けて、教師には在日中のイギリス人技師のほかに幕末オランダに留学した飯田俊徳があたった。卒業生は工科大学が設けられるまでに、国沢能長、三村周、長谷川謹介、古川晴一ら、二四人の卒業生を出し、いずれも創業・建設期における鉄道の建設発展に大きな役割を果した。

関西地区は、明治三年から神戸－大阪、大阪－京都、京都－大津と順をおって着工されたが、日本人の技術者の手によって、橋梁やトンネルが建設された。明治一三年神戸－大津間の開業をみると、その余勢をかって長浜－敦賀の工事に着工した。

北海道では明治二年設置された開拓使が、明治一〇年暮に炭鉱と鉄道の開発計画をつくった。

開拓使はアメリカ人を顧問としたので、鉄道の建設の責任者は、アメリカへ留学した松本荘一郎があたったが、土木技師クロフォードの助言を受けた。明治一三年から一五年までかかって手宮（小樽）から幌内までの開通をみた。

このため北海道の鉄道はアメリカ方式をとりいれることになった。

九州鉄道株式会社が設立されたのは、明治二一年で、門司・八代、鳥栖・佐世保・長崎、小倉・宇佐などの幹線のほか、若松・直方から筑豊炭鉱への支線が建設された。ドイツ人ルムシュッテルを顧問技師に迎えたので、建設方式、レール、資材などすべてドイツ式がとりいれられた。このように九州鉄道は、ルムシュッテルの技術指導のもとに、建設に着手したが、それを完成にまで導いたのは初代社長高橋新吉と、第二代社長仙石貢両人の偉大なる献身であった。

このルムシュッテルが、九州鉄道の任務を終えて日本鉄道の招きで、東京駅を中心とした鉄道計画を提案したことは、バルツァーの報告の中に述べられている。

わが国の鉄道は以上のように、本州はイギリス、北海道はアメリカ、九州はドイツのお雇い外国人の力をかりていたが、しだいに自国の技術を育成し、明治末期には一部電気部品を除き国産化できることになった。

しかしその間、外国の技術の売込みは熾烈で、橋梁については東北本線の荒川橋梁にイギリスのダブルワーレンのトラス橋が採用されたが、東海道本線の長大橋にはアメリカのシェドラートラスが採用され、以後、広く用いられた。

機関車については長距離運転化するにつれて、タンク機関車からテンダ機関車に移り、当初イギリス製一辺倒であったものが明治二三年からアメリカ製機関車が入りはじめ、多数を制するにいたった。ドイツも九州・四国に機関車の売込みをはかっていた。

明治の初期から中期にかけては、ドイツがプロシア王国を中心として国力が隆盛し技術が発展した時期で、わが国がドイツに心を惹かれていたときに、ルムシュッテルとバルツァーの提案が行われたことは後日、日本の国鉄技術者がドイツに留学をするにいたった経緯とも、関係があると思えて興味を覚えるのである。

(4) 幹線鉄道を中仙道ルートから東海道への変更

幹線鉄道の建設で最大の課題は、東京‐神戸間の東海道本線であった。一八七〇(明治三)年、東京と京都を結ぶ幹線の経路の調査が始められた。その結果、国土開発の観点から、すでにひらけていた東海道よりも中仙道のほうがよいということになり、また軍部も外国の軍艦からの攻撃をかわす意味で中仙道を支持した。

政府はイギリス人ボイルに綿密な調査を依頼し、明治一六年に中仙道案を採用することに内定した。そのため高崎‐大垣間の建設を決定し、建設資材補給路として直江津‐軽井沢間にも着工した。

いよいよ高崎、直江津両口から着工してみると、地勢が峻しく工事は難航をきわめ、前途の工事の困難さを思い知らされた。政府は明治一九年中仙道案をあきらめ、東海道案を採用することに方針を変更した。中仙道案は碓氷峠だけで五〇〇人の犠牲者をだしたといわれ、上野‐直江津間の信越線を完成して終止符をうった。

このような経過をたどって東海道線は明治一九年からただちに着工。横浜‐大府間三二〇キロメートルを日本人技術者の手でわずか二年半の短期間で完成し、東海道本線は明治二二年に開通をみたのである。

当時東京‐大阪間が陸路馬で七日、海路汽船で四日を要していたが、わずか一昼夜に短縮されて、わが国の交通動脈に革命をもたらした。これを契機にして全国の鉄道の建設が促進されることになった。

東海道線は輸送需要の伸びがもっとも多く、客貨の増加が顕著であった。牽引力の増加とスピードアップが要請され、機関車の大型化、レールの強化、複線化がとりあげられた。開業時、東京‐大阪間一八時間五二分を要したものが、二八年に急行列車を創設、一六時間半に、明治四〇年には最急行列車が登場して一二時間五五分にまで短縮された。

三　東京周辺の鉄道建設

(1)　東京－横浜間（のちに東海道線となる）

　東京－横浜間の鉄道は一八六九（明治二）年の廟議の決定を受け、ただちにスタートをきり、イギリス人エドモンド・モレル一行が着任し、モレルを建築師長という総監督に任命して、ただちに測量を始め、まずルートを決定した。起点は東京の汐留町、終点は横浜の野毛海岸、延長二〇マイルであった。

　工事は明治三年に着工したが各所で今日では想像もつかない難工事にぶつかった。

　線路工事は、新橋（汐留町）－品川間から始められた。当初のルートは海岸沿いの市街地を通る計画であったが、そこには軍部の用地があるほか、鉄道敷設反対論者の反対に油をそそぐのをさけるための大隈侯の英断で、海中築堤に変更された。

　汐留－品川間は明治三年に着工したが、海中築堤は品川

写真１　1872（明治５）年開業した新橋駅（汐留）

より先の線路敷となる八ツ山、御殿山を切り開いた土を使って埋め立てた。築堤路盤の幅は約六メートル、法勾配は一割五分とし、法面はすべて石板で保護された。築堤土砂の掘削、運搬はほとんど人力で、用具は荷車、牛馬車によった。

品川より先はほぼ京浜間の田園地帯で、途中、六郷川に木製トラスを架設して川崎を過ぎれば神奈川（現横浜駅の手前の川際、その後廃止）にいたり、そこから当時広い入り海となっていた東京湾を、新橋－品川間と同じ海中築堤として横浜市の中心街近くの野毛海岸にある終点横浜（現在の桜木町付近、東横浜貨物駅のあったところ）にいたるものである。

こうして日本最初の鉄道、東京－横浜間鉄道は明治五年九月一二日に開通、明治天皇親臨のもとで盛大な開業式が挙行された。

(2) 東海道線（官営鉄道の新橋から神戸まで）

東海道線西からの建設

東海道線は東京－横浜間に次いで西のほうから始まっている。それは一八六九（明治二）年廟議決定の東西両京を結ぶ日本の幹線が、中仙道幹線と決められ、東海道線は当面の対策ではなかった。このため明治五年に開通した東京－横浜間鉄道は、東西幹線の支線と位置づけされたのであった。

明治三年、東京－横浜間鉄道の着工に続いて、鉄道局は阪神間の建設を命ぜられ、同年大阪と神戸に鉄道掛出張所を設け、イギリス人建築副役イングランドらを指揮者として、明治三年石屋川トンネルより工事に着手した。

阪神間は神戸相生－大阪梅田間二〇・三マイルで、うち神戸－三宮間を複線として建設した。レールは、京浜間と同じ六〇ポンド両頭軌条で、もちろん鉄材類はすべてイギリスから輸入された。

阪神間のおもな工事はトンネルと橋梁であった。トンネルは石屋川ほか二カ所の河底トンネルである。延長は短いものであったが、石屋川トンネルはわが国鉄道トンネルの第一号であった。

橋梁は、武庫川、下神崎川、下十三川に架けられたものがおもなものである。京浜間の橋梁はすべて木製であったが、阪神間になってすべて鉄製となった。最初に架設されたのは武庫川橋梁で延長一四〇間（二二五メートル）、ここに錬鉄製複線式ポニー型ワーレントラス、径間七〇フィートが架設された。橋梁の設計は、建築副役イングランドの基本設計に基づき、イギリス本国でホワイトが設計した。工事指揮はT・シャンで、明治七年三橋梁が竣工。阪神間は明治七年五月一一日に開通した。

次は大阪－京都間である。

大阪－京都間は二六・八マイルで、工事は明治六年全線いっせいに着工された。

おもな工事は、上十三川、上神崎川の両橋であったが、型式は大阪—神戸間と同型の一〇〇フィートトラスを建築師シャンが架設を担当し、京阪間は明治一〇年二月に全通した。

京都－大津間鉄道。この区間にはわが国最初の山岳トンネルが掘削された。

京津間の当初の計画は京都—敦賀間鉄道で明治四年早くも測量が開始されたが、京阪間工事の時代になって、中仙道幹線の一部として着工された区間である。

京津間鉄道は明治一一年の着工であるが、その特徴とするところは、工事全般にわたり、すべて日本人技術者の独力によって完成した鉄道建設工事であった。

当時その意義がいかに高く評価されたかは、全線完成の竣工式に台臨された明治天皇が、鉄道頭井上勝に、とくに勅語を賜わり、御陪食を命ぜられたことによっても、その一事がうかがえる。

井上鉄道頭は明治一〇年開校の工技生養成所の第一期生を京津間に投入した。

まず偉大なる力を発揮したのは三村周であった。三村周は京都駅手前の加茂川橋梁径間五〇フィートの錬鉄製鈑桁八連を設計、架設した。邦人として鉄桁設計の最初であった。

次は逢坂山トンネル。京津間最大の難所は逢坂山トンネル二一八一フィート、鉄道工事ではじめての山岳トンネルであった。

京津間の監督は少技長飯田俊徳があたったが、逢坂山トンネルは井上鉄道頭直接の指揮で、国沢能長が監督を担任した。井上勝を総帥として励んだ第一期生は、勇将の下に弱卒なし、の感があった。明治一三年に無事逢坂山は貫通した。京都－大津間が開通した当時の大津は現在の膳所《ぜぜ》駅である。

大津以東、名古屋までの東海道線は、中仙道幹線の一部として工事が進められ、途中、琵琶湖畔の大津－長浜間で船を用いて、明治一九年名古屋まで達し、さらに、中仙道幹線の材料運搬線として名古屋－大府－武豊(港)まで開通し、東海道西線は完了した。中間の大府が東線に結ばれる駅である。

東海道線東からの延長工事

西から延びた東海道線は、中仙道幹線として敷設されたが、一八八六（明治一九）年東西幹線は中仙道を廃し東海道に変更された。

井上鉄道局長は明治一九年、二等技師原口要に横浜－沼津間の測量および建設工事を担当させ、沼津－大府間を三等技師南清に命令した。

横浜－沼津間は原口技師を総指揮官として、横浜－国府津間は六等技師大屋権平、国府津－沼津間は一等技手野村龍太郎がそれぞれ分担した。工事は橋梁とトンネルの主要工事を直営とした。

横浜－国府津間は明治一九年より着手した。この区間はおおむね平坦地で、主要な工事は清水谷戸トンネルと、馬入川（現相模川）橋梁であった。

横浜－国府津間三一マイルは明治二〇年に開通、一日三往復の列車運転を開始した。

国府津－沼津間はいわゆる箱根越え（現在の御殿場線）の区間で、東海道線の最大の難関であった。当時トンネルの南といわれた業者が担当したが、あまりに無理をして倒産したほどであった。

沼津－大府間は横浜－沼津間とほぼ同時に着工した。全線の総監督は南清、監督に飯田俊徳があたり、天竜川を境に以東は国沢能長、以西は長谷川謹介が担当した。

この区間は富士川、大井川、天竜川と大きな川が多く、わが国における二〇〇フィートのダブルワーレン型のトラスの鋼製鉄橋として最初のものであった。この区間の橋梁上部工は小川勝五郎が直接に、大部分の土工は鹿島組が、天竜川橋梁は日本土木会社（現大成建設）が施工した。

明治二二年、国府津－大府間が二年半の短期間でいっせいに完成し、大府以西と結ばれた。最後に残されたのが米原－大津間で、この区間は琵琶湖による舟運で間に合わせていたためであった。飯田俊徳を主任技師として突貫工事で施工し、二二年七月、新橋－神戸間の東海道本線が全通したのであった。

横須賀線

横須賀線のうち、大船－横須賀間一〇マイルは一八八九(明治二二)年六月に開通した。

横須賀付近と千葉県の富津岬は一衣帯水の間にあって東京湾口を扼しており、旧幕時代から国防の要衝であった。幕末に建設された造船所は明治五年海軍の所管となり、ついで一七年横須賀鎮守府がおかれ、日本海軍の最大の軍港として育っていった。

明治一九年陸海軍両省が横須賀線の敷設を内閣に建議した。これが閣議の了承となり、ただちに鉄道局に調査を命じた。ところが当時の政府には、建設費五〇万円支弁の方途がどうしてもつかず、ふたたび閣議が開かれ、五〇万円は東海道線建設費からの支弁が提案されたが、審議のすえほかに方法がなく、やりくり算段、東海道線建設費からの一時流用支弁ということにして、横須賀線は大船－横須賀間の建設が決定された。

工事は明治二一年着手、線路は半島の山稜地を縦断するためトンネルが多かった。いわゆるスカ線の七トンネルで、工事請負者は現業者南一郎平でかなり難航したが、明治二二年に開通した。

横須賀線が久里浜まで延長されたのは戦時中の昭和一九年四月で、もっぱら軍事目的であった。

横須賀線は大正一三年全線の複線化が完了。電化は大正一四年。昭和五年三月に電車運転を開始、同時に東京駅まで電車の直通運転ができるようになった。

(3) 日本鉄道(現在の東北本線・高崎線・山手線・常磐線)

私鉄日本鉄道は一八八一(明治一四)年、維新の元勲右大臣岩倉具視の主唱によって生れた、わが国最初の私設鉄道である。

建設された線路のうち東京都心部に直接関係あるものは、建設の順序からいえば高崎線、山手線、東北本線、常磐線の四線区である。

まず日本鉄道の発足を簡単に述べれば、明治二年高島嘉右衛門が皇国に鉄道なかるべからずと、東京－青森間鉄道敷設請願を政府に提出した。明治四年岩倉具視は華族が国より賜わる俸禄を武士の商法で霧散するを憂えて、これを東京－青森間鉄道建設に投資することを建言した。

華族組合はこれに賛同し、華族の有志徳川慶勝、松平慶永、伊達宗城ら一〇名で華族が共同出資する会社を起し、東京－青森間の鉄道建設を政府に請願した。

しかし私設鉄道はわが国最初であり、政府のなかでも意見が分かれその決定にてまどった。

明治一四年岩倉具視の主導によって、華族組合は池田章政らを発起人として、日本鉄道会社の設立をみた。

当時下付された特許条約書によると、東京より前橋－青森まで五二九マイル、建設期限七年、営業期間九九年であった。この九九年というのは、明治二年の高島嘉右衛門の請願書で、「会社は九九年にて終り、百年後は国有となる法なり」とあったのと同文である。

ルートに高崎線がはいったのは、当時、中仙道幹線の東京－高崎間の建設が決定していたものを、建設費が長浜－敦賀間にまわされたため、高崎線は廃案となり、そのまま日本鉄道の建設線となったもので、結局、日本鉄道の建設線は、第一工区は高崎線で、第二工区青森線とし、高崎線の中間より青森までと特許条約で決められた。

建設工事は政府の鉄道局に委託された。まず最初に着工したのは、高崎線の上野－前橋間であった。

前橋は現在の前橋ではなく、利根川手前の位置で、現在の新前橋の川寄りであった。

高崎線の東京の起点は、品川、新橋、上野の三駅について検討が重ねられたが、鉄道局長井上勝の断によって始点は上野と決定された。上野は工期が短くてすみ、しかも当時の下町繁華街の浅草に近く、北の玄関としてふさわしい場所であった。

工事は起点決定に手間どったためもあったので、隅田川を使って材料を運び、まず川口－熊谷間から着工、次いで上野－川口間に着工、明治一六年に上野－熊谷間が開通した。明治一七年に前橋まで開通し、上野－高崎－前橋間が全通した。

高崎線建設当時は日本の鉄道建設の初期で、地方の請負業者は土方人夫の頭くらいであったので、井上局長は敦賀線における鹿島組の実績を買い、高崎線の工事を特命した。敦賀線工事は鹿島組二代鹿島岩蔵であったが、技能、誠実さをみた井上局長は、好漢用うべしと、高崎線に投入したのであったが、第二線青森線の建設においても、その期待を裏切らなかった。

上野駅は開通当時は頭端式の駅で、敷地は上野山下の寛永寺末寺群が移転した跡地で広大なものであったが、最初の駅本屋建物は四本柱のような木造建であった。

明治一八年、土木技術者三村周の設計になる煉瓦造二階建に改築されて西郷さんの銅像と一緒に東京名物のひとつとなった。

なお、駅の旅客ホームはわずか一本だけで開業したが、ホームが二本になったのは明治三〇年代のことである。なお、その後増設された地平ホームは、幅員三〇フィート（九・一四メートル）で今日でも立派なものである。うち二本は現在でもそのまま残っている。

明治二三年佐久間町（現在の秋葉原）に貨物駅を設け、上野と地平線で結ばれた。

青森線の起点は高崎線の中間より分岐するとなっていたので、起工にあたり、熊谷、大宮、浦和の三駅が検討案にのぼったが、起点は大宮に決定し、明治一八年大宮より着工、二四年九月大宮－青森間七四〇マイルが全通し、上野－青森間に直通列車の運転を開始した。

東北本線で見のがせないのが利根川橋梁である。利根川橋梁は当時わが国最長の橋桁で、竣工のときにはかしこくも明治天皇が台臨されたという。橋梁は全長一五〇〇フィートの長橋で、建築師長ポーナル設計の錬鉄製二〇〇フィートのダブルワーレン型単線トラス三連と、一〇〇フィートトラス九連が架設された。

工事監督は准奏任仙石貢、請負者小川勝五郎であった。利根川橋梁は明治一九年六月竣工した。

常磐線の当初の起点は田端であった。まず開通したのは、日本鉄道が東京湾と直接船車連絡をするために選んだ隅田川近くの、水扱貨物の隅田川駅までの隅田川線で、一八九四（明治二七）年に営業を開始した。

さらに隅田川線より分岐して南千住、北千住、土浦、水戸、平を経て、岩沼まで三四三キロメートルを明治三一年八月に全通し、上野－青森間にこの線経由の直通列車の運転を開始した。

なお常磐線は隅田川より始まったので、田端で大宮の方からスルー分岐であったため、上野発列車は田端で方向変換を行った。

明治三八年、これを解消するため日暮里－南千住間の短絡線が新設され、以後、上野着発の列車はスルー運転になった。

常磐線では明治四三年平駅にはじめて古レール製跨線橋がつくられ、南千住架道橋では有道床橋が造られ、いずれも日本最初のものといわれている。

(4)　甲武鉄道（現在の中央線）

現在の中央線は東京－塩尻－名古屋間である。といっても現在《いま》の時刻表をながめても、東京－名古屋間に直通列車は一本もない。昔、京都と東京を結ぶ国の幹線として、中仙道幹線が計画された時代と、地域の交通需要がすっかり変ってしまった結果である。

中央線は私鉄の甲武鉄道から生れた。

甲武鉄道は当初馬車鉄道で出願して一八八八（明治二一）年、雨宮敬次郎、岩田作兵衛、井関盛長らが発起人となって資本金三五万円で会社を創設した。

さらに同年、甲武馬車鉄道会社は社名を甲武鉄道と改めた。

甲武鉄道の工事は鉄道局に委嘱してただちに着工した。監督者は、四等技師仙石貢、五等技師野村龍太郎が担当した。またのちに菅原恒覧が井上局長の許可を受けて入社、建築課長に就任している。

明治二二年、新宿－立川間が開通した。この区間は、甲州街道筋の府中町が鉄道に反対したので、人家のない丘陵地の武蔵野原を選ぶことになり、延長二七キロメートルがまったくの直線である。ついで同年、立川－八王子間が開通した。この間には難所として多摩川とその支川、浅川があったが無事架橋ができ、甲武鉄道の本線新宿－八王子間は全通した。

甲武鉄道の新宿駅は日本鉄道新宿駅で接続をせず、青梅街道口と甲州街道口の二カ所にホームが設けられた。

当初、新宿から都心へ向かう市街線ルートは、新宿からまっすぐ市ケ谷へ抜けるはずであった。

このルートは市街密集地に近く用地買収が困難であるとの理由で、人家の少ない千駄ケ谷、信濃町を経る案が出された。しかし、この案では新宿御苑の南端を通過するので、そこは鴨御猟地であり、列車の通過で鴨が来なくなり風致を害する、また信濃町経由だと赤坂御所の下にトンネルを掘ることになり、これは皇室に対して恐惶に堪えず、と宮内省から異議がでてきた。しかしこのことがいつか上聞に達し、明治天皇から、社会公衆の便宜のためならばさしつかえない、という御言葉があり、ようやく宮内省の許可が下りて信濃町経由ルートに決定した。

明治二七年、新宿－牛込間が開通、ついで二八年牛込－飯田町間が開通。同年中野－飯田町間が複線化された。中央線の始点は、このときから飯田町となった。

それ以来、飯田町は中央線の終着駅として都心の一角に君臨することになり、神田川に近くて外濠に面していたので、旅客のみならず貨物をも扱った。関東大震災の復興時には、復興資材としての砂利・砂の取扱いに役立ち、現在はこの場所が新聞用紙専門のターミナルとなっている。

(5) 総武鉄道（現在の総武線）

一八九七（明治三〇）年、総武線本所（現在の錦糸町駅）－銚子間が開通したころは、房総半島一円から外界に結ばれる鉄道は、私鉄の総武鉄道だけであった。

明治二〇年伊能権之丞らの発起人は総州鉄道を起し本所－佐原間鉄道を出願、一方、安井理民らは本所－銚子間を出願した。これに対し千葉県知事は、三面海に囲まれているから鉄道の必要なしと、にべもなくあしらって政府に取次をしなかった。しかし安井理民のほうはこれに承服しなかった。

安井理民は二〇歳にして成東戸長になり、鉄道は敷かざるべからずとして、私財を尽してたたかい、ついに総武鉄道の建設に導いた人であったが、全通を目前にして弱冠二八歳で夭折した。総武鉄道は以上のような曲折を経て、明治三〇年本所(現、錦糸町)－銚子間一一六キロメートルが単線で開通した。

総武鉄道は都内での日本鉄道に連絡するため、明治三三年、本所から横網町を経て隅田川を渡り、秋葉原にいたる線路延長の免許を受けた。バルツァーの論文に示された東西縦貫線の一環である。免許状の建設有効期限は三カ年であったが、うち横網－秋葉原間は新橋－上野間が開通するときまでに延長するものとされた。明治三三年というと新永間（新橋－東京）の着工早々の頃であった。

また線路については高架線であることが免許の条件になっていた。総武鉄道は少なくとも横網までは地平線にしたいと請願したが許されなかった。私鉄の高架線はそれまでに例がない。本所－横網間は一・六キロメートル余であったが、地盤が悪いので相当てこずった様子がうかがえる。免許は複線であったのをとりあえず単線として許可された。

高架橋は単線式単純支承の鈑桁構造であった。高架橋の橋台、橋脚は煉瓦造壁式、鉄桁は径間三〇フィート、主桁中心間隔三フィート八インチである。

本所－両国橋(現、両国)間は明治三七年に開通した。

総武鉄道は両国橋まで開通したが、都内で連絡すべき東京－上野間がいまだ建設の緒にもついていなかったので、延線をついに断念した。

明治二〇年創立発起人会以来、東京の都心へ連絡しなければ用をなさないとした総武鉄道ではあったが、両国橋で止まり、まもなく国有化されてしまった。工事は当初から鉄道局に委嘱されて施工が行われた。

(6) 日本鉄道のうちの山手線

赤羽－品川間

山手線は、日本鉄道によって建設された支線である。日本鉄道は、川口から高崎線の工事を始めたが、やがて先の方へ進むにつれて、鉄道資材の輸送が大きな問題となってきた。このため山手線は、鉄道資材を輸送する建築列車の輸送通路としてつくられた。山手線の経由地はいまでこそ東京の副都心となっている、渋谷、新宿、池袋などを通るもっとも利用者の多い線であるが、当時はほとんど自然のままの広漠たる武蔵野で、人家も農家も点々と散在するにすぎなかった。工事は一八八四（明治一七）年に着工された。

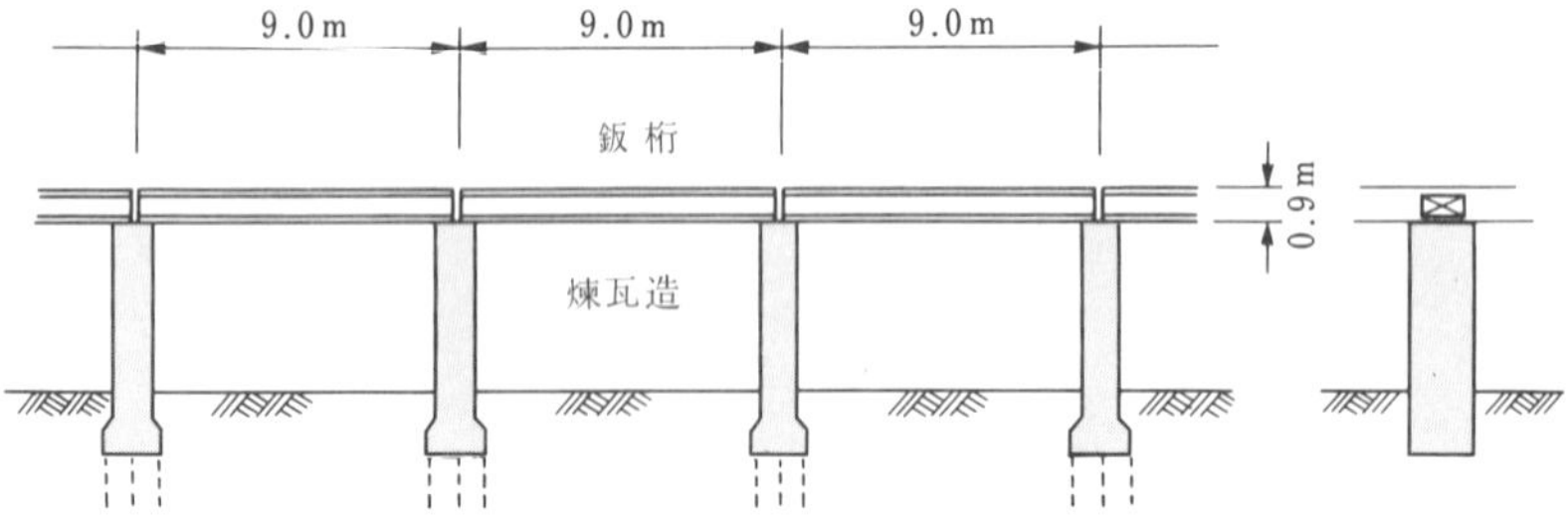

図3　総武鉄道本所－両国間高架橋（明治37年錬鉄単鈑桁，下部工煉瓦造）

監督は、品川－新宿間は権小技長増田礼作、新宿－赤羽間は少技長原口要が担当した。

また当時までの工事請負制度は、一部の小工事を除いて、請負人の見積りを参考として請負額を決めていたのが多かったのを、原口技師はこの工事から入札制度にしたという。入札は山手線が日本で最初であるといわれている。

山手線工事は、明治一八年二月に各橋梁を最後に完成し、同年三月開通して、新橋－赤羽間に単線ながら普通列車の運転を開始した。

池袋－田端間

田端－池袋間は支線山手線のまた支線で、豊島線と呼ばれた。工事は計画から着工まで七年を要した。工事が難しかったのではなく、会社の資金繰りと日清戦役のためであった。この工事は池袋を出れば掘割であるが、田端近くは山となり、トンネルを掘りはじめたが、土質が悪く進まなかったので、山の裾をまわって田端に達するように変更された。

豊島線の開通により、品川－田端間は山手線、池袋－赤羽間は赤羽線と改称された。国有化後の一九〇九（明治四

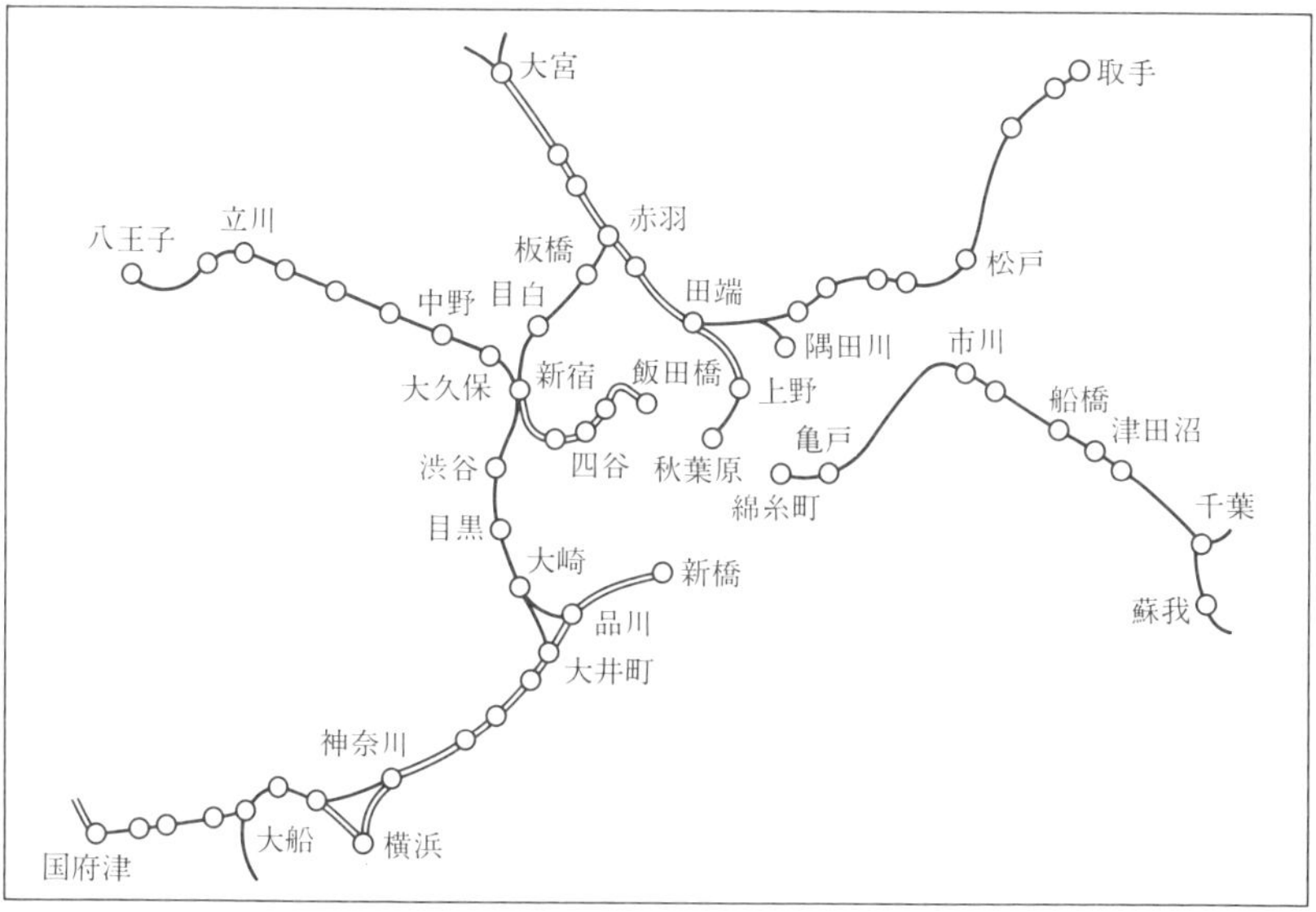

図 4　1897（明治30）年当時の鉄道網

二）年に電化し、ボギー車の単車運転で時隔は一五分、上野－鳥森間一七マイル四分を平均速度一六マイル三分で六四分を要した。

なお、東武鉄道が、北千住－久喜間を開業していたが、明治三九年の鉄道大合併の際、買収を免れた。

(7) バルツァー提案の背景

わが国の鉄道の主流の官営鉄道はイギリスの指導を受け、九州鉄道はドイツの指導を受けたことは前に述べた。当時ヨーロッパでは普仏戦争（一八七一・明治四年）に大勝を博したプロシアはドイツ帝国となり、国力隆々としてヨーロッパに君臨しはじめた。治外法権撤廃を求めていたわが国の為政者はドイツに惹かれ、明治憲法はドイツのプロシャ憲法を範とし、技術の点でもドイツに学ぶ風潮が生れたのは、当然な成行きであったかもしれない。ドイツの鉄道技師ルムシュッテルが九州鉄道の顧問に招聘されたのはこの時期であって、日本の鉄道に多大な影響力を及ぼしたことは十分察知されるところである。

そのころヨーロッパの大都市では鉄道が各地から突っ込

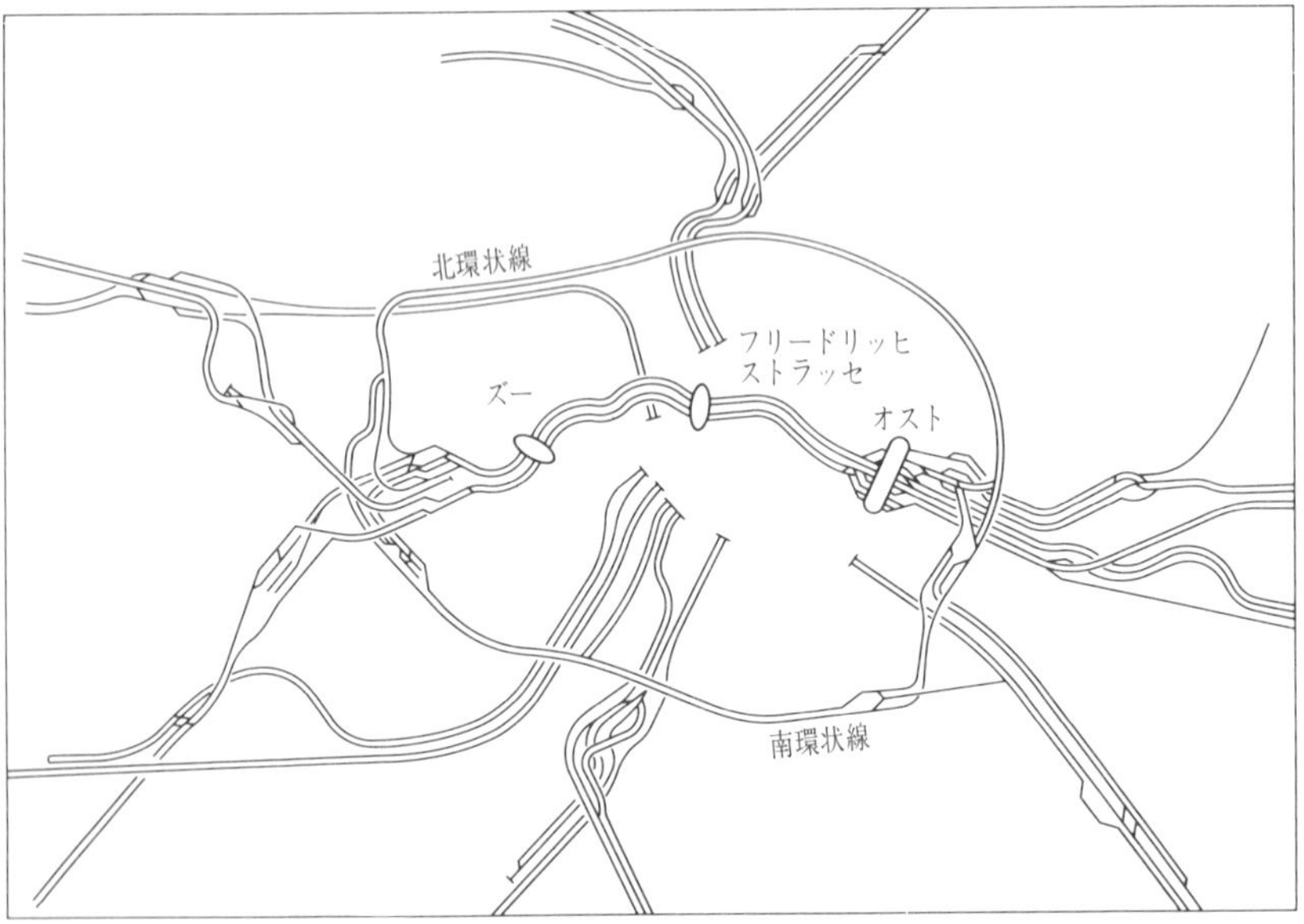

図5　ベルリン旅客鉄道ネットワーク略図（1910年当時）

んだ頭端式の終着駅が多かった。そのため通過する列車は必ず機関車を付け替えてスイッチバックをしなければならなかったし、終着列車は郊外にある客車操車場に折り返す必要を生じ、ともに駅の入口で交差が生じ、列車が錯綜して困っていた。

ドイツ人は計画性の強い国民で、都市計画にはとくに力をいれ、鉄道と一体となって考える意識が高い。鉄道が高架線で都心を貫通して直通できるのは、ヨーロッパの大都市ではドイツの首都ベルリンだけであった。

ベルリンでは幹線鉄道が煉瓦アーチの高架線で都心を東西に貫通し、ズー、フリードリヒストラッセ、オストという三主要駅があって、東西両方向から交互に長距離列車を乗り入れていた。この本線に並行して今日ではSバーンと称する近郊鉄道が走っていた。市の外郭に環状ルートの近郊鉄道があり、この環状線が縦貫する近郊線に乗り入れて都心に達していた。その後の計画で南北に貫くSバーンが築かれ、今日でいうUバーンという地下鉄道が建設され、路面電車とバスで補完される交通体系が整っていた。このようなベルリンの鉄道網を念頭において、ルムシュッテルが日本側にアドバイスをしたものと考えられる。

明治二一年東京府が公布した市区改正という条令で「新橋、上野両停車場を市内貫通高架線で連結される」ことが定められたのはこのような背景があったのである。

日本鉄道はルムシュッテルに調査を命じ、新橋－上野間の高架鉄道の敷設免許を二六年に申請している。したがって、新永間の高架橋と東京駅の計画の骨子はルムシュッテルが考案し、バルツァーがこれをまとめて、東京駅と新永間の高架線の基本設計を提出したものである。当時ルムシュッテルは、まだ九州鉄道に在任中であったが、九州鉄道の建設の目鼻がついたころであったので、日本政府から要請されてこの重要なプロジェクトに参画することになったものと考えられる。

四　東京駅の誕生

(1)　ルムシュッテル提案の採用と修正点

バルツァーは東京駅を中心とした鉄道計画を設計提案し、新橋から東京駅に至る高架橋の標準設計と東京駅のレイアウトの基本を示した。バルツァーの提案の行われた当時、東京に顔をだしていた鉄道は、官設の東海道線（終点、旧新橋）、私鉄の日本鉄道（終点、上野）、甲武鉄道（終点、飯田町）、総武鉄道（終点、錦糸町）で、まだ国有化による統一が行われる以前の状態であった。

官鉄は旧新橋（汐留）の終端駅を廃して、皇居正面の丸の内の現在東京駅のある場所に移す意図をもっていた。甲武鉄道も官鉄の旧新橋に乗り入れる構想があって、御茶ノ水から万世橋へと乗り入れる計画を進めつつあった。日本鉄道は赤羽から山手支線を分岐して品川で東海道線と連絡し、大井町でも連絡していた。また日本鉄道は池袋－田端間を結び、山手線を上野まで乗り入れる工事にかかっていた。

さらに日本鉄道は、ルムシュッテルの提案による東海道と東北を直通するため、上野から東京への高架線による乗入れについては、採算の点で懸念があるので決断がつかなかった。

日露戦争ののち、一九〇六（明治三九）年鉄道の国有化が断行され、帝国鉄道庁となって全国の幹線が一本化されるようになると、ルムシュッテル提案の基本構想の骨子がはじめて承認された。

すなわち東京と上野を複々線で結び、東側の複線は遠距離用として、東海道線と東北線とを結ぶ。東海道線の客車操車場は尾久に、東北線の客操は品川に設け、東海道、東北の列車はいずれも新橋、東京、上野に停車させることとする。余裕があれば電車を入れる。西側の複線は近郊の電車線として、山手、京浜の電車を乗り入れ、山手線は環状運転とするという内容であった。

バルツァー論文に示されている中央線と総武線の東京駅乗入れと、中央・総武の直通については、甲武鉄道が旧新橋乗入れを計画した経緯があったので、中央線は東京駅に入れることとした。総武線の東京乗入れは列車線を交差することになり、東京駅でのプラットホームの空間利用にも制約があるので中止して、両国－御茶ノ水を結んで、中央・総武の直通を可能とした。

東京－上野間の複々線と両国－御茶ノ水間の複線の敷地は、大正一二年に発生した関東大震災の復興計画にくみこまれ、区画整理の実施によって用地が確保された。

東京－汐留間の高架橋の設計と東京駅の設備の基本はバルツァーの提案がそのまま採用されて施工され、バルツァー自身が工事監督をかってでた。

バルツァー提案の修正された部分

東京駅の設計については、新永間建築事務所の所長として、東京駅乗入れの工事の専任者たる岡田竹五郎（現日本鉄道建設公団総裁岡田宏氏の祖父）の意見で、バルツァーの設計の基本はほとんどそのままいかされたが、修正されたのは次の諸点である。

東京駅は旅客の専用とし、貨物扱いは鉄道が国有化統合された結果、市内に隅田川、秋葉原、飯田町などの適地が活用されるので、とりやめとなった。その分客車操車場の収容線を増加した。中央線の乗入れを認め、駅本屋や山手、京浜のプラットホームの間に中央線専用のプラットホームの余地を設けた。この関係から、乗車口と降車口を結ぶ手荷物通路は本屋寄りに設計してあったものを高架線の裏側客操との間に変更されることになった。

駅本屋については提案されたものは純日本風の建物であった。バルツァーが日本の文化にかくべつ趣味をもっていたためと思われる。ところが当時のわが国の風潮は、おおいにヨーロッパ崇拝の時代であって、丸の内にある東京の玄関に純日本式の建物を採用することは歓迎されなかった。当時の権威者であった東大教授の辰野金吾博士に委託して、ルネッサンス風の駅本屋を設計してもらった。

バルツァーの提案の基本をなしていると考えられる、東海道線と東北線の東京駅をはさんでの相互乗入れと近郊列車の取扱いについては、東京駅改良の始動の項で結果を述べることにする。

(2)　新永間高架鉄道線の建設工事

設計――一八九六（明治二九）年四月、市街高架線を建設するために、新永間建築事務所が設置され、初代所長には小山友道、ついで三〇年一一月第二代所長岡田竹五郎が

写真2　新永間高架線工事の最盛期〔1903（明治36）年〕

就任した。岡田所長は明治二三年帝国大学工科大学（現東大）を卒業、就任以来、大正四年まで、途中、明治四〇年本庁技術課長就任後も所長を兼務した人で、実質的な新永間高架鉄道ならびに東京駅の生みの親である。

なおこの事務所は設置以来、新永間建設専門であったが、四一年一二月、御茶ノ水駅で止まっていた中央線の東京駅乗入れ高架線の工事が加わり、市街線建築事務所と改称、さらに大正八年新橋－沼津間を含めた東京付近の改良工事が加わって、東京改良事務所と改称された。

新永間着工にあたって第一の問題はルートと高架橋の構造形式であった。ルートについては、芝区新銭座町から分岐して、汐留町を通って源助町へ出る。ここから烏森町、内幸町、内山下町を経て有楽町を通り永楽町二丁目の中央停車場にいたるものであった。

このルートは用地買収を最小限とするためで、烏森より中央停車場にいたる間の大部分は外濠築堤の官有地であるから、官地の移管だけの手続きでよかったのである。

高架橋の形式については、バルツァー提案そのままの径間八～一二メートルの煉瓦造連続アーチ橋を基本とすることにして、明治三二年用地買収に着手した。明治三一年二月逓信省高等技術顧問に就任したバルツァーから、高架橋を鋼構造とする案が提出された。バルツァーの設計は、鋼鉄製カンチレバーブリッジとして床板を張り、バラストを用いる、というから有道床の突桁式鈑桁を連続する高架橋形式である。

新永間はその昔は海であったものが、土砂の堆積によって陸化した地域で、とくに内幸町から内山下町の間は、昔の日比谷入江あとで第三紀層の深いシルト質粘土層で、中等水位以下二〇メートルに達する深浅のうねりのあるきわめて軟弱な地盤である。新永間はこういう地盤であったから、バルツァーも研究したものであろう。鉄桁は煉瓦造に比べて軽いという特性がある。橋脚の不等沈下にも対応しやすい、架道橋は鉄桁であるから一連性がある、ということを考えたのではなかろうかと思う。これに対して煉瓦造は軟弱地盤に対して重い、とくに煉瓦造は地震に対して弱いのが難点である。

当時この両形について慎重な比較検討が行われた。煉瓦造連続アーチ橋に対して考慮がはらわれた大きな問題は、なんといっても耐震性であった。当時としては難しい課題であったろうが、耐震性強度について過去の実例の調査がなされた。明治二六年におこった濃尾地震のとき、従来耐震強度が劣るといわれた多くの煉瓦造が、たいした損傷をうけていなかった。とくに甲武鉄道市街線の四谷－牛込間は、片側が山、片側が外濠という耐震上もっとも危険とみられているところで、構築された三カ所の煉瓦造トンネルには少しも損傷をうけた跡がなかった、という事実から推論すれば、煉瓦造アーチ橋もかなり激震に耐えられる。地震による将棋倒しも予測されるが、何径間ごとに大橋台を設けることによって防ぎえよう。また橋台によっても連続性が断たれることになる。そのほか、震災予防調査会の意見の中で実行可能なものはすべて採用して行うということから、結局、煉瓦造連続アーチ構造とすることが決定された。

この選択には、主要材料について、鈑桁橋の鉄材はすべて輸入にたよるしかない。一方、煉瓦橋の材料である煉瓦は国産品で品質も良く十分間に合う。総体的にみれば工費、工期のうえで、煉瓦造は優位にたつということも判断の材料になっていたのである。

高架橋の形式は煉瓦造アーチに決まったが、高架橋の幅員について、バルツァーは次のような設計図を残している。

すなわち、高架橋の端には保線要員が安全に通行できる幅を確保することが必要である。しかもその幅は、列車の扉が走行中に開いたとしても、通行中の保線要員に支障しない幅でなければいけない。このためその幅は軌道中心から高架橋の縁端まで、二・四五メートル以上離すものと決めた。この作業通路の幅員二・四五メートルの軌道側の境界線は、車両限界よりなお五四・五センチ余裕をみてある。さらに二複線の間、電車線と列車線の間に保線作業員の通行路として内側の軌道同士の中心線間を四メートルに決めてある。各複線の軌道の中心線間は三・三五メートルであるから、これらを合計すると、高架橋の幅員は一五・六メートルである。

以上はバルツァーが、邦人技師を指導して行った設計であり、側道や線間距離も現状とまったく同じで、いまから九〇年前、今日でも通用する設計をした彼は、まことに偉大な技術者であったと感心せざるをえない。

東京改良事務所の渡辺六蔵、山中新太郎、高橋邦太郎、川江秀雄の四技師はバルツァーに従属して、明治三一年二月より三六年二月まで市街線建設工事の設計に従事した。なお現存している当時の橋梁の設計図には明治三四年から三五年までの設計図にバルツァーと日本人の渡辺、山中、高橋、穂積、工藤のサインしたものが一三枚あり、バルツァーの去った後の三七年の設計図は日本人の手になっていることがわかる。山中新太郎は後日、構造物設計の中心となって功績を残した。

工事――新永間建設は、一八九九（明治三二）年地質調査からかかり、明治三三年外濠沿いの高い石垣で囲んだ土手の取壊しから工事が始まった。ところがこの工事も日清戦争後の不況期、三三年の北清事変、三七年の日露戦役で、工事の中止が多かった。

工事は五工区に分けて施工された。一工区は高架へのすりつけを考えて延線された浜松町－田町間の金杉橋から汐留まで、二工区は汐留より烏森（現、新橋）まで、三工区は有楽町まで、四工区は鍛冶橋まで、五工区は東京駅を経て銭瓶町までであった。

このうち困難をきわめるのは三工区でとくに土橋から現在の帝国ホテル裏までの高架橋で申せば、内幸町橋と内山下町橋がもっとも地質が悪かった。構造物の基礎地盤はいわゆる第三紀層にぶつかるまで杭が打てれば安定するが、帝国ホテル裏一帯は軟弱なシルト質粘土層で、その深さは

表① 汐留橋架道橋〜銭瓶町橋高架橋間 設計図一覧表（架道橋）

No	架道橋名称	図面種別・番号		設計者（サイン）	年月日（サイン）
1	汐留橋	架道橋一般図	63	F. Baltzer S. Yamanaka	1901.10.31
2		橋台図	100	F. Baltzer K. Takahasi	1902.4.1
3		鉄桁詳細図	111	S. Yamanaka F. Baltzer	1902.5.21
4	源助橋	架道橋一般図	59	F. Baltzer R. Watanabe S. Yamanaka	1901.6.17
5	芝口橋	鉄桁詳細図	121	R. Watanabe F. Baltzer	1902.7.30
6	烏森橋	鉄桁詳細図	117	F. Baltzer S. Kudo	1902.4.18
7	二葉橋	架道橋一般図	62	S. Yamanaka/R. Watanabe F. Baltzer	1901.6/1902.6
8		鉄桁詳細図	120	S. Yamanaka F. Baltzer	1902.6.5
9	幸橋	架道橋一般図	101	T. Hozumi/F. Baltzer	1902.1.7/4.7
10		鉄桁詳細図	116	T. Hozumi F. Baltzer	1902.6.20
11	内幸橋・山下橋	架道橋一般図	50	S. Yamanaka F. Baltzer	1901.3.16
12	第一有楽橋	鉄桁詳細図	325	S.Yamanouchi/R.Watanabe	1904.10.24/10.25
13	第二有楽橋	架道橋一般図	102	S. Yamanaka/F. Baltzer	1902.4.30/12.12
14		鉄桁詳細図	128	S. Yamanaka/F. Baltzer	1902.10.7/12.12
15		鉄桁詳細図	129	S. Yamanaka/F. Baltzer	1902.10.28/12.12
16	第三有楽橋	架道橋一般図		S. Kudo/F. Baltzer	1902.4.11/12.12
17		鉄桁詳細図		S. Kudo/F. Baltzer	1902.10.27/12.12
18		鉄桁詳細図		S. Kudo/F. Baltzer	1902.11.19/12.12
19	鍛冶橋・呉服橋	架道橋一般図	—	F. Baltzer/R. Watanabe	1902.4.8/10.29
20		鉄桁詳細図		F. Baltzer R. Watanabe	1902.10.8
21	呉服橋	橋台図	203	R. Watanabe	1903.7.9

注）サイン及び年月日の/はそれぞれ別の日付の入っているものを示す。(JR東日本市原久義氏の資料による）

東京湾中等潮位以下約二〇メートルもあり、当時の杭は松杭の長さ一五、六メートルぐらいしかなかったから、軟弱地盤に浮かすような杭しか打てなかった。やむなく杭周辺の摩擦力にたよったのである。煉瓦高架橋は杭の上に、厚さ五メートルのコンクリート基礎盤をつくり、その盤上に煉瓦の積立工を施す。

煉瓦積は道路に面するところや、装飾を要するところでは、石材を混用する。煉瓦は機械抜焼過一等品、二等品を用いる。とくにアーチリングの部分には、一平方尺につき一二トンの圧力になるから優良品を選んで使用する。アーチの積み方は畳式とし、すべてイングリッシュボンドとし、けっして小口巻を施さない。施工にあたってはいったん支保工に煉瓦を積載し、十分沈着させ、両側より順次これを撤去したる後に、畳築を進めて支保工の変形を防ぎ、モルタルにも厳密な注意をはらって施工した。

煉瓦についていては幸いなことに、渋沢栄一が経営していた日本煉瓦製造会社の製品がはいり、これは新永間の建設前に霞ケ関の海軍省庁舎と司法省庁舎（現存）をつくった信頼できる施工例があった。

工事を直接担当したのは技手今村信男であったが、仕事

写真3　竣工した外濠沿いの煉瓦造アーチ高架橋〔1910（明治43）年〕

はただ入念に、を繰り返し全霊をうちこんだ人であった。積立て前の煉瓦はすべてブラシ洗いを命じて、一人工の積立て個数も一般をはるかに下まわる個数に限定して厳しく守らせた。

なお煉瓦アーチ橋の設計について、バルツァーは、邦人技師四人を使って実施設計を行っている。また耐震上で神経をつかったことは本書はじめの論文に明記してある。

論文の中には、基礎杭について、松丸太では長さに限度があって支持盤に達しないから、支持盤まで井筒杭を下ろすことを強調している。松丸太では軟弱地盤中に浮いたままの支持杭であるから不可というのである。たしかに井筒杭は正論である。しかし施工されたのは松丸太杭で、バルツァーの指摘したように実際には摩擦杭として施工された。

これに関して、戦後アーチ橋の基礎盤の下へもぐりこんで、杭の載荷、引抜き調査が行われたことがある。杭一本の支持力は三五トン、杭長は一六メートルで、腐食箇所はまったくなく、切断面をみてもまったく健全な状態であった。

架道橋についてはのちに鉄道省技師久保田敬一は、新永間の架道橋は顧問ドイツ人バルツァーの指導のもとに、道路幅員の広い呉服橋、有楽町、二葉橋、浜松町などは三径間突桁式（片持梁）を用い、複線はおもに三主桁を架け渡し、これに床桁、縦桁を渡し、凹鈑を張り砂利道床とする特殊桁を採用した。これは本邦鉄道橋においては、最初のものであると証言している。とくにバルツァーは、架道橋の脚柱に球面支承をとりつけたのが特徴的であった。

球面支承は物としては小さいしろものであったが、当時の鈑桁構造にとっては画期的な新技術であった。

高架線工事は、明治三三年九月三工区の外濠土手石垣の取壊しに着手した。

基礎工事はバルツァー在任中に着工したのであったが、彼の帰国後、日露戦争が勃発し、工事が遅延して竣工したのは三九年の一二月であった。高架橋の橋台とアーチは三五年七月に追い駈け着工したが、同様の理由で遅れて銭瓶町橋の一部を除いて、四〇年九月すべて完成した。

明治四〇年九月、煉瓦造連続アーチ高架橋は、銭瓶町橋の一部を除いてすべて完成した。

また架道橋の鉄桁架設工事は、明治四三年九月、呉服橋架道橋を最後に一五橋のすべてを完成した。

なお、東京駅の上野方の銭瓶町橋は、当初四線であった

写真４　新装成った新橋駅（烏森）〔1914（大正３）年〕

が、あとから二線が追加され六線となったため工期が延びたが、これも大正二年中に完成した。

新永間高架線の線路数は、品川－東京間は四線、うち海側の二線は東海道旅客列車線、山側の二線は京浜、山手電車線である。なお電車線の開通は、明治四二年二月品川より烏森まで、四三年六月有楽町まで、同年九月呉服橋仮停車場まで開通した。呉服橋は東京駅が未完のための仮駅で、大正三年東京駅開業とともに廃止された。

銭瓶町橋六線は、中央線乗入れ、上野－東京間縦貫線を踏まえたものである。

駅の新設は田町、浜松町、烏森、有楽町、東京の五駅である。

駅本屋のうち烏森（新橋）は辰野葛西建築事務所の設計によるルネッサンス様式、高さ七〇尺（尖頭）、軒高三九尺で大正三年三月に竣工した。この駅本屋は関東大震災で尖頭を失った程度であった。

なお、新永間高架線工事に使用された主要材料は次のものであった。

煉瓦　日本煉瓦製造会社

杭丸太　陸奥、羽後、常陸産など

セメント　浅野、小野田各セメント会社
鉄桁材料　アメリカ、ドイツ、イギリス
鉄桁組立　石川島、川崎両造船所
レール　製鉄所

なおここで製鉄所とあるのは官営の八幡製鉄所のことで、明治三四年に六〇ポンドのレールを製造したのが国産第一号であった。

(3) 東京駅の建設工事

設計——東京駅の設計の基本は列車と電車の着発線とホーム四面を盛土式の高架線上に設け、西側に駅本屋を建て、東側の地平に客車の収容線、洗浄線、検査線などの線路と機関車庫を配置した。

　ホームの幅員は中央線電車用のものは九メートルであったが、他の三面は一二メートルで、長さは列車ホーム二三五メートル、電車ホーム一三〇メートルであった。一二メートルというホームの幅は、天皇陛下の行幸の際に歓送迎の儀式を行うため必要な広さで決められたというので、当時の建設規程の三メートルから考えるとけたはずれのものであった。

　旅客は旅客地下道を通ってホームの階段を昇り降りする。手小荷物は手小荷物地下道を通り専用のエレベーターによってホームへ上下する。列車と電車を利用する旅客は南口の乗車口から入る。列車の降車客は北口の降車口へまわる。電車の降車客は中央の電車客専用出口から出るように考えてある。また中央部には皇室用専用乗降口が設けられた。郵便物は中央郵便局より鉄道郵便専用の地下道を通って、郵便専用のエレベーターによってホームに上下される。というのが初期の設備の大要である。

　中央停車場の本屋建物は宮城を正面にあおぐ位置に設けられ、広大な駅前広場を擁していた。本屋建物はルネッサンス様式による鉄骨赤煉瓦造三階建で、建物正面長は三三五メートルもある壮大なものであった。両端に位した乗車口と降車口には円形の尖り帽子をいただいた八角形のドームを配し、中央に角屋根の貴賓玄関を擁している。その中間に突き出した形でホテルと庁舎の玄関が設けられていた。堂々たる威風を誇り、新興国の威容を象徴するにふさわしい建物で、当時の東京の名所のひとつになっていた。

　乗車口には、一、二等、三等に区分した待合室と、食堂、売店を備え、手荷物扱所を設けてある。通路の配置やプラ

表②　新永間高架線年次表

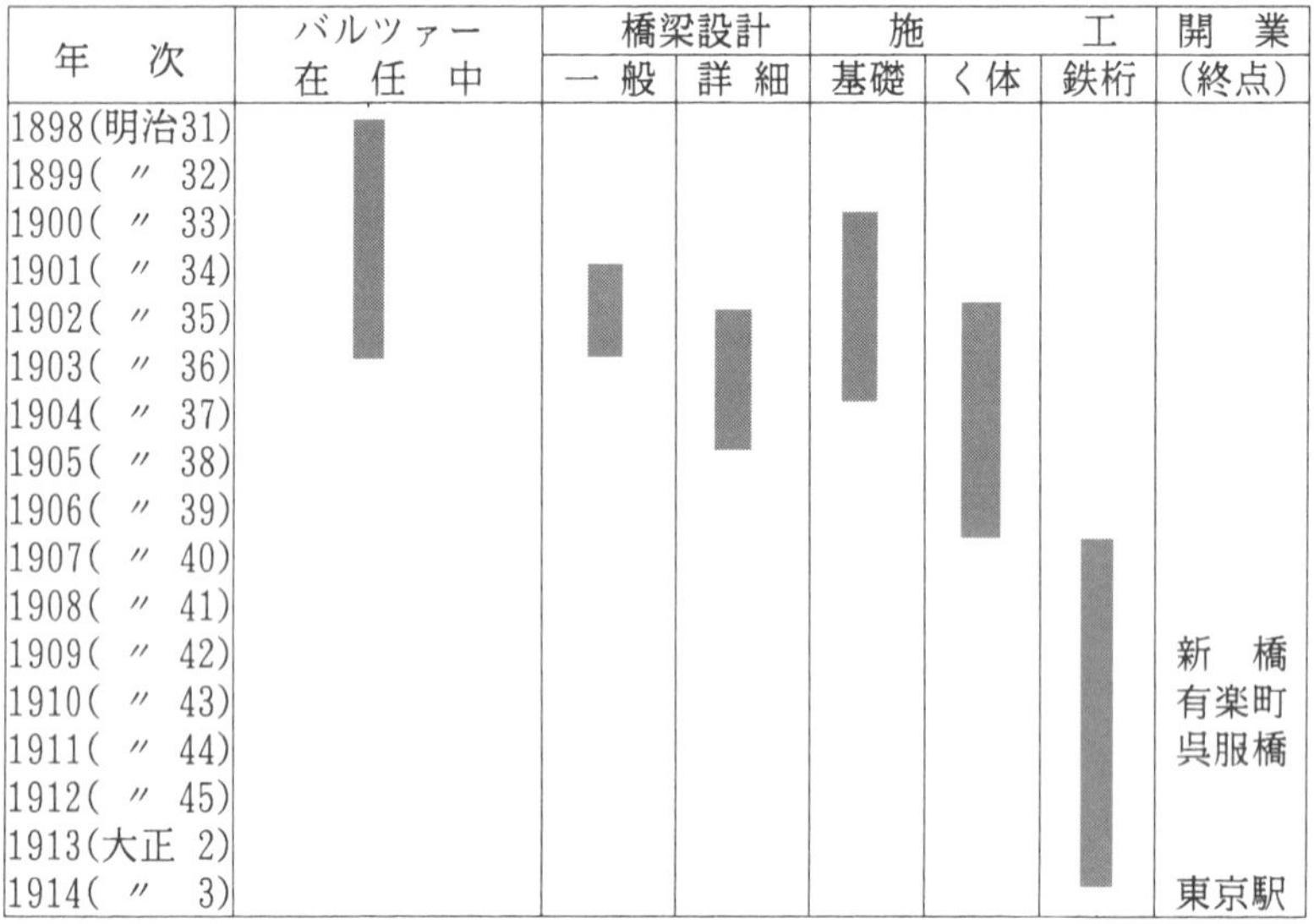

（ＪＲ東日本市原久義氏資料による）

ットホームの階段など、駅設計の基本はバルツァーの構想がそのまま採用されている。

　東京駅本屋の建築のとりまとめははじめから、当時東京大学の建築科主任教授であり、斯界の大家であった辰野金吾博士に委嘱された。

　新永間建築事務所から東京駅の設計を委嘱された辰野金吾はこの大事業に全力を傾注した。

　はじめ一九〇六（明治三九）年に着工する予定であったが、途中でさらに規模を拡大することになり、当時欧米視察中であった岡田所長の帰朝を待ち、再度辰野博士は設計をやりなおした。

　岡田所長の考えは、欧米最新の建築を参考とするが、華美にながれない質素なものとする。ただ皇室用昇降口だけは、高貴に対して礼を失しない程度とする。全体において広壮雄大なものとする。完成のあかつきには、皇居正面の場所であるから、帝都の玄関にふさわしい一大建築物たらしむべしという、雄大なデザイン構想であった。

　本屋建物の規模は、建坪三一八三坪、延坪は七二四一坪であり、軒高は一六メートル、棟高三八メートル、正面長三三五メートルである。この正面長は現在でもそのままで

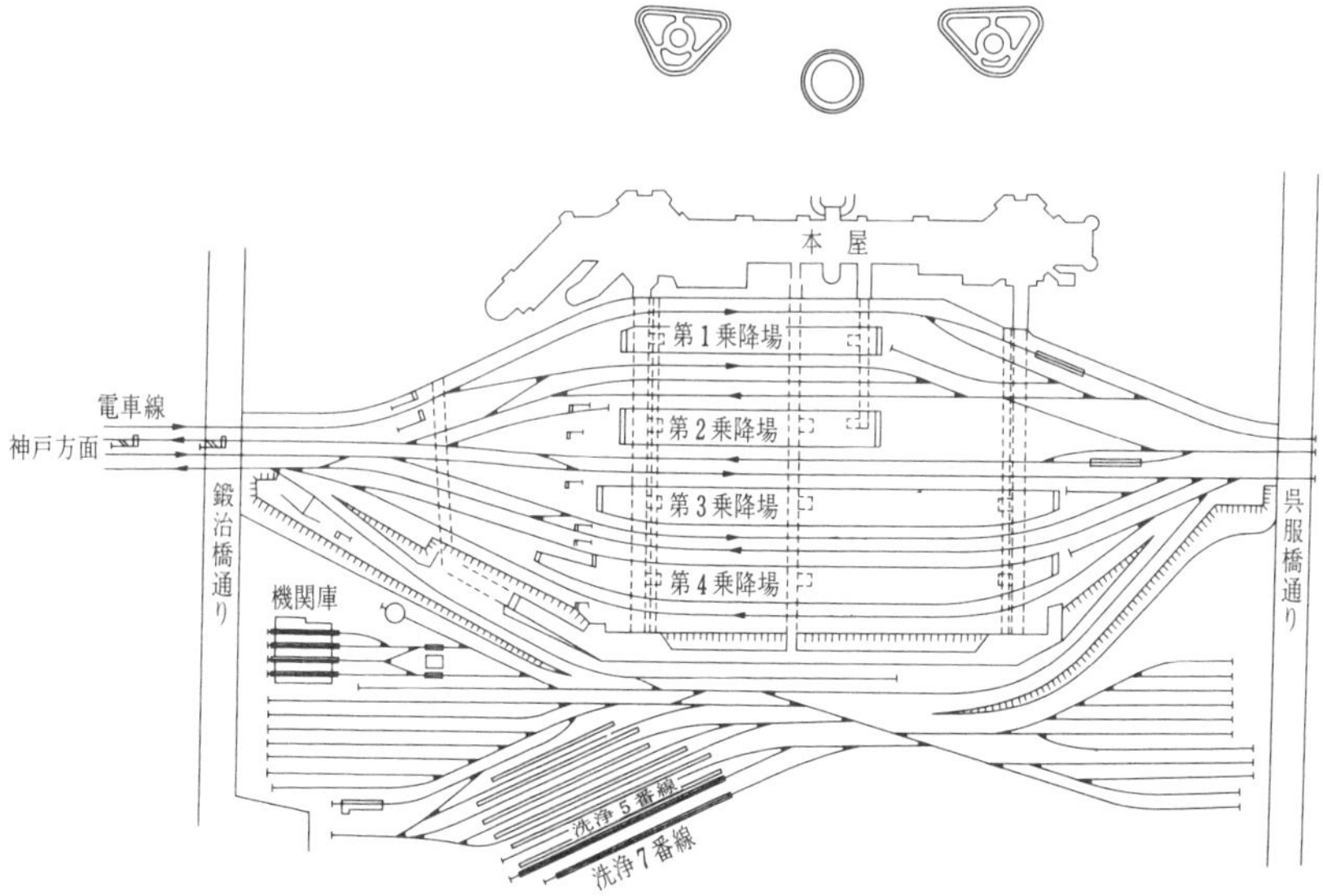

図6　東京駅完成時の配線図〔1914（**大正3**）**年**〕

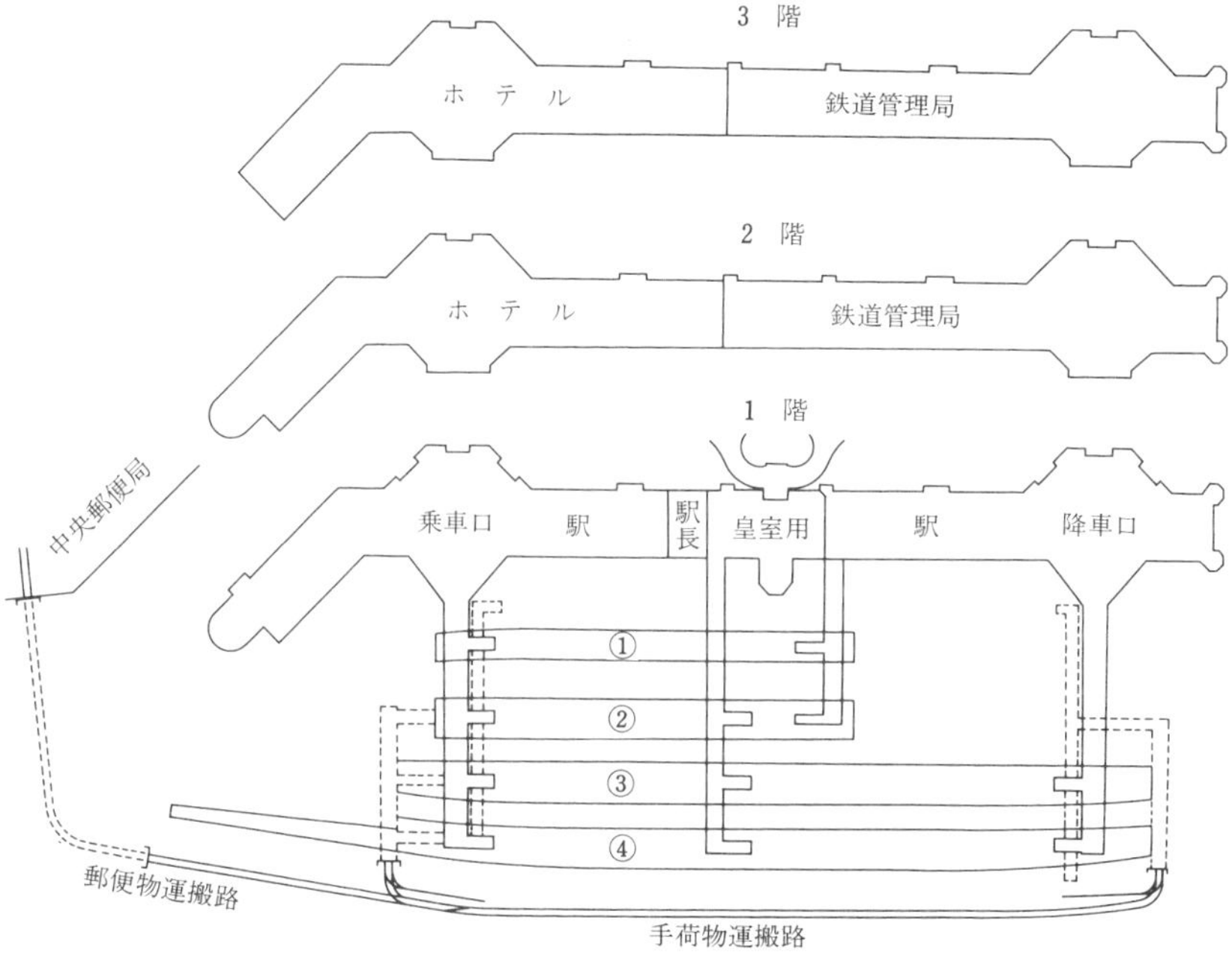

図7　東京駅開業時の平面図〔1914（**大正3**）**年**〕

写真５　東京駅乗車口広間〔1914（大正３）年〕

写真６　東京駅貴賓室の玉座〔1914（大正３）年〕

である。

工事――本屋建物工事は一九〇八（明治四一）年三月基礎工事から着手された。

工事監督は技師金井彦三郎を主任とし、基礎工事は今村信男技手、建築工事は小笠原鈅技手がそれぞれ担当し、請負業者は、鉄骨は石川島造船所、建築は大林組であった。

構内路盤の盛土、旅客地下道などの工事は中央部より神田方は明治三五年、有楽町方は三九年、旅客、手荷物地下道の構築、路盤の盛土および土留用煉瓦壁などは三五年、郵便地下道は四三年、ホームは大正三年、ホーム上家は大正二年にそれぞれ着工し、いずれの工事も大正三年に竣工した。

建物基礎は地表から三・六メートルまで掘削して松杭三・六〜七メートルの長さのものを、六〇センチ間隔で縦横に打ち込み、その上に厚さ一・二メートルの基礎コンクリートを打ち、さらに平鋼と丸鋼を格子状に敷き並べコンクリートを打って基礎床板としたものである。

鉄骨工事の現場建方は足場なしの組立てを行った。この建方は当時鉄骨を納入した石川島造船所の内田技師長が考案した新工法であると伝えられている。煉瓦の組立ては前述の基礎上から組み上げたもので、外壁は煉瓦二枚から二枚半を積み、表面には化粧煉瓦を張り付け、腰まわり、窓枠、車寄、馬車まわり、柱形装飾などには花崗岩を使い、屋根は銅板葺であった。

以上で明治四一年に起工された中央停車場は高架線とともに大正三年完成して、同年一二月一八日開業式が行われ、ついで二〇日から営業を開始した。このときから中央停車場は、「東京駅」と改称された。

本屋建築費は二八七万円、これを含めた新永間工事費は九九七万円であった。

煉瓦八九〇万個、新永間全部で煉瓦使用数は五〇〇〇万個で、そのほか本屋建築の鉄材は三五〇〇トン、基礎松杭は一万一五〇〇本であった。

(4) 京浜線電車の登場

東京は政治・行政・文化の中心として首府の機能を発揮していた。横浜は汽船の発着できる港湾を有し、神戸とならぶ代表的な国際貿易港として、東京の海の玄関の地位を築きあげていた。東京に出入りする貨物は、大型汽船から積み替えられて、艀で運ばれる京浜運河が計画されていた。

写真７　工事中の東京駅の高架線〔1903（明治36）年〕

写真８　東京駅開業・凱旋将軍を迎える〔1914（大正３）年〕

外国貿易の商館が建ち並び異国情緒のあふれた国際都市であった。東京と横浜の中間は徳川時代から東海道の往来もあって早くからひらけたところで、品川と横浜の間に私鉄京浜電車（いまの京浜急行電鉄）という軌道が一般道路敷を利用して運転されていたが、駅数が多く時間がかかった。

官鉄では東京－横浜間の複線上に遠距離旅客列車・貨物列車のほかに、京浜間の近距離旅客をさばくことは不可能となったので、通過貨物列車を通す貨物線を設ける前に、京浜間に近距離専用の電車線を増設することを計画した。並行して走る私鉄の京浜電鉄の経営への影響を考えて、駅はふやさないことを協定した。この誓約は戦時中軍需工場の工員輸送のため、新子安駅が設けられたのを例外として今日まで守りとおされた。運賃も戦後、一九七六（昭和五一）年の国鉄の大幅運賃値上げをするまでは、国電と京浜電鉄とは同一にすることが守られてきた。

京浜電車線のルートは完全に東海道本線に腹付け複線化として並設され、田町－品川間で、山手線電車をだきこむ形で並用運転を可能とした。明治四三年に着工され、東京駅開設の大正三年一二月に竣工した。自動閉塞信号方式による、山手・京浜の並用運転が開始された。中央・山手の

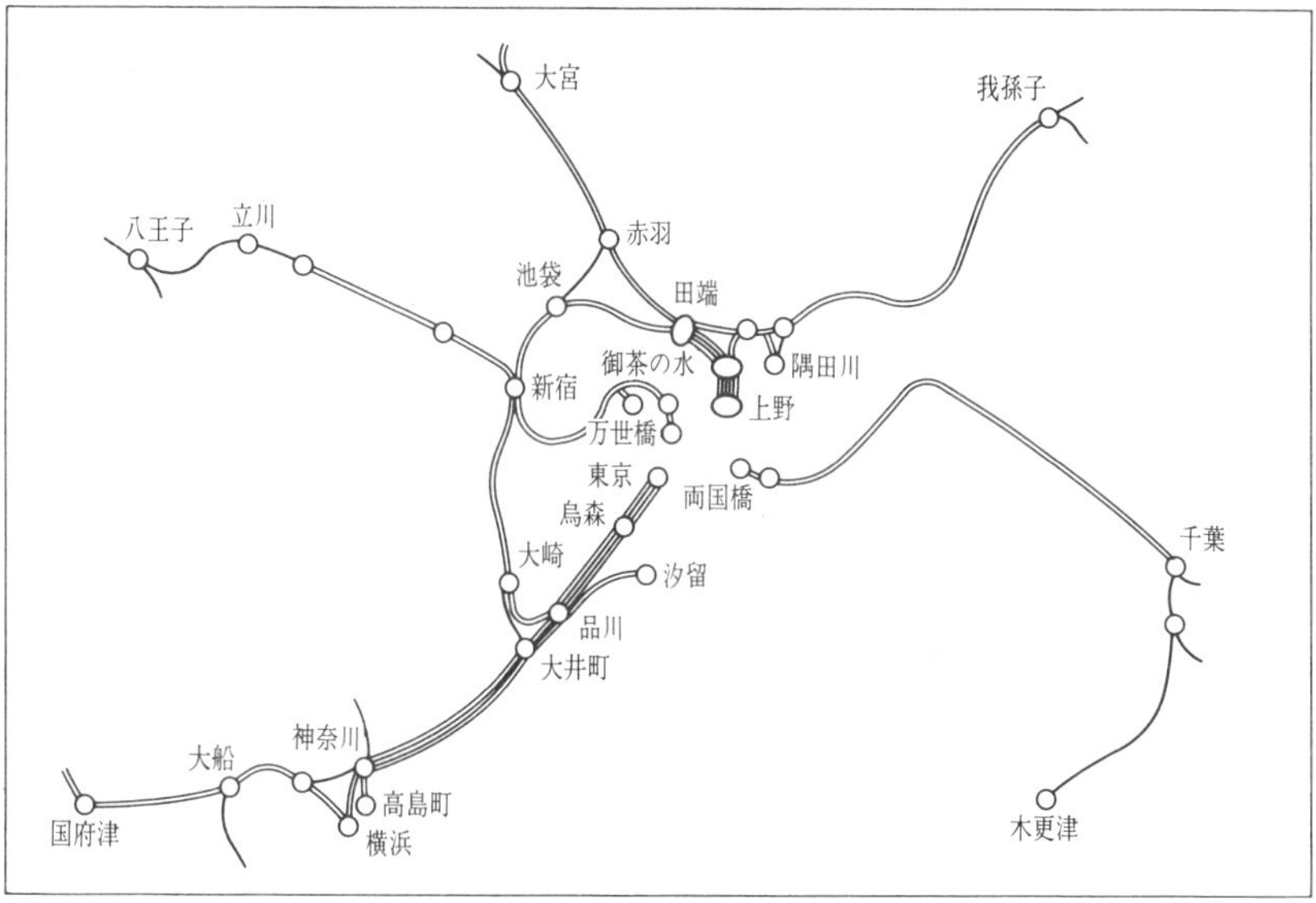

図8　1914（大正３）年当時の鉄道網

電車の集電装置はトロリーポールであったのにひきかえ、パンタグラフが初めて採用されて、四輪ボギー車二両編成で一人の運転士が総括制御できるものであった。時隔は一五分で、東京－高島（横浜駅付近の仮駅）間一八マイル二分を平均速度二四マイル二分の速度で四五分を要した。車庫は品川と東神奈川におかれた。

五　東京駅開業後の変遷

(1)　東京周辺の発展

中央線電車の東京駅乗入れ

東京付近の電車運転の開祖はいまでいう中央線で、昔の甲武鉄道の市街線であった。

私鉄甲武鉄道は一八八九（明治二二）年新宿－八王子間を開通し、次いで二八年新宿－飯田町間が開通して、飯田町を起点とする蒸気列車の運転が始まった。

明治三七年に中野－飯田橋間の電車運転が開始された。車庫は中野に設け、複線で汽車、電車の併用運転ではあったが、鉄道線路上の電車運転はこれが始めである。

この電車は木造車体の二軸単車で、車長は三三フィート（一〇メートル）の短いもので、いわゆるマッチ箱という客車にモータを装荷したようなものであった。車体は甲武鉄道の飯田町工場で自製し、台車はアメリカのブリル社製の、当時標準的に路面電車などに使われた21E形で、モータはゼネラルエレクトリック社の四五馬力を二個、すなわち各軸に装荷されていた。集電装置は二本式トロリーポールで、運転台はオープンデッキであった。架線電圧は六〇〇ボルト直流である。日本における電車の創始は甲武鉄道のものより一四年古い。

明治二三年五月、東京上野の第三回内国勧業博覧会の会場に、アメリカのスプレーグ社の路面電車二両が展示運転されたのが最初のもので、営業運転した最初のものは明治二八年京都電気鉄道（京都市電の元祖）である。また明治三二年に大師電気鉄道（現在の京浜急行電鉄）が六郷橋－大師間にボギー車で電車運転を始めているが、これも軌道線と称してもよい。したがって甲武鉄道の電車は一般鉄道（今日、世界的な呼び方でヘビイレールと称される）としての日本最初の電車であり、国有化後の東京首都圏通勤電車の元祖である。当時の電車のうちわずか一両であるが、松本電鉄の倉庫にいまなお静態で保存されている。このマッチ箱電車を二ないし三両連結して運転時隔は六分、表定時速は一六マイル（二六キロ／毎時）であった。

当時までの中央線沿線は甲州街道一本しかない大武蔵野原野であったが、甲武鉄道の開通によってその後急速に沿線人口が増加することになった。

人が自由に居住地を選べる時代には、郷里に近い方角に住みたいという願いがあるらしい。東京は日本の東に位しているので、どうしても西に目が向くのもまた人情であるのかもしれない。同じ起伏のある地形でも、東北線よりも、中央・東海道沿線にかけての地域のほうが人気が高かった。こういう背景もあってか、甲武鉄道の電車が西へ伸びるにつれて、沿線居住人口が急激に伸びてきて、現在もこの現象は続いている。

甲武鉄道市街線の目的は東京の都心に達することで、早くも明治二二年の市区改正後、市街線を新橋まで延長することを鉄道庁に出願したが、二六年、松本荘一郎鉄道長官は、本線営業は認めないが、接続はさしつかえなしと認めた。

三七年飯田橋まで電化した甲武鉄道は、同年御茶ノ水まで複線化して電車運転を延長、都心へ向かって一歩前進し、さらに神田までの敷設免許を得て建設を続行したが、明治三九年の鉄道国有法によって政府に買収され、神田への延伸工事は新永間建築事務所あらため東京市街線建築事務所長岡田竹五郎に引き継がれ、そのまま工事は続行された。

明治四一年御茶ノ水－昌平橋間が開通、ここに昌平橋仮駅が設けられ、電車を延長した。

駅舎は昌平橋たもとの紅梅河岸に新永間と同形式の四径間煉瓦造連続アーチ橋の上に仮設された。

ついで万世橋に延伸されたのは、明治四五年の四月のことであった。

万世橋の駅は、中央線電車の終着駅として背後に電車の留置線が設けられた。戦前には軍神広瀬中佐と杉野兵曹長の像があって有名であった。停車場本屋はルネッサンス式の鉄骨を使った二階建で、外装は化粧煉瓦と石材で仕上げられていた。一、二、三等の待合室、婦人持合室があり、二階には食堂とバーが設けられ、しゃれた駅舎であった。しかしこの駅本屋は震災で大きな損傷を受け、鉄道博物館をここに移転するため撤去され、昭和一八年ついに廃駅となり、名物の銅像は占領軍の命令でこれまた撤去されてしまった。

ついで東京－万世橋間は、大正四年着工、東京方は銭瓶町橋が新永間で施工ずみであったため、工事は常盤橋架道橋－万世橋間であった。

高架橋形式は新永間の延長ということで、同形式の連続

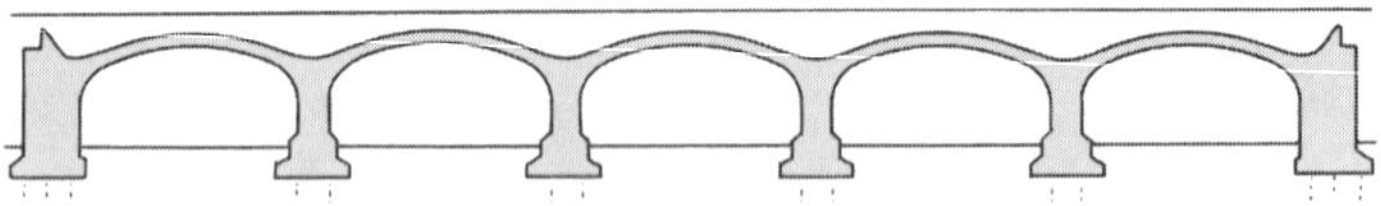

図9　中央線外濠橋－神田間鉄筋コンクリートアーチ橋

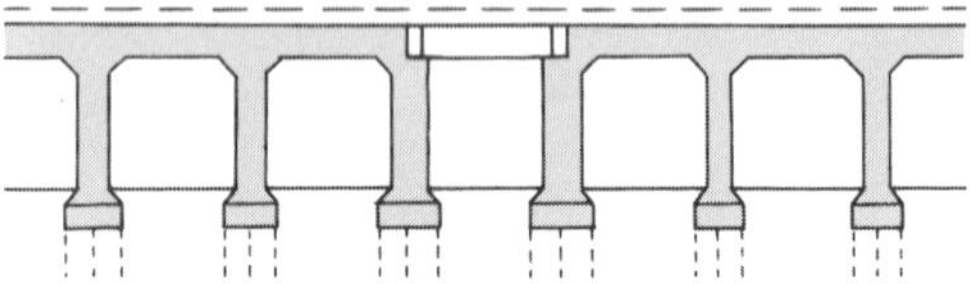

京浜・山手線東京－上野間

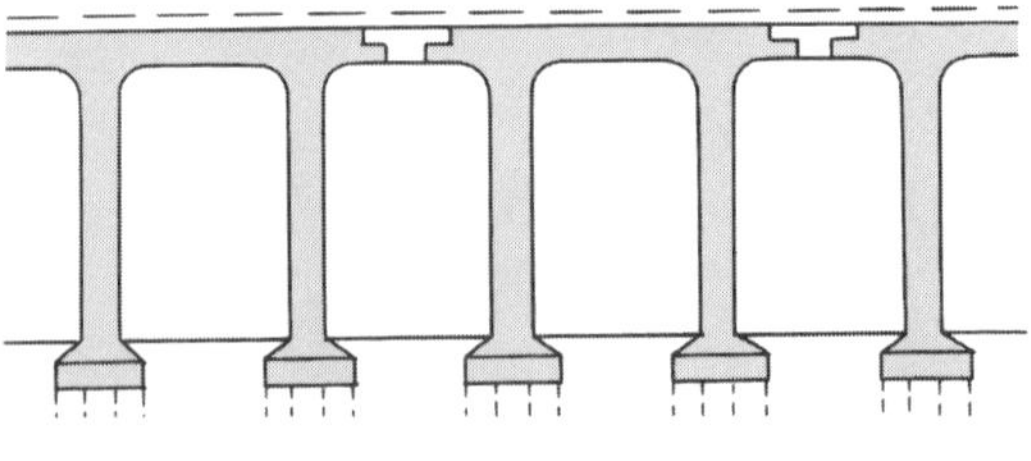

総武線御茶ノ水－両国間
図10　鉄筋コンクリート高架橋

アーチ橋とされたが、外装は煉瓦張りの鉄筋コンクリート造とされた。

なお、将来の東京－上野間の高架線建設が配慮されて、高架橋で同時施工が有利なところと、神田までの併設区間の基礎工も同時に施工された。

東京－万世橋間工事は、東京改良事務所大河戸宗治所長の指導で、高架橋は鉄筋コンクリート連続アーチ橋で、外装は煉瓦および石張りで、神田までの軟弱地盤の箇所は鉄筋コンクリートフレーム型、神田駅は鉄筋コンクリートラーメンスラブ橋とされた。おもな橋梁は外濠橋梁で、阿部美樹志技師設計の径間三八メートル、メラン式鉄筋コンクリートアーチ橋が架設された。

当時はまだ大径間の鉄道橋梁を鉄筋コンクリート造とすることに相当な抵抗があった。大河戸所長は鉄筋コンクリートの権威であり、後に東大教授になった。しかし、技術の最高幹部であった長谷川謹介は、昔気質の人物なので、鉄骨を使ったメラン式でないと承認しないと主張し、鉄骨を組み入れた鉄筋コンクリートのアーチを使うことになった。いま東京から神田に向かう京浜東北線電車の左側に、鉄道橋としては珍しい高欄と石造の親柱のある橋梁を見ることができる。

もとは四本柱であったが、戦後の線増工事で片側の高欄親柱が撤去された。外濠橋梁は鉄筋コンクリート造大径間鉄道橋梁の最初のものである。

橋梁について特筆すべきは、黒田武定技師の設計になる万世橋架道橋の曲線用鈑桁である。当時まで橋梁中に曲線が入るのがきらわれ、わざわざ前後の線形を変更して橋梁は直線としたものであったから、黒田技師の考案は路線計画に一革命をもたらしたものであった。

もうひとつ技術的に顕著なものとして、この工事では、それまでの木杭の腐蝕性にかんがみ、鉄筋コンクリート杭が開発された。現在のような中空杭でなくコンクリート充実杭であったが、その後の鉄道建造物の施工に新しい道をひらいた。

東京－万世橋間は一九一九（大正八）年に竣工、待望の中央線電車の東京乗入れが実現し、東京駅第一乗降場（いまの中央線プラットホーム一番線二番線のこと）から運転を開始した。中央線電車が東京駅に乗り入れたのを契機として、山手線と結んで、中野－東京－品川－新宿－田端－上野という変った運転が開始された。

ひら仮名の「の」の字に似ているので、のの字運転と称して好評を博したものである。こうして中央線沿線が便利になったので、住宅が続々と建設され、通勤圏が著しく拡大されるにいたった。

関東大震災

一九二三（大正一二）年九月一日一一時五八分、相模湾沖を震源とする大地震が、突如関東地方を襲った。とくに震害の大きかったのは、相模湾から東京湾岸にいたる地域、鉄道でいえば、現在では東海道本線となっている熱海線、御殿場線以東の東海道線、中央・山手・東北線、湾岸に接する総武・房総線は一瞬にして潰滅し、列車運転事故一二件を数えた。

なかでもひどかったのは熱海線根府川駅における列車の海中転落であった。下り旅客列車が地震とともに発生した山津波にのまれ、客車もろとも一一二名の死者を出す惨事であった。

東京市内の被害は大きかった。下町の密集家屋が倒壊し、昼食仕度中のときも重なって全域が火の海と化し、三日三晩燃え続け、七万人の犠牲者をだした。

東京駅はどうであったろうか。まず近隣の駅は、有楽町から田町、神田から上野、飯田町までが焼失した。ルネッサンス式の新橋、万世橋両駅本屋は焼けたが本体は保たれた。

東京駅では、構内にあった鉄道省と改良事務所が焼けた。東京駅長は助役以下を指揮して、まず、乗客を安全な場所に誘導し、駅務・運転の重要書類、金品、預託品の収集避難、客車の救出に必死の活動を続けていたが、午後八時本省を焼いた火はみるみる猛烈な火勢となって東京駅を襲いはじめた。車庫や倉庫が燃え、さらに高架線上の客車に飛火し、本屋建物はもうもうたる黒煙に包まれるにいたった。警戒中の警官はただちに退去を命令したが、駅員や局員は頭髪の焦げるのものともせず、夢中で客車を切り離して火を防いだ。ところが幸いなことに、このとき風向きが反対の方面に変ったので、本屋の線路側の煉瓦壁は焼けたものの幸いに類焼からまぬがれた。

このときとられた鉄道省の緊急措置で、電車、列車運転はもちろんであるが、東京市は全滅するならん、市民は遠からず飢餓に瀕すべしとして、東京付近各駅の預託貨物中食料品は、いったん抑留の緊急指令を厳達するとともに、各職員は職務のいかんを問わず、沿線各地に急行し実情を訴え、万難を排して東京へ食料品を急送すべしと指令した。

応急工事は全国の鉄道局、改良、保線、建設の各事務所、工場、工事請負人のほか、在郷軍人、篤志者の団体、陸軍から鉄道第一・二連隊、海軍では横須賀鎮守府、その他軍港の軍艦まで動員された。各現場沿線の住民の助力も大きかった。

復旧工事は、東京中心がもっとも早く、山手線の九月四日を皮切りに、一〇月中にすべての線区が応急復旧によって運転を再開した。

バルツァーが設計監督した新永間の煉瓦造アーチ橋は、火災のため煉瓦石の表面が剝落したが、本体にはいささかの損傷も認められなかった。

山手環状線の完成

山手線の増強と電化――山手線は東京の中枢部たる東京と、副都心としての五反田、渋谷、新宿、池袋とを環状に結ぶ東京の重要な都市交通機関である。明治から大正にかけての東京の市域は、山手線の中にほぼおさまり、山手線内には路面電車のネットワークが拡がり、山手線の駅を終点とした郊外の私鉄は、これまた山手線の駅を終点として、その周辺に繁華街が育っていた。戦前には鉄道省が官鉄を経営するかたわら、私鉄を監督していたので、徹底した交通政策をたて、山手線の運賃は市電と同一の運賃とし、並行して走る私鉄とも同一運賃としていたのである。

山手線は東京の郊外の私鉄から来る客を受けて都心に運ぶ使命を演じたから、戦後地下鉄が普及し、私鉄と地下鉄とが相互乗入れを行うようになって、放射線の横の連絡の役割を果す役目になった。

単線では駅で行違い待ちが生ずるので時間がかかるし、列車の増発も難しい。このため従来単線であった山手線を、複線化することから始まり、一九〇四（明治三七）年新宿－池袋間、国有化後の四二年に品川－大崎間を最後に、品川－田端間全線が複線化された。

近距離交通機関として市電などの路面電車の便利さが立証され、東京の周辺にも軌道が早くから誕生した。

鉄道では甲武鉄道がまず先鞭をつけたので、山手線の蒸気機関車牽引の旅客列車を、電車化することがとりあげられた。

明治四二年新永間の烏森まで電車複線が新設され、一方同年山手線回り上野までの電化が完成したので、まず烏森－品川－渋谷－新宿－田端－上野間にはじめて電車運転を開始した。山手線電車の始まりである。

次いで四三年新永間の建設完了にともない、電車は烏森から呉服橋仮停車場まで延伸、東京駅の完成とともに、東京駅止りとなり、呉服橋は廃止された。したがって、山手線電車のルートは、東京－品川－新宿－田端－上野間となった。東京と上野は指呼の距離であったが、依然として結ばれなかった。

大正八年中央線電車が東京駅に乗り入れたことによって、山手・中央電車がつながって新しい運転系統があみだされた。これは中央線の項で述べた、のの字運転である。

複々線化

日露戦争以降わが国の工業化が進み、貨物輸送が活発となってきた。

山手線は京浜臨海工業地帯と、背後の東北地方とを結ぶ貨物の輸送動脈となってきた。東京の周辺人口も増加し、山手線の乗客も増えてきた。電車と貨物列車が並走する複線では、電車と貨物列車の速度の相違のため、思うように旅客用の電車の増発ができなくなった。そのため電車と貨物列車を分離する必要が生じ、さらに二線を増設することとなった。電車線の踏切はこの際大部分除去された。二線増設工事は、大正元年に着工して大正一四年に完成した。一四年も長い年月がかかったのは第一次世界大戦の影響と、沿線の発展による用地買収難のためである。

山手線の複々線と並行して、東海道線でも客貨列車の分離工事が進められ、品川－鶴見間に別線の貨物専用線である品鶴線を建設し、新鶴見に貨車操車場を新設、京浜工業地帯出入りの貨車の集配を行わせる計画が進められていた。これらの工事は昭和四年に完成、また別途東北線の赤羽－大宮間の貨物線分離は昭和七年に完了して、東北と東海道を結ぶ貨物の動脈が完成した。貨物列車の電化は戦後になってからで、昭和二九年品鶴線－山手線－大宮間の貨物線全線電化が完了した。

東京－上野間の開通――山手線の環状運転の完成は東京－上野間の開通によってやっと実を結んだ。

この区間は一八八八（明治二一）年の東京市区改正設計によるもので、第一の目的は東海道、東北両線を結ぶ縦貫線をつくり、東京を東北線の起点とするもの、その二は同時に山手電車の環状運転を行うという東京における画期的な線路網の形成であった。

技術的に重要であったのは、市街地を貫通するため、それによって都市の機能を阻害しないように高架橋とし、その構造様式の進歩である。これは高架橋の橋台、橋脚を鉄筋コンクリートラーメン橋とし、連続鈑桁をのせた構造であり、鉄筋コンクリート造高架橋に新時代をうちたてものであった。

東京－上野間高架線工事は二期に分かち、第一期はまず電車線二線の施工であった。

工事は用地買収から始まり、神田川－上野間は一期二期を含め大正八年に買収に着手、一二年に完了した。

東京－上野間三・六キロメートルのうち、新永間と東京－万世橋間の工事で、外濠橋まで路盤は施工ずみであった。そのうえ神田駅の高架橋と外濠橋から神田駅のさき、東松下町までの基礎工事もすでに施工ずみであった。

工事は大正九年に着工、外濠橋より神田間は中央線にならって同径間の鉄筋コンクリート造アーチが施工された。また外濠と神田駅との中間には中央線と同様の鉄筋コンクリートラーメン橋が施工された。神田を過ぎれば大部分が

図11　1926（昭和元）年当時の鉄道網

三径間以上の鉄筋コンクリートラーメン橋である。とくに御徒町付近には径間約六メートル八径間の連続スラブ橋が築造された。

なお、高架橋のうち上野に近い五条町橋は渡り線等の必要もあったが、場所がら高架下の高度利用を考え、地下一階、地上二階建の鉄骨鉄筋コンクリートスラブ橋となった。

橋梁は神田川橋梁の一橋のみで、ここには東京第一改良事務所大河戸宗治所長の設計による鉄筋コンクリートアーチ橋梁が架設された。これは阿部美樹志技師が設計した外濠橋とちがい純然たる鉄筋コンクリート造で、まったく新機軸のものであった。

架道橋は二四カ所。とくに上野大通架道橋は線路が曲線であったが曲線桁を使わず、支間二八メートルと一九メートルの鈑桁を縦に並べて架設するという特殊な工法が採られた。径間二八メートルの鈑桁は当時として最長のものであった。

高架橋に使用した基礎杭は、中央線に次ぐ鉄筋コンクリート充実杭で、すべて直営によって製作された。

東京－上野間高架線は大正一四年一一月に開通し、この日をもって東北本線の起点が東京に改められ、多年の念願であった本州を縦貫する鉄道幹線が東京駅で握手することになった。

とくに重要な意味をもつものは、東京駅を中心とする電車運転の実現である。当時、「のの字運転」といわれた運転系統が消滅し、中央線は東京駅で打切りとなり、山手電車が環状運転となって、京浜線電車が上野まで延長された。この時点では京浜線電車が東北線に入っていても京浜線電車という名前は変らなかった。この電車は後に大宮まで延長されて現在では京浜東北線電車と称されるようになった。

山手線その後――山手線は郊外の私鉄の沿線の開発につれ、旅客が増加した。創業当時単車運転であったが、二両、三両と編成を長くし、環状運転の際には五両編成となっていた。時隔は開業当時一五分であったものが、大正七年、一二分に、一一年には六分に短縮された。速度は当初の呉服橋－上野間時速二七キロメートルより三三キロメートルに向上した。

戦後、地下鉄と私鉄との相互乗入れが進み、山手線を利用して都心に向かう旅客はこれに移ったが、逆に私鉄相互の山手線を利用する乗換えが増加し、池袋－渋谷間は混雑の度合を増している。

現在は編成一〇両、混雑時の時隔二・五分で、電車性能の向上によって最高時速九〇キロメートルになっている。

山手線の電車庫は環状線完成時、品川と池袋にあったが、品川のは一九六八（昭和四三）年、大井工場の中に二層式の新車庫が完成してここに移った。現在これが山手電車区と称され、池袋電車区は後に廃止され支区になった。

東京周辺の電車運転の拡大

国有鉄道で最初の電車運転は甲武鉄道、いまの中央線であったが、その後、山手、京浜に拡大発展し、東京の近郊鉄道の骨格を形成した。一方、市内には市営の路面電車と郊外に多くの軌道と鉄道が建設されて、これも東京の発展にともなって整備されていった。

国有鉄道は昭和の初期に不況対策として、東京－大阪の幹線の近郊列車の電車化をとりあげた。これと並行して既電車化区間の増強を進めていった。

京浜東北線——京浜線は東京駅の開業と同時に、大正三年に誕生したことは前に述べたが、電車線が終点桜木町までの複線化を完了したのは一九一八（大正七）年で、電車の編成が三両となり、時隔は一二分であった。創業時、当時の東海道線の横浜駅は現在の桜木町駅にあって、東海道の列車はスイッチバックを余儀なくされていた。京浜線電車は、高島仮駅を始発としていたが、これを整理して、平沼と呼ばれていた現在位置に新しく横浜駅を新設し、東海道本線をスルーとし、旧横浜駅の桜木町を京浜電車の終着駅としたのは一九二九（昭和四）年のことである。

京浜線の沿線は工場と住民がふえ、旅客の混雑度が増しつづいたので、大正一一年五両編成となり、時隔が六分、大正一五年には四分に短縮した。それよりずっとのち昭和三一年に山手、京浜の分離が完成して今日では、一〇両編成、時隔もラッシュアワーには二・五分となっている。

一九二八（昭和三）年に赤羽まで電車線が線増されて電車運転が延伸され、昭和七年、旅客線を使って大宮まで乗り入れた。

昭和四〇年代に国鉄の五方面作戦の一環として、昭和四〇年赤羽－大宮間に電車専用の二線が増設されて三複線となった。一方、桜木町から根岸線に伸び、一九七三（昭和四八）年大船まで延長が完成し、大宮－東京－大船間八一・二キロメートルという長大な近距離電車が生れるにいたった。

電車庫は当初、品川と東神奈川に設けられたが、関東大震災後に蒲田が新たに設けられた。大宮まで電車運転が伸びた際に下十条に、昭和三七年には南浦和に新しく車庫が加わった。

常磐線——常磐線列車は上野までは入っていたが東京駅や有楽町駅など、都心へは乗換えをしなければならないので、もっとも立ち遅れた線区となった。昭和初期の首都圏電車化の一環として、三河島付近の高架化と並行して一九三六（昭和一一）年に松戸まで電車運転を開始し、松戸に電車庫を新設した。開業時の電車編成は二両、混雑時三両で、時隔は一五分であった。

戦後、東京の都市集中化は常磐線とその周辺にも及んだ。常磐線電車の輸送量の増加は著しく、昭和二四年松戸からさらに取手まで延長された。終戦後、山手・京浜の両線が共用していて輸送力が限界に達したので昭和二九年四月から三一年一一月の間わずか二年半であったが、上野から回送線を利用して東京駅まで、そこから山手・京浜の分離の際使う予定の単線を使って有楽町まで乗り入れて輸送混雑危機をすくったことがあったが、山手・京浜の分離で上野に再び撤退し、上野の地平線の上にかぶせて高架に専用のホームを新たに設けて折返しすることになった。昭和四〇年代の五方面作戦として、在来線に並行して快速線を設け、快速線電車は上野へ入り、緩行電車は営団千代田線を通じ、小田急との相互乗入れを実施するにいたった。一〇両編成で二〜三分の時隔である。この地下鉄線の二重橋駅は東京駅の近くにあり、電車区として中電には勝田、快速電車には我孫子に設けられた。完成したのは昭和四六年であった。

昭和四二年常磐線の全線電化が達成された機会に取手の先の柿岡の磁気研究所が存在するため、交直両用電車を採用せざるを得ず、この方式によって特急電車とともに長中距離電車が上野駅に乗り入れている。

横須賀線——東京駅から三浦半島の突端久里浜までブルーとクリーム色のツートンカラーで快走する横須賀電車。なんとなく明るい感じのする路線をイメージする。南の海へ向かうせいであろうか、昔からJR線のなかでもユニークな存在である。古都鎌倉から逗子、葉山の海岸は夏のレジャーの好適地として昔から若者に利用されてきた。

横須賀線の電化は、東京–国府津間の電化と時を同じくして一九二五（大正一四）年一二月から電気機関車牽引の列車により電化されたが、昭和五年三月電車運転に切り換えられた。横須賀電車には近郊電車とは別格の扱いをし、電車はすべてクロスシートで、便所も設けられていた。二等車を連結していた。その理由の一つには横須賀が軍港であるので、電車に乗る海軍士官が下士官や水兵と同席することが許されていなかったこともあったといわれている。開設当時の電車編成は五両で、二〇分ヘッドで運転していた。

車庫は田町で、同線は戦時中軍事施設のある久里浜まで延伸された。さらに戦後大船に新設された車庫に横須賀線電車は収容され、田町電車区は湘南電車が主体となった。

両国－御茶ノ水間の開通――一九〇三（明治三六）年のバルツァーの論文をみると、東京の南北縦貫線はもとより、東西縦貫線も図示されている。しかも西からも東からも直接中央停車場へ乗り入れできるようにと短絡線まで示されている。すべての線路が中央停車場へと向かっている格好である。今日線路の東京駅一点集中があまりにもひどすぎると論議する向きもあるが、明治二一年の東京市区改正設計が東京市の将来人口を一五〇〇万人と想定した時代であったことを思えば、バルツァーの計画は、しごくもっともであった。

昭和七年に御茶ノ水－両国間が開通するまでは房総一円の線路網の出口は我孫子で、常磐線に接続して上野に至るルートであった。

御茶ノ水－両国間は関東大震災後の復興計画で本線路建設を議決し、これに要する用地買収を復興局に委託して、区画整理と同時に用地買収を行った。東西縦貫線は昭和五年の大不況のときの失業救済事業として、中央線急行電車導入とともに実現したのである。

当時両国線と呼ばれた御茶ノ水－両国間は御茶ノ水を出て神田川を斜断し、昌平橋通りをタイドアーチの架道橋で横断、秋葉原までは特殊な片持梁のラーメン橋で渡り、秋葉原は山手・京浜電車、それに貨物高架線上を通るため、非常に高い三層高架線であった。また秋葉原では新ホームへ入る乗客の便利を考えて、階段のほか、鉄道駅としてははじめてのエスカレーターが設けられた。秋葉原を出るとすぐに、当時最長の鋼鈑桁を架設した昭和通り架道橋、次の佐久間町以東には二階建アパート式のラーメン高架橋で、いかにも下町の高架鉄道らしいスタイルになった。

両国線の工事で顕著な建造物をあげれば次のものがある。神田川橋梁は御茶ノ水を出た直後で神田川を斜角二七・

五度という浅い斜めの角度で渡る橋梁であったが、鈑桁を支える橋脚は、神田川をひとまたぎにする八の字形の雄大なものであった。しかもスレンダーな鋼製であるため、いまでも御茶ノ水渓谷の風景にマッチして、さほどの違和感を感じさせない。

松住町架道橋は神田川ぎわの都電交差点の上空をひとまたぎする関係で、径間七二メートルの複線用タイドアーチを架設した。鉄道でタイドアーチを用いた最初のもので、現在でも重厚な構造美を保っている。

松住町架道橋を渡れば、鉄筋コンクリート造の旅籠町《はたごちょう》橋、一見連続アーチ橋にみえるが、片持梁のラーメン橋脚として床鈑をのせた特殊な構造である。桁下空高は一三メートルもある。

次は隅田川橋梁である。設計は震災後の隅田川八橋の設計で有名な鉄道省兼東大教授の田中豊博士であった。橋梁の全長は一六〇メートル、うち主桁は九六メートルをひとまたぎするランガー形鋼アーチ橋である。この橋梁は隅田川にかかる道路橋としてもよく調和し、鉄道橋がもっていた従来のイメージを一新するかのごとく、その軽快な姿をもって、東京下町の哀歓の歴史をそのままにゆったりとし

写真9　中央線東京－神田間，鉄筋鉄骨アーチ橋〔1919（大正8）年〕

た風情に溶け込み、当時の話題に上ったものであった。

御茶ノ水－両国間は昭和六年二月に着工して翌年七月に開通、総武線電車は御茶ノ水駅を始発点として運転を開始した。

総武線の電車化——房総半島は東京に近い割に開発の遅れた地域であり、東京の入口が隅田川で隔てられた格好になっていた。それが両国線の開通によって情勢が一変した。国鉄は両国線の開通を契機に総武線を電化し、一九三二（昭和七）年から電車運転を実施した。そして船橋、さらに千葉まで延伸した。電車庫は津田沼に設けられた。電車編成は当初二〜四両、運転時隔は四〜一六分で、両国－千葉間が列車で六一分かかったのが四六分に短縮された。

中央線急行（快速）電車の運転——中央線は一九一九（大正八）年東京駅に乗り入れたのでおおいに便利になって、東京の住宅圏が西へ急速に伸びていった。東京駅への乗入れ当時は電車は吉祥寺まで、複線は国分寺までであった。その後、順次運転区間を延長し、昭和五年から浅川（現在の高尾駅）まで電車運転を延長し、昭和一四年に複線化を完成した。車庫は三鷹に設けられた。

電車の編成は開設当時単車運転であったが、逐年編成両

写真10　総武線の神田川橋梁

数をふやし、大正一四年から五両編成となった。時隔は買収当時六分であったが、大正二年には混雑時三分にまで短縮されていた。関東大震災を契機に中央線には著しい変化が生じた。というのは復興資材用の砂利輸送の引受け駅として飯田町駅が使われたのである。そのために新宿－飯田町間の輸送力が逼迫したので、とりあえず汽車線複線の増設を行った。

一方、山手線の複々線工事とのからみで、新宿駅の大改良が行われ、中央線電車専用として存在していた甲州街道口と青梅街道口を併合して、山手線電車をだきこむ形で方向別のホームを併設して今日の形に変更した。旅客ホームを電車線と貨物ヤードの間におき、貨物設備を東南部に集中し、山手線内側の正面に駅本屋を新設することとなり、大正一四年に完成した。

関東大震災の復興を契機に小運送の取扱い手段が手押車と馬車からトラック中心になり、一般貨物の舟運を対象とした飯田町駅から新宿駅に移る傾向が現れ、復興の進展につれて飯田町駅の優位性は低下した。

中央線電車の東京駅乗入れと山手線電車の環状運転の開始によって新宿駅の乗換え客と乗降客が激増し、新宿は東京の新しい繁華街へと躍進した。昭和五年に催された関東大震災の復興祭も新宿で開催された。中央線の遠距離旅客は交通便利な新宿駅を利用するのが常で、始発駅の飯田町は地の利の悪さからさびれる一方であった。

中央線の東京近郊は後背地が広く、東京への直通と新宿の発展の両面から沿線に住宅がふえつづけ通勤客が激増した。当時七両編成で運転時隔二・五分で運転していても定員輸送はとうてい不可能であって、輸送力の増強の必要に迫られた。一方、中央線電車は駅間距離が短く、表定速度が低いため、京浜線電車に比べ著しく見劣りがしていた。京浜線の駅間距離は平均二・三八キロメートル、表定速度が毎時四四キロメートルであるのに対して、中央線は駅間距離が一・四三キロメートル、表定速度が毎時三一・五キロメートルという相違があった。輸送力増強とスピードアップをあわせて考案されたのが中央線急行電車計画であった。

計画の骨子は新宿－飯田町間の汽車複線区間を活用して中野－御茶ノ水間に複線を新設し、途中の停車駅は、新宿、四谷のみとして東京駅へ乗り込むもので、これは戦前は急行電車と呼ばれていたものであったが、今日では快速電車と呼ばれている。在来線は中野から御茶ノ水まで緩行電車として、総武線と直通させようという構想である。

これと同時に中央線の遠距離列車の始発駅を飯田町から新宿に移し、これに必要な旅客ホームと客車の検査線と留置線を設けることとした。

快速線上にある、中野、新宿、四谷、御茶ノ水にはプラットホームを増設し、在来線には飯田橋駅を設けて、牛込駅を廃止し、東中野、御茶ノ水の位置を変更した。御茶ノ水駅は聖橋と御茶ノ水の中間に位し、総武線と直通する緩行線をだきこんだ方向別のホームの配列とした。

東中野－新宿間の線路は敷地がないため、H型ともいうべき函型の鉄筋コンクリート擁壁が採用された。また、水道橋駅ホーム南側に、三崎町鋼製高架橋がつくられた。この高架橋は用地買収が不可能なため、やむなく道路管理者たる東京都の特認で、路上に高架線を設けたもので、このため複線式のラーメン鋼鈑桁橋を構築したが、この式の鋼鈑桁橋はわが国初の試みであった。

急行電車の開通によって中央線のラッシュアワーの乗車効率が三〇〇%近かったものが、二二〇%近くにいったん緩和されたが、戦後快速電車の混雑がはなはだしく電車編

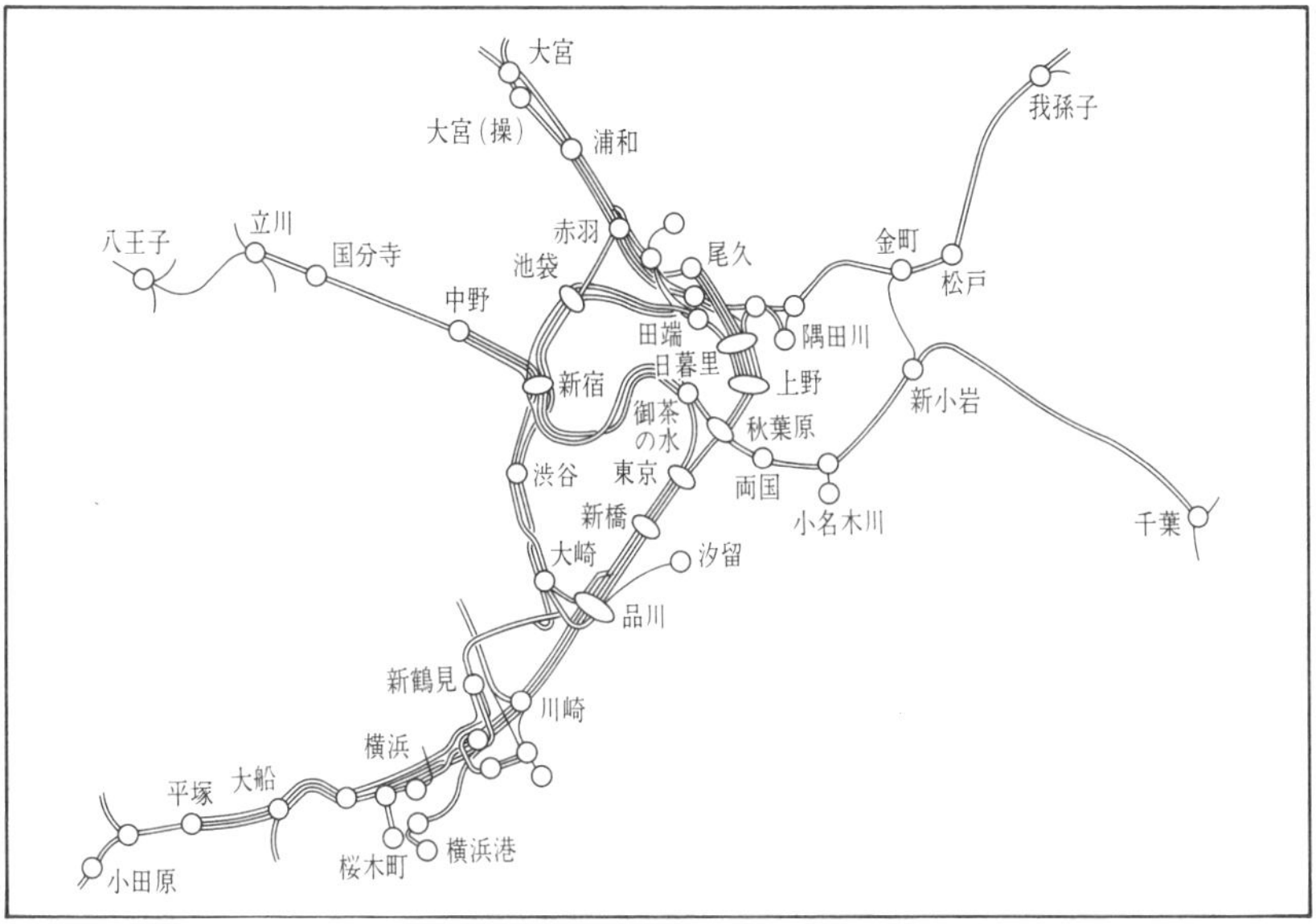

図12　1935（昭和10）年当時の鉄道網

成を一〇両とし、時隔も新宿駅上りホームを両面使った交互着発を実施し、高性能電車を投入して、混雑時の時隔を約二分にまで縮め、営団東西線と緩行電車の相互乗入れをはかるなど混雑緩和の手がうたれた。

中央線の遠距離列車を中央線電化の機に普通列車は高尾に始発を移し、特急・急行電車のみ新宿始発に改めた。

また特別快速列車を運転して、東京－高尾間五三・一キロメートルを六三分で走り、快速電車より六分短縮している。さらに青梅線よりの直通電車の運転も開始されている。

東海道の改良と発展

東京駅が開業した一九一四（大正三）年という時代は、明治三九年、官鉄と私鉄が統合され、全国規模の鉄道になって、すべての規格が統一され、国産化がほぼ軌道にのった時期であった。その後国営の鉄道は近代化しつつ、国の幹線動脈として輸送力を増加し沿線の発展に大きな役割を果したのであった。東京駅を起点とする東海道本線の発展は鉄道の発達の歴史を物語る基準でもある。

旅客列車のスピードアップと、貨物列車の連結数の増加が進められてきた。国産の標準機関車として旅客用に八六二〇型、貨物用に九六〇〇型が量産された。大正の末期には旅客用に一八九〇〇型（のちのC５１）が、貨物に九九〇〇型（のちのD５０）が登場した。

ブレーキは明治の末に手ブレーキから、旅客列車には真空ブレーキが、大正末期に空気ブレーキが全面的に採用されて運転が著しく安定した。

連結器は、大正一四年全国一斉にスクリュー式連結器から、自動連結器に取り替えられてみちがえるように安全となった。

列車のスピードアップと通過トン数の増加に対して、レールが明治三〇年代から三〇キログラム（一メートル当りの重量）から三七キログラムに、昭和の初期から五〇キログラムに交換された。

線路は東海道本線の開通したときは単線であったが、二～三年で行き詰まり、複線化に着手し、東京駅の開設時には全面複線化が完了していた。輸送密度の高い東京、大阪、名古屋周辺では、大正の末期から昭和の初期にかけて複々線化が進められた。

信号機は単線の時代は票券から通票（タブレット）に変っていたが、複線化につれ双信式が用いられたが、大正の中期から自動閉塞信号が採用された。自動閉塞信号は駅間を閉塞区間に分け、軌道回路を用いて列車の存在位置を自動的に現示するもので、列車を二倍以上詰めることができるのである。逐年輸送力の増強に役立ち全線の色灯自動閉塞信号が完成したのは昭和六年であった。

第一次世界大戦のあとをうけてわが国経済が発展し、鉄道の輸送量が著しく伸びたので、主要組成駅が狭隘になる一方、都市の発達にともない、踏切の障害が大きくなったので大正の末期から昭和の初期にあたって、大改良計画が遂行された。内容は市内を高架化して旅客駅を拡張し、貨物駅は分離して地平にとどめ、客車操車場と貨車操車場は郊外に分離するという方式である。これにともない東京、名古屋、大阪周辺では旅客線と貨物線の分離が行われ、東京では品川から新鶴見操車場を経て平塚まで貨物線が開業し、国府津まで路盤は完成していた。

東海道本線の標準勾配は一〇〇〇分の一〇(一〇〇〇メートル離れて一〇メートルの高差)であるが、一〇〇〇分の二五という連続急勾配が三カ所あった。国府津–沼津間の箱根越え、垂井–近江長岡間の関ケ原と大津–京都間の逢坂山である。この区間では勾配線用の力は強いが足の遅い機関車を使うばかりでなく、補助機関車を後部につけて押し上げなくてはならないので、輸送の隘路となっていた。ことに箱根越えは酒匂川ぞいの区間は台風や集中豪雨に遭遇すると、災害をうけて不通となることが多かった。

大正の中期に大津–京都間は新逢坂山、東山両トンネルを掘って直線で結び解決された。箱根越えは丹那トンネルの工事が無類の難工事で容易に見通しがつかなかったが、昭和九年にようやく開通した。

旅客列車のスピードも著しく上がり、東京駅開設当時、東京–大阪間は特急で一一時間を要したものが、昭和五年から登場した特急つばめで八時間にまで短縮されていた。東京–大阪間の旅客の数はサービスの改善により、開設以来二三年間に一三倍にふえたのであった。

(2) 東京駅拡張工事の開始

東京駅拡張の必要性

東京駅開業後の経緯——東京駅を中心として東海道、東北両幹線を貫通し、山手環状線を完成するというルムシュッテルの構想は受け入れられ、東京駅の開業をみ、幹線列車をスルーにする計画はたてられてはいたが、これの具体的な動きは関東大震災の復興計画から始まった。電車線二線、汽車線二線の四線とし、東京―上野間の汽車線が開通したときは、東海道線の旅客列車は尾久の客車操車場で編成して東海道の方へ出発させる。また東北、常磐両線の旅客列車の一部は品川の客車操車場で仕立て、東北、常磐線へ出発させる、という計画であった。しかし、この案については次のような不安があった。品川―横浜間の一日の旅客列車回数を調べてみると、大正一八(一九二八・昭和三年に相当する)年には六七回に達する予定である。したがってこれ以外に東北、常磐線の列車を入れる余裕はない。また電車について考えると、山手、京浜の両線を併用運転とする計画であるが、加減速性能の向上、電車の編成長増大、時隔短縮などを講じても将来を考えれば、二線での併用運転が満足できない時期がくることは、これまた容易に想定できる。そこで復興計画としては、田町―上野間にさらに二線を増設することになった。

田町―上野間の線増計画は、大正一三年帝都復興院(後藤新平総裁)に用地買収を委託した。

その後用地買収が完了し、東京―上野間の高架線は建設に着手したが、昭和五年復興事業の終了とともに、復興費

写真11　特急つばめ登場〔1930(昭和5)年〕

が打切られ、当初考えていた理想的な計画の実施は中止となってしまった。

これは昭和四年ニューヨークで起った世界恐慌の余波で、わが国経済も深刻な打撃をうけたためである。有名な大学は出たけれどといわれた不況期に入ったのである。

この間、東京駅は開業後に中央線の乗入れがあり、山手線の環状運転、京浜東北線の形成、東海道本線の改良など鉄道の輸送力増加が進み、一方、丸の内にはオフィス街が建設されるにつれ、乗降客は加速度的にふえて列車本数も増加しつづけた。そのため当面の手段として、大正一四年には電車ホームの長さを延伸して、降車口側にも階段を設け電車客の利用を便利にした。また、昭和四年八重洲口に仮駅を設け、木造の跨線通路で乗車口の通路と結び、電車利用客の扱いを始めた。

しかしプラットホームの数は四本のままで開業当時とは変っていなかった。山手環状線の完成以来、使用方は第一ホームは中央線電車の着発、第二ホームは山手、京浜電車の着発、第三ホームは半面を横須賀電車の着発、片面を東海道列車の到着、第四ホームは東海道列車の出発だけという具合に使っていた。遠距離列車は機関車の付替え、手小荷物や郵便の積卸しがあって二〇分くらいはホームに停車していた。

東京駅の行詰まり——列車の数は開業当時、定期不定期をあわせて東海道線は上下五二本だったものが、昭和一〇年には一〇四本と二倍になった。到着線は一本しかなかったので次の列車を受けるために、少しでも早く引き抜かなければならなかった。客車を収容する客車操車場は開業時七〜一六編成一九列車と予備車が配置されていたが、客車がふえて狭くなったため、東京‐秋葉原間の回送線に二編成分、品川貨車操車場に六編成、大崎、渋谷、高島に予備車分散留置するありさまであった。

そのうえ当時蛇窪回送という面倒な作業があった。それは富士、つばめといった特急列車には展望車が最後部についていたので、到着した列車は始発までに一八〇度方向転換する必要があった。そのため、貨物線の山手、品川、品鶴線を結ぶY線を使って方向転換をするため回送しなければならなかった。

横須賀線は着発線が一本あって、開設当時、上下二八本が、昭和一〇年には電車になったとはいえ九八本までにふえていた。横須賀線の電車庫は田町にあったので入出庫には回送を必要とした。

東京駅の乗降客は開設当時一日平均九五〇〇人であったが、昭和九年の調査では列車客九七三三人、電車客一一万六九一人と、一二倍強にふえていた。そのころの東京駅の混雑は、午前九時少し前の特急つばめ号の出発前はラッシュの最高潮であった。荷物を持った旅客とその見送り客と交錯する通勤客は、まるで芋を洗うような光景を呈していた。

一方、東京－品川間の線路といえば、昭和一〇年の東京－品川間の列車回数は片道で一日一〇一本に達し、そのうえ回送列車が二七回、横須賀電車の入出庫が加わるので、複線としての線路容量はほとんど限界に達していた。

また電車線についても、車両編成を各駅のホームの長さいっぱい、山手六両、京浜八両とし、時隔も一分四〇秒までに詰めて運転しても、乗車効率（電車定員に対する実乗車人員の倍率）が二〇〇％以上に達し、これまた輸送能力の限界に達していた。したがって、東京駅のプラットホームの増設と通路の拡幅、増設を含む改良と、東京－品川間の線路の増設の必要に迫られていた。

わが国を襲った昭和初めの経済不況は、昭和六年発生し

写真12　八重洲口からみた東京駅〔1936（昭和11）年〕

た満州事変を契機に軍需工業の発展とともに輸送が増勢に転じ、鉄道の増収が見込まれてきたので、丹那トンネルの開通もあり、昭和一〇年東京駅の拡張にかかわる一連の大改良計画が議会の承認を得て始動した。いよいよプロジェクトに取組みはじめると基本的な問題が持上がってきた。ひとつは東海道、東北の相互乗入れの問題であり、ひとつは、東京－品川間に増設される二線を含めての線路の使い方を如何にするかであった。

東海道、東北両列車の相互乗入れ問題

東海道、東北両線の列車を相互に乗り入れる構想は、ドイツ人ルムシュッテルの提唱によるもので、日本側も妙案として採用することに決定した。

東京駅は周辺に大企業のオフィスが密集しており、官庁街にも近いので、利用のもっとも多い駅であることはいうまでもない。新橋は背後の高輪に宮家の御邸宅が多く、皇族の方々の利用が少なくなかったので、格式の高い駅であった。上野駅は山手、東北、常磐の各線が集中し、地下鉄、京成電鉄が入り、品川もまた、山手、京浜のほかに京浜電鉄が乗り入れ、市電の便がよく、交通の要衝であったので、この四駅に東海道、東北の双方の遠距離列車を停車する考えは、望ましい案であると評価された。

関東大震災後の改良計画で、品川にあった貨物操車場は新鶴見操車場に移し、そのあとに東北方面列車の客車操車場を設置することとし、尾久には上野との間に複線の回送線を設け東北線、常磐線などの客操を設置したが、将来は東海道の列車を収容できるように着発線の有効長を長くとっておいた。

昭和の初期に不況のため工事が一時中止されたが、まもなく満州事変が起って東海道山陽線への輸送が活発になった。輸送能力の逼迫に対応して本計画の実施に移ることになり、新鶴見貨車操車場の完成、品川客車操車場の新設、東京－品川間の複線増設と並行して、東京駅の最終設計と、とりあえず列車回送のため第五ホームを新設することになった。

この段階になって、相互乗入れについて当時の東京鉄道局から待ったの声がかかった。その根拠は東海道と東北線の実態がまったく相違している点であった。東海道線は全線複線で自動信号化を完了しているが、東北、常磐、高崎線などは、東京圏だけは複線化が完了しているが、その先は単線のままである。また列車運転にもっとも大事な閉塞方式にしても、複線区間は自動化されているが、単線区間はタブレット扱いであるから、東海道と東北方面の列車の運行の弾力性に著しい相違があった。ことに冬季は東北、上信越地方は降雪量が多いので、列車ダイヤが混乱するのがつねであった。

このような状況なので、東海道線に東北方面の列車が入ると、東北方面のダイヤの乱れが東海道線に波及するので好ましくない、という一般常識論である。この点では幹線が複線で雪の障害の比較的少ないドイツとは大いに、事情を異にすると考えられる。

理想としては東海道と東北と完全に分離して、スルーにするには複々線としてもうひとつの複線を必要とするが、いまさら、その空間は確保できない。結論として東京駅は東海道線の始発駅として客操は品川とし、上野駅は東北、上信越の始発駅として客操は尾久を使用することとなった。東京駅と上野駅を結び相互に列車を抜いて、終着駅での折返しをなくしようというルムシュッテルの構想は、ここにおいてくずれたのであった。わが国の列車の増加が急で線路容量に弾力性のないためであった。

上野－尾久客操間は、本線のほかに列車回送用の複線があるが、東京－品川間には回送線がないため、線路容量に無理があり、後日東京－品川間の複線増設をめぐって、京浜、山手の近郊線をまきこんだ複雑な問題をまきおこすことになるのである。

東京－品川間の線路の使い方の問題

一九一四（大正三）年、東京駅が開設されたとき、東京－品川間は複々線で一方の複線は汽車専用として、東海道線と横須賀線の列車に使われ、他の複線は京浜電車と山手線電車に使い分けた。その後、中央線の乗入れがあって、山手線電車と結んで、のの字運転が行われたが、大正一四年、東京－上野間が結ばれると、山手線電車は環状運転になり、京浜線電車と、田町－上野間を共用してきた。尾久から上野を経て神田までは、京浜、山手を分離、複々線とする計画で進められてきたが、東京－品川間を線増する際、これをどう使えばよいかが大きな問題となった。

第一の案は、増設線を電車運転にあてる案で、山手、京浜電車線の田町の立体交差を利用して電車を分離することである。しかしこの案の欠点は、列車線の窮状は改善されない。

第二の案は、列車線から横須賀電車を抜き、電車線から京浜電車の一部を京浜急行として抜いてこの二つに線増線を使わせるというものであった。その理由は、京浜線は背後に工業地帯をひかえているので、電車利用客の増加率はきわめて高い。一方、山手線は市内交通なので増加率は従来とも緩慢であるうえ、最近都心へ向かう放射状の交通機関の発達がめざましく、これによって少なくとも山手線は現状より緩和されるであろう。行き詰まるとしても遠い将来であろうから、増加の激しい京浜線電車の増発と分割を考えよう、というものであった。

線増後の使い方は、列車線は横須賀線を分離するので今後の増発と、東京駅と品川客操との間の回送に対応できる。分離した横須賀線は、これだけでは線路容量の負担は軽いので、京浜電車の一部を急行電車扱いとしてこの線にとりいれる。こうすれば山手、京浜電車の増発にも対処できる、という案であった。

このような複雑な列車系統を平面の交差なしにこなすには、浜松町－田町間と品川の構内に複雑な立体交差を必要とするものであった。

この案は一見妙案にみえるが、東海道本線、横須賀線、京浜線、山手線の列車ダイヤが全部からみあうことになり、万一東海道本線に運行の乱れが生じると、山手線にも波及し、山手線に遅れが生ずると、東海道本線に影響を与えることになる仕組みとなる。東京改良事務所の担当技師であった立花次郎は、多少設計に工夫を重ねて、三線増設を行い回送列車をこれに負担させて、山手、京浜を完全分離する案を主張したが、当時の本省のいれるところとならず、原案のとおり工事にかかってしまった。

終戦となって、東京の通勤客が激増し、近郊電車の増発を余儀なくされ、遠距離列車の運行も乱れたので、原案は廃棄され、山手、京浜の方向別による分離が実現することになった。東京－品川の列車線増設について、濠の埋立てや道路の使用などでどうやら拡張余地を確保することができた。

東京駅の第五ホームの建設と将来構想

施工計画――東京駅を中心とする改良計画の実施には次のような順序を踏まなければならない。

㈠　品川にある貨車操車場を東海道の貨物線（品鶴貨物

線）沿いにある新鶴見に移す。この操車場は大正初年の横浜駅を中心とする改良計画にともない、横浜ならびに川崎の臨海線群の主ヤードとして新設された貨車操車場を包含して東海道線の東京口の大貨車操車場とする。

(二) 東京駅に第五ホームを新設するに必要な空間をうみだす目的で、客車操車場を縮小するほか、客車の収容能力の不足を補うため、尾久操車場と東京駅神田寄りに客車留置線を設ける。

(三) 東京－品川間線路増設を行う。

(四) 品川客車操車場を新設する。

(五) 東京駅第五ホームを新設し、東京駅の客操を廃止して品川に移転する。

(六) 東京客車操車場跡に、第六、第七のホームと八重洲口本屋を建設する。

本計画を進めるにあたって、東京駅の将来構想を念頭におきながら、その一環として第五ホームを設計する必要がある。

なお、プラットホームの配列は次のごとくに決められた。

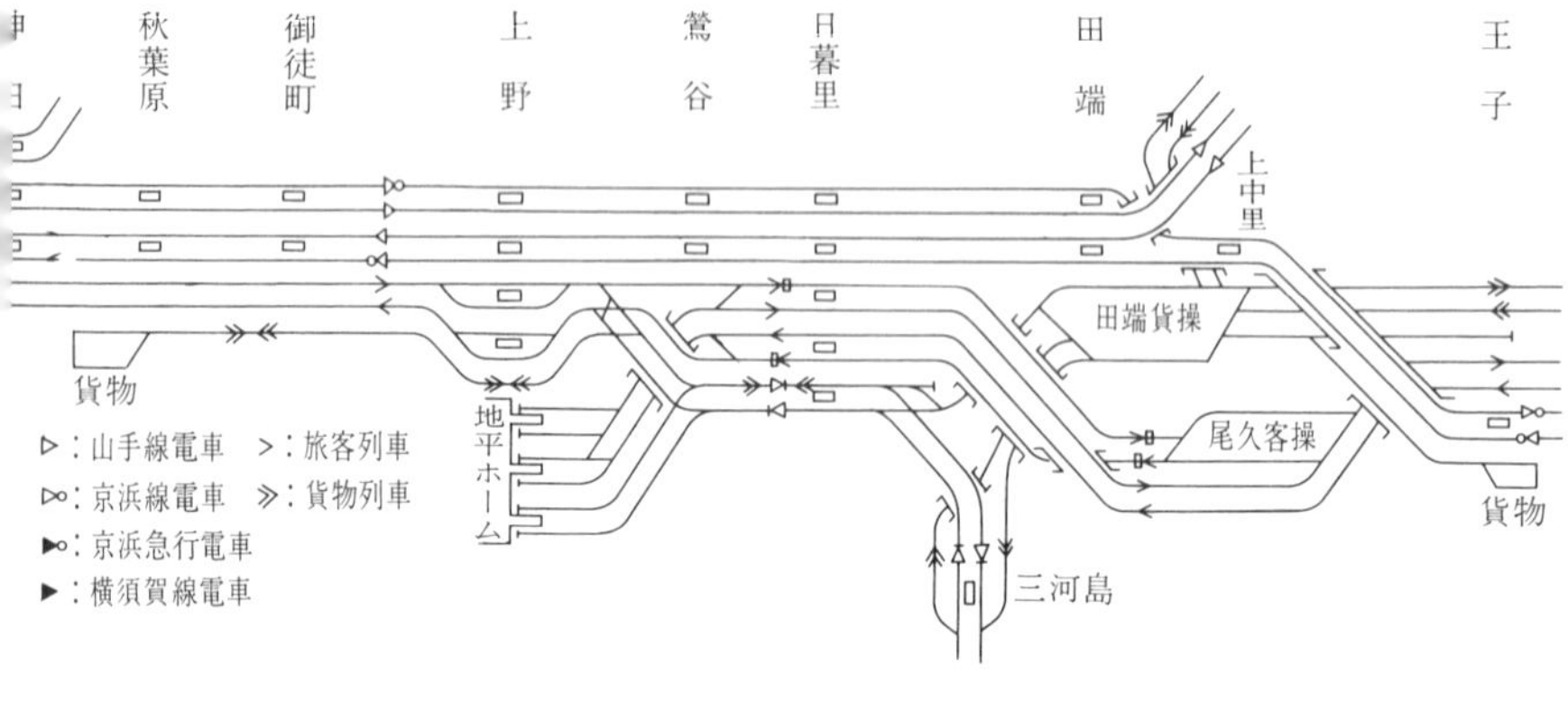

第一ホーム　一番線・二番線　中央線電車折返し

第二ホーム　三番線　京浜線緩行、山手線内回り

　　　　　　四番線　京浜線急行電車北行

第三ホーム　五番線・六番線　横須賀電車折返し

第四ホーム　七番線　京浜線急行電車南行

　　　　　　八番線　京浜線緩行山手線外回り

第五ホーム　九番線・一〇番線　列車到着

第六ホーム　一二番線・一三番線　列車着発

第七ホーム　一四番線・一五番線　列車出発

ホームの幅員は在来にならって一二メートルとした。

このほかに小荷物列車専用のホームを鍛冶橋方に設けることにした。

将来構想――次に将来構想については問題がすこぶる多い。

東京駅の設計の骨格はバルツァー提案で決定されている。

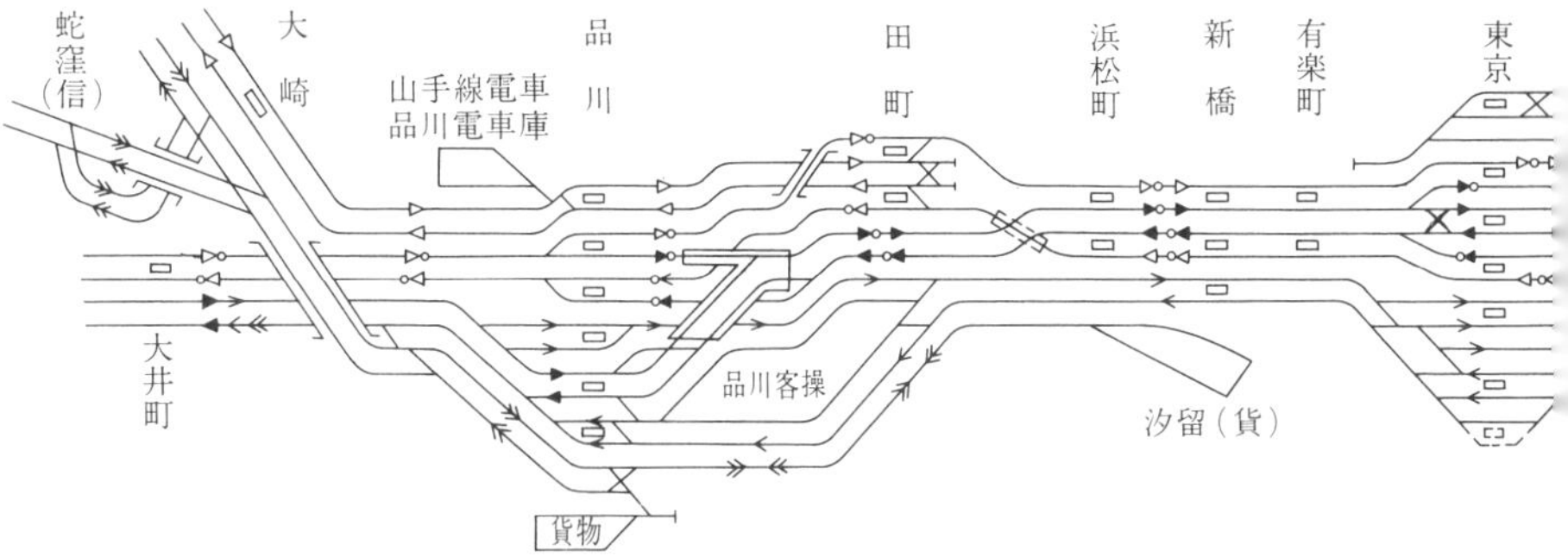

図13　東京－品川間線増関連運転系統図

将来の拡張余地は客車操車場の敷地だけである。この敷地の外側には外濠がある。この外濠には数寄屋橋、呉服橋などがかかり、当時舟運があり史跡保存地区として、震災復興計画のおりも永代橋に通ずる八重洲通りの正面に鉄筋コンクリート造の石で化粧した立派なアーチ橋がかけられた。

東京駅は宮城に面して駅本屋があり、駅前に広場が広く設けられているが、肝心の都心ともいうべき、日本橋通りに面しては土地が窮屈で十分な広場をとることが不可能なことは大きな欠陥であった。

そのうえ電車線が駅本屋近くにあって、汽車線が裏側に存在している。列車の増発のためにプラットホームを増設すると、遠距離列車のホームまでの通路が著しく長くなる欠点がある。そのうえ、丸の内のビル街の開発で、表口は通勤客がふえて駅構内の歩行者の混雑はさけられない。

この点はさすがのバルツァーも、今日の発展がこれほどまで東京が人口増加するとは予想もしなかったであろう。

駅構内通路や高架下の床面をまず決めなければならない。八重洲橋が厳存しておりこの床面と現在通路とが同一レベルであるので、これを全部の床面とすることは常識である。在来線は全部盛土であるが、拡張部分は当然、高架橋にならざるをえない。東京駅の南北を扼している鍛冶橋と呉服橋の架道橋の桁下が旧法規の三・五メートルでつくられているが、法規が四・五メートルに改められたので、構内への下り込みをさけ、高架下の利用を考えて、在来線より一・二メートル軌条面を上げることになった。同じ駅の中で軌条面に段差のあることには異論も多かったが、押切ってそのようになった。戦後生れた新幹線はさらに大きく、二メートルの差をつけている。当時の構想では、列車客の通路と分離して、電車客専用の通路二本と北方に公衆通路を設けることを考えた。駅前があまりにも狭いので、自動車の駐車場は東北の、当時本省バラックのあった広域の地区をあてることとした。しかし戦後予想に反することが多く、実現しなかった点が多い。

第五ホームの新設工事――第五ホームは戦時中のこととて大きな困難があったが、一九三八（昭和一三）年ようやく着工された。第五ホームの概要は、ホーム幅一二メートル、長さ三〇〇メートルである。ホームの幅は東京駅の在来のホーム幅としたものであるが、今日といえども最大級である。長さ三〇〇メートルは機関車牽引の二〇メートル客車一五両編成列車のホーム長で、今日でも立派に通用している。

高架橋の構造は、丸の内側に九番線となる一線二柱式、八重洲側に一〇番、一一番線（回送線）、一二番線（第六ホームの線）の三線がのる、三線三柱式の鉄筋コンクリート・ビームスラブ橋が築造された。すなわち、この両橋のはねだしに第五ホームがのるわけである。

柱間は通路部で最大九メートル、普通六メートルである。六径間ごとに四・五メートルの小径間を設け、高架橋のはねだし桁を突き付としてある。

柱は高架下利用のための美観上径一メートルの丸柱とした。基礎は沖積層の深い部分は、現場打ち鉄筋コンクリート杭、一般のところは工場製の鉄筋コンクリート中空杭が打ち込まれた。

木杭のほうが安かったが、地下水面の低下している事実を確認したのでコンクリート杭としたのであった。

第五ホームで、技術的にもうひとつ画期的なものがあった。それは鉄筋の溶接と鉄桁の溶接である。当時の溶接技術はまだ揺籃期ともいうべき時期であった。世界で溶接橋が施工されたのは一九二五（大正一四）年の道路橋であったという。日本では若干の鉄道橋の補強に使ったくらいで

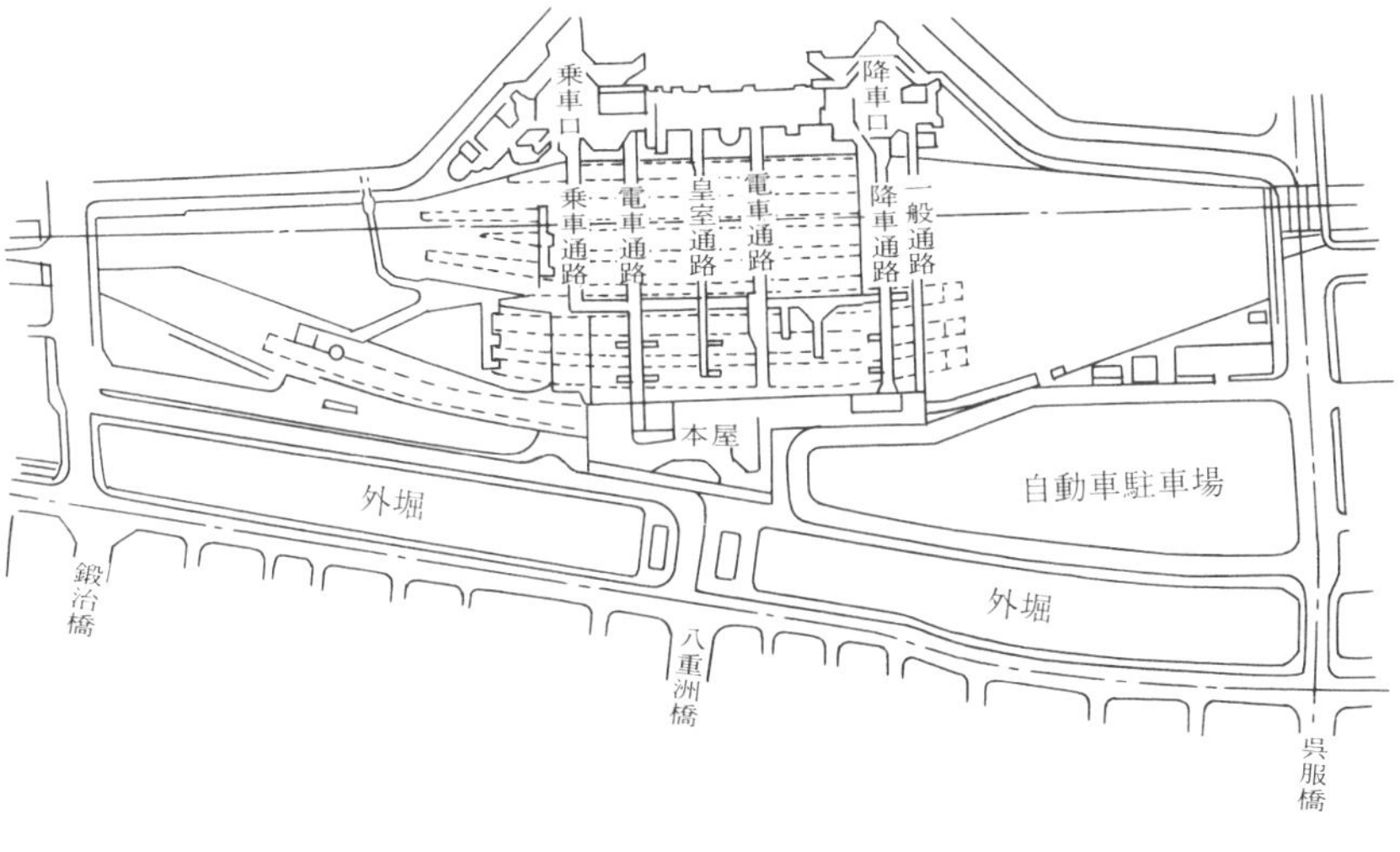

図14　1937（昭和12）年当時に考えられた東京駅将来計画案

あった。ただ日本では昭和一〇年、道路橋ながら国鉄設計施工の、田端駅構内をまたぐ全溶接橋の田端大橋があった。溶接技術もいまだ幼稚で材料の溶接性能もよくなかった時代であったが、基礎的技術はすでにマスターしていた。

鉄筋の溶接は縦主桁の総延長は四〇メートル以上であるので、縦主桁に使われた。鉄道重構造物で溶接鉄筋が使われたものとしてわが国最初の例であった。第五ホームは幅一二メートルであることはさきに述べたが、ホーム桁は軽いことが好ましいという理由と、当時入手困難となっていた鋼材節約の意味から、全溶接の鋼鈑桁が採用された。

しかしこの時点においても溶接技術に対し、いまだ研究開発不十分で失敗をまねいた例が少なくないので、綿密な試験研究を繰り返し、溶接手の技能に応じ作業姿勢を指定するなど慎重に対応した。

第五ホームは、昭和一三年二月、当初東京駅を請け負った大林組の手によって本工事に着手、同年一二月杭打ち開始、同時に高架橋型枠着手、一四年六月郵便地下道着手という工程で工事を進めた。この工事は戦時中のため予定よりも遅れ、昭和一七年九月になってようやく竣工した。

ホーム一本でなぜ四年間もかかったかというと、支那事変の拡大とともに、主要資材である鋼材、セメントなどの入手がきわめて困難であったからであった。それも並大抵のことではなく、鉄筋の割当書があっても製鉄所でつくることはできない、セメントも軍用優先でまわってこないという状況下で、当時の技術者たちの切歯扼腕の姿のみが想い出としてうかんでくる。

東京－品川間の線路増設工事

設計――東京－品川間の線路増設は在来の列車線の外側に隣接して、用地が震災復興計画で確保され、外濠については濠の対岸に護岸を移設する余地がとってあるので、濠の中を使用し、品川では列車線は客車操車場をだきこみ、電車線は複雑な運転系統に対応して、浜松町－田町間と、品川駅構内にY字型の立体交差を設けることになる。

在来線にならって、土地の利用を考え、東京－汐留間は高架橋、汐留－品川間は一部盛土と地平である。

東京－汐留間の高架線は鉄筋コンクリート構造とし、形式については、高架下の利用と地質の条件を考慮して決定した。

東京－汐留間の高架橋を大別すると、市街地を通る区域と外濠に沿う区域とに分けられる。地質の点では有楽町と新橋付近は第三紀層の浅い箇所があるが、外濠に沿った部分は深くて地盤がすこぶる悪い。丸の内の内濠から日比谷、芝浦にかけて沖積層の深い谷があり、この区域の地盤が沈下して基礎を深く入れたビルが浮き上がって階段をつけなければビルに入れない建物ができていた。地下水位の低下によるシルト質粘土層の圧密によって地盤が沈下したもので、東京の江東、大阪などでみられる現象である。現在では地下水の汲み上げを禁止して沈下が防止されている。バルツァーの設計によって、在来線の煉瓦造のアーチは基礎の数を減らし、アーチの径間をとくに大きくとってあった。それでも地盤の沈下のため多少日比谷公園方に傾き、アーチの中央部で横方向に亀裂が入って、アーチではなくカンチレバー（はねだし桁）となっている箇所があった。この区間は後日三ヒンジの鋼鉄のアーチで受けて補強されている。

外濠に沿う区間については風致地区でもあったので、美観を重視し、在来線のアーチとそろえた外観を備え、しかも地盤沈下に強い、一径間の一〇メートルスパンで、両側二メートルのカンチレバーをだした二柱式のラーメン構造

写真13　外濠沿いの鉄筋コンクリートラーメン高架橋〔1943（昭和18）年〕

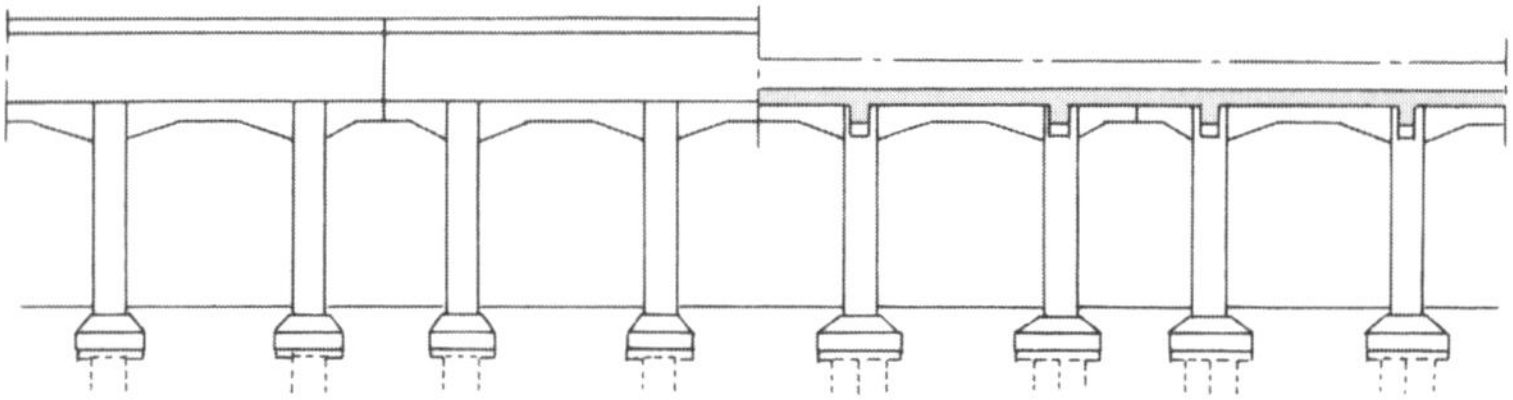

図15　東京－汐留間鉄筋コンクリートラーメン高架橋標準設計図（外濠沿いを除く）

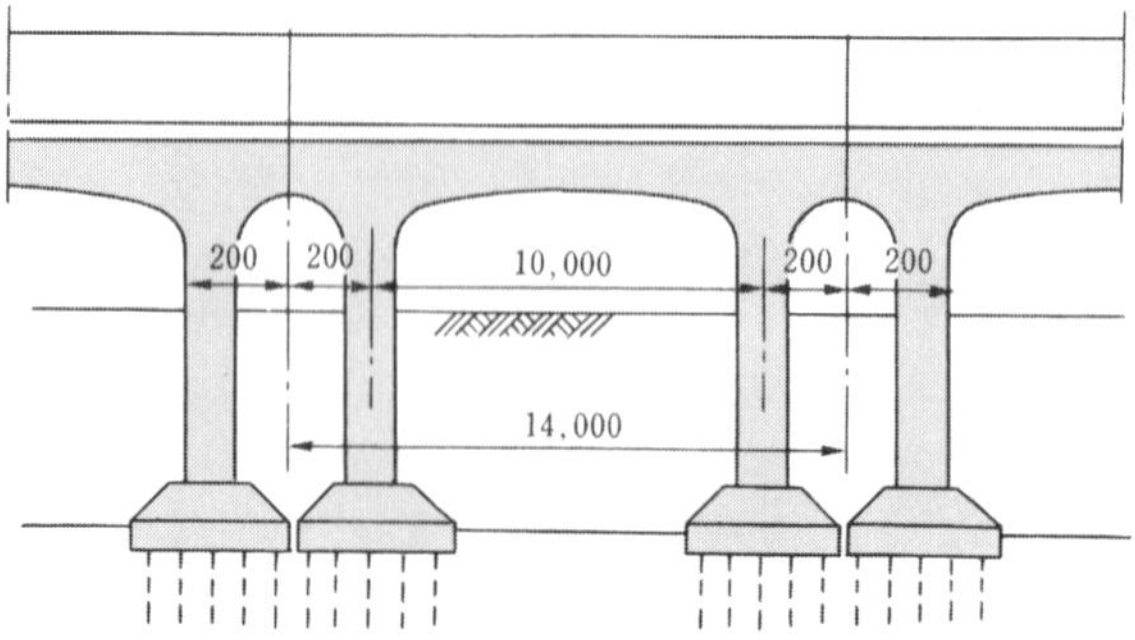

鉄筋コンクリートラーメン標準設計図（外濠沿い）

の荘重な設計がとりあげられた。

市街地については、アーチに比べラーメン構造とすると利用面積で二〇%、空間の利用で三〇%有効となるので、ラーメン構造とし、利用面積の大きい三柱式を採用することとした。連続径間数については、地盤の良い区間は経済的な五径間連続とし、地盤の悪いところは連続三径間とした。高架橋の区切りについてはこれまで端部の基礎を共用し柱を背割りしたものと、橋桁の端をカンチレバーとして単桁をのせるものが採用されていた。前者は縁端部の柱が重くなって外観が悪いばかりでなく、地盤が沈下したり、地震の場合構造物に無理が生ずる。後者は外観は良いが、防水の点で弱点があって高架下の漏水が問題であった。こうした点を考えて、排水が完全にでき、構造上も無理がなく、経済的な理由から、径間がそろわなくてみばは悪いけれども、構造物が独立して両端カンチレバーを突き合せた新しいタイプの高架橋が採用された。在来のアーチと極力そろえたため、市街地では径間が五～六・八メートルとなった。

なお外濠沿い区間は、水中に橋脚を立てるため流水阻害分として、反対側の道路を幅三メートルにわたって買収し、土留工の移築工事を実施した。

外濠沿い以遠汐留橋架道橋までは、基本設計による高架橋としたが、新橋駅ではホーム一面増設のため、一線式高架橋であった。この区間特殊なものとしては、源助橋架道橋（国道一号線）の中央橋脚をとって一スパンとなったため、わが国橋梁史上初のジュコール製鋼桁とそのリベットに超高張力鋼を使用した。これは当時の商工省告示強度を大幅に上回る画期的な新技術でもあった。

汐留橋以遠は在来と同高の盛土路盤であるが、ここで問題だったことは、浜松町－田町間で施工された芝浦跨線線路橋である（図13参照）。

浜松町－田町間は横須賀、京浜急行電車上下線と山手、京浜電車下り線を乗り越すもので、用地の余剰分がないまま、長いトンネルで乗り越す異例な工事となった。

もうひとつは品川の跨線線路橋で、当時Y線といわれたもので、駅構内の複雑な配線中を乗り越す困難な工事であった。

品川跨線線路橋は、品川駅構内で、横須賀線と京浜東北急行線の品川駅構内を横断する高架線が、構内本線四本を乗り越すもので、当時Y字形乗越しといわれた。乗越し全体の形の、Yの足になる部分が東京寄り、二叉になった部分が品川寄りで、駅ホーム近くで施工される複雑な乗越しであった。構造は二線三柱式の鉄筋コンクリートビームスラブ橋であった。

工事――以上述べた東京－品川間複線増設工事は、本体である東京駅第五ホームと品川客車操車場は完成したが、線増工事は一部未完成のままで戦後にもちこされた。

品川客車操車場
東京駅の列車の着発が行き詰まり、客車操車場の能力もまた限界に達したので、品川に移す計画であったことは前に述べた。品川は東海道本線の主要操車場の機能をもった最新式の操車場として新設されることになった。
新設される客車操車場は貨車操車場の跡地に設けられるわけであるが、品川駅は八ツ山と札の辻の二つの跨線道路橋に両端をはさまれて、のど首をしめられたようになっていた。また、構内には旅客駅、貨物駅、山手電車庫、横須賀線電車庫が存在しているので、これらの機能との関連を配慮する必要がある。列車の出入りを円滑にするため、列車線を上下大きく離して客車操車場を抱きこむこととした。

客車は到着線に入り到着検査を受け、洗浄線に入って洗浄掃除を行い、出発収容線に待機するという流れに線路が配置されている。定期検査をする検査線、故障車を修繕する修繕庫、予備車を収容する線路、寝台車の寝具の洗濯場にいたるまですべて整い、さらに電気機関車の機関庫をもだきこんだ設備で、ヤードとしては寸分の無駄もないレイアウトであった。

操車場の規模は一九五〇（昭和二五）年の列車回数を想定したものであった。

基準とした昭和一〇年の東京駅の着発列車数は、急行列車上下二八本、直行列車上下三四本、局内列車上下三九本、小荷物新聞列車三本、計一〇四本。これに空車回送列車上下三一本を加えると、東京駅一日の着発列車回数は一三五本となる。

また旅客用機関庫は東京と沼津に所属するが、東京の機関庫は在車一八両で、うち三両は御召列車用、一五両は本線列車の牽引と、東京－品川の回送列車用である。不定期の臨時列車は年間の上期に多く、行先は大部分が近距離で、一日に二〇列車以上に達することがある。遠距離は団体、軍隊輸送で一日平均一本程度である。

だいたい以上のように昭和一〇年の取扱いを基準に昭和二五年を想定して計画された。品川客車操車場工事は、予定工期を二カ年として昭和一二年一〇月に着工されたが、戦時中のため、工事資材の入手不全、監督員の大陸派遣、作業者の工夫も応召、徴用などで不足がちなため、施工が遅れて、いちおう完成したのはちょうど終戦のときの昭和二〇年八月であった。

新鶴見貨車操車場

品川貨車操車場の移転先は、新鶴見操車場、略して鶴操《つるそう》である。その鶴操の通路線は品川－鶴見間の東海道貨物本線を略して品鶴線とよばれた。鶴操は南北五・五キロメートル、八二・二万平方メートルの巨大な操車場で、一九二九（昭和四）年八月、品鶴線開通とともに、小規模ながら第一期工事の一部を完了し業務を開始した。その後、品川操車場の業務を引き継ぐために昭和一〇年六月工事を再開、一一年八月一期工事を終り、続いて二期工事に着手、完成は戦後であった。鶴操といえば、操車場近代化の第一歩であるカー・リターダ（ハンプヤードにおける自動貨車転送速度制御装置）を最初に設置した操車場であり、西の吹田とともに貨物列車仕立ての一大基地となって、日本の内陸輸送につくした大操車場であった。

(3) 戦後の変貌と発展

東京駅をとりまく環境の大変化

一九一四(大正三)年東京駅が誕生したときは、客車操車場を備えた駅であったが、現在では旅客を扱う設備だけをもった旅客駅になっている。

終戦を契機に日本は大きく変った。東京の街の変り様はすさまじいものがあった。東京駅をとりまく環境も著しく変り、東京駅そのものの姿が変貌してしまった。

徳川時代築かれた外濠は戦前は史跡保存地と指定されていた。関東震災後の復興計画では東京－新橋間の鉄道の線路増設用地が確保されていて、濠の中につくられる予定の高架橋の柱が流れを阻害するという理由で、反対側三メートルを切り広げ、外濠の原形をとどめさせられたほどであった。ところが戦災の復興計画では東京の焼跡の瓦礫の処理場として、濠が利用されて埋め立てられてしまった。その濠は現在、高速道路の敷地として使われている。八重洲口にかかっていた立派な眼鏡状のコンクリートアーチはとりこわされて街路敷になってしまった。

この事実が東京駅の八重洲口側の計画を支配したのはやむをえない事情である。

次の変化は、皇室はじめ貴賓の扱いである。占領政策は明治憲法から昭和憲法に改められ、天皇は人間天皇を宣言され、民主主義の時代になった。東京駅の計画もその影響を著しく受けたのは当然であった。

戦前の東京駅の設計は皇室尊重の思想が強く支配していた。バルツァー自身もドイツ帝国の人間であったし、明治の時代であったから当然の話である。戦前の東京駅は宮城に向かって豪壮な駅本屋を設け、その中央に貴賓専用の玄関と応接室をつくり、貴賓通路を通って専用の階段で列車ホームに通じていた。列車のプラットホームは、御召列車の着発の際の送迎儀典のため必要な一二メートルの幅がとられていた。

戦前の構想では、この貴賓通路の存在は絶対のものであったので、将来計画はこの貴賓通路が中央に存在して駅の一般旅客を遮断したものであった。

戦後、皇室に対する考えが一変し、現在、玄関と在来の通路は残したものの、貴賓通路は第四ホーム止りとなり、そのさきは扉を開いて一般旅客と共用の通路を使われるように変った。在来線では御召列車が運転されたが、新幹線では御召列車として特別に扱わず、車両こそ専用となるが、列車は一般の旅客と同じ取扱いに変ってしまった。

その次にあげられるのは、遠距離輸送の姿が一変してしまったことである。昔は遠距離の旅行は今日の海外旅行のようなものであった。列車の出発時刻より早めに駅に来て、手荷物を預け、待合室も一、二等と三等の区別があって、ゆっくり休んでから列車に乗り込んだものである。

手荷物は旅客と同時に輸送されるので、その積卸しのためホームには列車が二〇分以上停車していた。列車から降りた客は少し待って荷物を受け取って駅を立ち去るのである。

東京駅は中央に貴賓室通路が頑張っているので、乗車通路と降車通路をプラットホームの両側に設け、乗車口と降車口とを完全に分離した。乗車口は南端に位置し、広い待合室や食堂を配置し、降車口は北端に位した。

手荷物は荷物車の位置が神戸方に位置していたので、ホーム下に荷物エレベーターが設けられ、荷物台車を牽引したカートで運び上下した。カートを運転するためエレベーターと乗車口にある手荷物扱室を結ぶ、荷物専用の地下通路が設けられた。

ところが戦後は次第に様相が変ってきた。列車の姿が機関車牽引から電車へと変り、列車の頻度が増すにつれて停車時分が短縮されてしまって、旅客と手荷物との同時輸送が不可能となった。旅客の手荷物の内容も変って手荷物が客車内に持ち込まれることが定着し、駅で手荷物を扱う必要がなくなり、乗車口と降車口を区別する必要がなくなった。手荷物の一時預りの制度は残ったが、コインロッカーにかわってしまった。新聞、雑誌などの小荷物輸送は東京駅で厄介視された扱いであったが、一九六五(昭和四〇)年汐留に移されやがて廃止されてしまった。

郵便物は鉄道で運ばれることが諸外国同様定着していたので、大都市の駅の表玄関には中央郵便局があった。東京駅の場合は乗車口の前に中央郵便局があり、地下で東京駅と結ばれた専用通路で専用のエレベーターをもって郵便車に積み込まれ、車内で選別して各駅に届けられていた。昭和四〇年代、国鉄にストライキが頻発し、輸送の信頼性が失われるのと反比例して、自動車と航空機が普及し、鉄道のシェアは少なくなり、昭和五三年郵便地下道の使用が停止された。

新幹線が在来線の線増予定の敷地を利用して八重洲口側に入ったことは東京駅の姿を一変することになった。新幹線は専用のラッチを設けて一般旅客と区別し、遠距離用の出札のみどりの窓口は八重洲口側に設けられた。そのため東京駅の玄関は実質的に八重洲口に移ってしまった。一日の乗降客も過半数は八重洲口を利用するにいたった。待合室は廃止され、これにかわって新幹線のホームごとに冷暖房つきの休憩室が設けられた。

その次の変化は民衆駅の出現である。八重洲口は昭和四年、通勤客のため電車客に限定してバラック小屋で設けられた。戦後、八重洲口の木造バラックにかわって将来ホーム予定の敷地に鉄骨の中二階の仮駅舎が設けられていた。そして六、七番ホームがやがて開設されたが、八重洲方面の街が世の中が安定するにつれて、あまりにもみすぼらしい状態であった。

当時の国鉄は戦災の復興と輸送力の増強におわれて、駅舎の建設にはまったく手がまわらなかった。このとき、当時の施設局長立花次郎の着想になる民衆駅構想が八重洲口にとりいれられた。テナントによる民間資本の導入によって駅舎を建設しようという考えである。鉄道の経営が悪化したことが原因であるが、官営の伝統を破って、今日流行語になりつつある民活方式のさきがけであった。戦前のことであるが東京駅に山手、京浜、中央の電車が乗り入れ、便利になったので、三菱地所は三階建の赤煉瓦のビル街を建設した。大正一二年九月発生した関東大震災で、同年二月に竣工した丸ビル等の鉄筋コンクリート造が健在であったことなどから、鉄筋コンクリートが煉瓦造より耐震性が強いことが実証されたので、地震の結果生れた建築条例の三〇メートルを限度として、丸ビルに次いで次々と鉄骨鉄筋のビルが丸の内に建設され、通勤客はうなぎのぼりにふえてきた。そのため乗車口と降車口ともに通勤客がラッシュアワーにあふれるようになり、遠距離客に迷惑をかけつつあったので、遠距離客と電車客との通路を分離する必要が考えられていた。

戦後、わが国経済の発展と、建築条例の高さ制限が撤廃されたことで丸の内には高層ビルが次々と建設され、通勤客はさらに激増した。そのうえ地価高騰による住宅難と、通勤運賃を企業が負担する制度が結びついて、サラリーマンの通勤の足が伸びる傾向が顕著に現れた。戦前通勤圏は近郊電車の範囲内にとどまっていたものが、戦後は横須賀線はもとより、電車化された湘南、高崎、東北、常磐、総武などの中距離電車、さらに最近は新幹線までが通勤圏に入ってしまった。その結果、通勤客が数では全旅客の六～七割を占めるにいたり、それがラッシュアワーに集中するので東京駅は通勤客が主体となってしまった。

手荷物扱いが廃止された事情もあって、今日では乗車口を丸の内南口、降車口を丸の内北口と名前が改められた。一方、銀座通り、昭和通りや、八重洲口周辺に高層ビルが建ち並び、八重洲口もまた一般客のほかに、通勤客の乗降が激増した。

このような通勤客をさばく手段として、表口には広い地下通路が、八重洲口には地下通路を兼ねた地下街が設けられ、営団東西線とは表裏ともに地下通路で結ばれている。

最後に、東京駅へ乗降する客のアプローチ輸送も大きな変化をみた。大正三年の開設当時は路面電車と人力車が利用された。その後人力車がタクシーにかわって、自家用車の利用もふえて表裏ともに地下駐車場が設けられた。また、東京駅を横断して表と裏を結ぶ通り抜け通路が北口側につくられた。青バスが戦時中に市営に統合され、終戦直後は郊外と直通したが、鉄道の輸送力増強につれ廃止されてしまった。そのかわりに東名の高速バスや、東京国際空港、ディズニーランドなどへ行くバスが八重洲口側から発着している。昭和四〇年代にはいって、路面電車が廃止されて、バスにおきかえられ、表口に発着場が設けられた。戦後は郊外がひらけ私鉄が急速な発達をしたことと、これに接続するか、あるいは直通する地下鉄が普及した。昭和四〇年代における地下鉄の相次ぐ開通は東京駅のラッシュ混雑を救済するのにおおいに役立った。この地下鉄が東京駅に近接して、連絡通路を設けこれも東京駅へのアプローチとなった。地下鉄といえば戦前は考えられないことであったが、国鉄の中央線電車が東西線に、常磐線電車が千代田線に乗り入れ、さらに国鉄までが横須賀、総武両線、京葉線の例にみられるように、地下鉄道の姿で東京駅に乗入れを行うにいたっている。土木工事の発達に負うものである。

東京駅は開設以来七五年、これほど姿を変えた駅は世界にあるまい。新興国日本の象徴として、欧米にも劣らない豪壮な、落ち着いた駅が築かれたが、ビジネスセンターとしての周辺の発展、新幹線に代表される全国的な旅客の集中、民衆駅としてのショッピングセンターの発展で、殷賑《いんしん》をきわめた駅と化した。JRになってから画廊やコンサートまで催されるようになったのは時の流れを示している。

東京駅は開設当時の大正三年には一日平均の乗降客が一万人たらずであって、拡張が決定された昭和一〇年には一三万人に膨張したが、今日では八〇万人の線を上下する状態である。

中国の鉄道の幹部が東京駅を視察に来て、駅というところはお客が列車を待つためにじーっとしているのかと思ったが、東京駅に来てみると立ち止まっている人間がいなくて、歩きまわっている人ばかりで眼がまわったと話していたが、実感がでている。

戦災と復旧

大平洋戦争の末期、戦局は次第に敗戦の色が濃厚となり、東京では学童をはじめ市民の疎開がせわしくなった。東京の空襲が始まり、東京駅は一九四五（昭和二〇）年五月二五日の大空襲で焼夷弾によって炎上し、ドームもホームも青天井となった。

国鉄は応急復旧を行い、列車の運行は復活させたが、問題は駅舎の修復であった。国鉄は東京大学の建築構造の権威、武藤清博士の診断をうけ、被害のはなはだしい三階をとりこわし、二階建とし、屋根は複雑な塔を廃して直線とした。乗車口と降車口のドームの丸屋根を改めてピラミッド型にし、鉄骨のかわりに木の角材を使いデュッベルで締結した。屋根は銅板葺きであったが鉄板葺きに改めた。復旧材料の入手困難な時期であったので、苦肉の策であった。昔の風格が失われたのは惜しまれたが、いたしかたないことであった。昭和二二年三月はやくも東京駅の復興がなった。四年ももてばよいということであったが、今日まで四〇年ももちたえてきている。

市街の復興では残灰の処理に頭を悩ませているときであったから、東京駅復興なる、という言葉は都民はもとより、全国民に明るい知らせであったとともに、新たな戦後再建の勇気を与えた。偉大なる変貌の第一歩を印したといっても過言ではなかろう。

駅本屋の内装については、占領軍の輸送業務を扱っていたRTOの事務室と、アメリカ将兵の待合室が緊急命令でつぎつぎ改造を加えられて乗車口に新設され、駅長事務室、最後に貴賓室関係が復旧された。

当時旅客の宿泊には地下道にベッドを置いて交通公社が

写真14　戦災を受けた東京駅〔1945（昭和20）年〕

写真15　復旧成った東京駅〔1947（昭和22）年〕

あたっていた。昭和二三年になって二階にホテルを復活することになったが、占領軍が国鉄の直轄経営を認めず、民間経営になるホテルとなり今日にいたっている。また八重洲側裏口も焼失したが、名店街を抱きこんだ、鉄骨木造の二階建の仮駅が建てられた。

戦前の計画の完了

引上線の新設――東京駅を中心とする大改良計画は、戦時中資材の乏しいなかにも続行されたが、終戦を迎えたとき、完成したのは東京駅第五ホームと品川の客車操車場であって、途中の線路増設工事は未完成のまま中止となった。

この状態で必要に迫られたのは、東京駅に着発する列車を品川操車場との間に回送するのに必要な引上線を設け、三本分の列車の留置を可能とすることであった。

引上線の着工は一九四九（昭和二四）年である。このころは戦後の空白を経て、セメントの品質もようやく戦前の状態に復帰しかけたころであり、技術的にも再出発といったかたちで、まず戦前の水準に追いつくべく努力がはらわれたころであった。線増工事のさきがけとして、また戦後の高架橋のさきがけとして着工されたのが、東京駅引上線工事である。

引上線は二線とし、呉服橋から神田千代田町橋まで、延長七〇〇メートルである。高架橋の構造は二線三柱式両端はねだしの、鉄筋コンクリートビームスラブ橋で、径間六・五メートルの二～四径を標準として、場所によっては二線二柱式も併用された。

橋梁は外濠橋梁ほか一カ所であったが、外濠橋梁は中央径間一五メートル、側径間九メートルの三径間アーチ橋とした。このため既設の荘重なアーチ橋の橋体は見え隠れとなり、増設線側の欄干と親柱が撤去され、片側のみが残される結果となった。工事は昭和二六年に完成した。

この引上線は計画の当初から、将来、東京－上野間の線増に備えたものであったため、当面の線増計画に従って、引上線はさらに秋葉原駅手前の神田川岸まで延長された。

東京駅在来線第六、第七ホームの使用開始――東京駅は戦前の第五ホームの増設に引き続いて、第六、第七の二ホームが増設された。

第六、第七ホームは、有楽町方、神田方とも線路は曲線部にはいるため、曲線部の取り方に若干の相違があるが、構造的にはまったく同一である。

両ホームとも、ホーム幅は一二メートル、延長は三四〇メートルである。そのうち、ホーム長手の中央部約一八〇メートルは鉄筋コンクリートビームスラブ式高架橋の上にのり、その両側約一〇〇メートルはフラットスラブ式高架橋上で、両端約六〇メートルは盛土路盤とされた。盛土としたのは将来の配線変更に対応したためである。

高架橋にのるホーム鈑は、鋼鈑桁、鉄筋コンクリート桁、PSコンクリート桁の三案について検討された。鋼鈑桁は第五ホームにならうので、その点良案ではあるが、ちょうど朝鮮戦争中で資材不足で高価である。鉄筋コンクリート桁は価格は安いが、自重が大きいため高架橋の補強を要するという欠点があった。PSコンクリート(以下PC)桁は前二案の長所をあわせもつが、当時わが国では初めての試みである点で、難問はあるがという前提をおいて、ホーム桁として思い切ってPC桁を採用した。

一九五〇(昭和二五)年ごろは、PC桁はまだ研究機関で実験的につくられていた時代で、東京工事局とPSコンクリート会社で組織的な試験を繰り返した。その結果安全率を十分にとった桁の製造に着手した。その製造の途中、試用桁を東京駅手小荷物扱所通路五メートルの側溝に架設したが、現在もそのままトラックの通路となっている。これが日本最初のPC橋といわれているものである。第六、第七ホームは昭和二八年に完成し、使用を開始した。

構内高架橋は元の地平線跡に建設したもので、戦前第五ホームを築造したときに、戦後新設の第六ホームのホーム線(一二番線)まで三線三柱式の高架橋はすでに完成しており、戦後の本線高架橋は、一三番線から一六番線の築造である。

構内高架橋の基本は、二線二柱のコンクリート道床で、径間割は在来高架橋、通路、コンコースの使用上の問題があり一定しがたいが、径間六メートルを基準としたカンチレバービームスラブ橋であった。そのうち径間一〇メートル四径間の長大ラーメンがあり、大きな話題となったものである。

東京駅手小荷物扱所新設工事——東京駅工事で支障するものとして、構内各所に点在する手小荷物扱所があった。手小荷物といっても新聞雑誌が大部分で、旅客列車輸送のほうが速くて正確格安だったから利用されていた。これを一カ所にまとめたのが手小荷物扱所の新設である。場所は八重洲口南側コンコースのさらに南側である。この場所の西側半分は第六、七ホームの直下である。したがって扱所は第六、七ホームと同時に工事が始められた。一九五一（昭和二六）年六月に着工、昭和二七年五月が竣工期限であった。荷扱所の建物は、鉄筋コンクリート造の桁を使わないフラットスラブ式の二層造りで、総面積は、六九〇〇平方メートルである。

なお余談であるが、現場で掘削中、檜造の木管や溜桝のほか、頭蓋骨も出土したが、ここは江戸時代の刑場跡ではないかといわれた。

東京駅ができる前は、ここに重罪裁判所や監獄などがあったところであるが、さもありなんとも思われる。しかしそこが日本一の東京駅に発展したのであるから、十分に慰霊のまことが果されたと思いたい。

この小荷物輸送は汐留に移された。トラックにおされ最後に廃止の運命にたちいたった。

田町－田端間の複線増設工事——田町－田端間の複線増設は、戦前に京浜快速電車と東海道回送列車運転の隘路を打開するために計画されたものであったが、戦後みなおす必要が生じた。

戦後、都心部の戦災と住宅の郊外への膨張により通勤輸送の増加は著しく、通勤地獄が出現し、山手、京浜両電車の運行が行き詰まってしまった。焦眉の問題として、山手、京浜両電車の分離運転を決定し、戦前の基本構想を放棄することになった。そのため、浜松町－田町間に完成した苦心の作、芝浦跨線線路橋は撤去され、未完成部の高架橋－架道橋と田町－田端間のホームが建造された。品川駅構内のY字立体交差は未完成のままで、これだけは現在もそのままの姿を残している。電車線の車窓近くに眺められる二柱式高架橋がそれである。

工事は一九四九（昭和二四）年に着工して以来七カ年の工期を要した。この間、上野－有楽町間の救済の暫定措置として常磐線電車を昭和二九年四月より、山手・京浜分離運転が開始される三一年一一月まで有楽町に乗入れを行ったことは前にも述べた。

山手・京浜分離工事で、神田－上野間に二カ所の架道橋の桁で約二〇メートルの合成桁が採用された。

田町－田端間線増工事は、本線ならびに関連工事のすべてが完了して、前述のように昭和三一年一一月、多年の念願であった京浜(東北)線、山手線の電車の分離運転が開始され、東京における近距離電車運転にひとつの紀元を画したのであった。

バルツァーの案に示された山手環状線と、京浜（東北）電車の構想はこれによって、いちおう実現した。

⑷　八重洲口本屋の出現

八重洲口駅本屋の新設――東京駅の表玄関として八重洲口本屋が、一九五二（昭和二七）年鉄道開通八〇周年事業として、鉄道会館が設立され民衆駅としてようやく出現することになった。改良計画の進展により、客操の敷地が更《さら》地《ち》となり、外濠が埋められて八重洲口の位置が確保された。関東大震災の復興計画の区画整理によって八重洲通りができ、外濠に橋まで架けられてから実に四半世紀を経過した。

本屋の建物は前面は外濠通りに面し、裏は第八、第九プラットホームの拡張余地を残し薄っぺらな建物となった。そのかわり、皇室通路を第四ホームで打ち切ったので、南北を通じるコンコースを広くとることができ、民間資本をいれた民衆駅であったので、駅本屋の一階の一部にデパートが入った。高架下とさらに八重洲通りの地下まで名店街が入り、二階以上をデパートが使用した。駅というが外見上はデパートの様相を呈することになった。表口のルネッサンス風の荘重な煉瓦造の建物に対して、八重洲口は近代的アメリカ式高層建築という奇妙な対照となった。

本屋は地下二階、地上一二階で、延総面積約三万七〇〇〇平方メートルで、当時わが国最新の建築として企画された。第一期工事として地上六階までとして、昭和二八年に着工し、昭和二九年竣工した。正面幅一三二メートル、奥行平均三五メートル、地平面積三万六九六〇平方メートル、国鉄分一六八〇平方メートル、共用分二三一〇平方メートル、大丸百貨店が店子として入った。関西の大丸が入ったのは当時東京の大手デパートが民衆駅にあまり関心を示さず、大丸が東京進出ということに熱心だからであった。

八重洲口の出現で、お客の利用の点からみて、東京駅の玄関は丸の内側から八重洲側に移った。その後デパートの利用者がふえ、昭和四二年、第二期工事として上層に継ぎ足して同年に着工、四三年に竣工して今日の姿となっている。

東京駅の丸の内側の赤煉瓦の本屋は、いまでは東京に残る明治を象徴する数少ない建物として、市民から愛着の情をもたれている。しかし一方では、土地利用の点から高層化し、便利なものにするべきだという意見もあり、改築については今後とも賛否両論のあるところであろう。

地下街と地下駐車場——八重洲口本屋の出現で、狭い駅前の旅客をさばくため、地下通路を兼ねた地下街と地下駐車場が設けられた。駅前広場の下に八重洲駐車場会社の手で行われ、自動車は地下二、三階の駐車場を利用して、首都高速道路から直接出入りできるように配慮された。地下一階は商店街、地下二階は駐車場、地下三階は機械室と駐車場である。商店街の総面積は二万九〇〇〇平方メートル、自動車の収容両数は五七一台という規模のものである。

工事には大規模な逆巻工法が採用された。逆巻工法というのは、深夜土留鋼矢板を打ち込み一次掘削を行い路面の覆工を施し、地下埋設物を吊るところまでは在来工法と同じであるが、土留を行って全面掘削するのではなく、将来の柱の位置に深礎工法（円形の井戸を鉄製のリングと鉄板を土留として掘る）によって井戸を掘り、柱の基礎を打って鉄骨の柱を建て込み、これを結んで上段から仕上げ、下段を順次掘削、仕上げていく工法である。基礎にあたるところに信頼できる層がある場合には安全であって、仕上がった部分から使用できるという、地下工事としては理想的な工法であった。一九六三（昭和三八）年に工事を開始し、

写真16　八重洲口本屋の出現〔1967（昭和42）年〕

第一期工事は昭和四〇年に完了し、隣りの第二期工事は四四年に完了した（図18参照）。

(5)　輸送力の飛躍

営団地下鉄の東京駅乗入れと地下道の出現

戦後、東京の異常な膨張は通勤輸送の行詰まりと道路の交通渋滞を来たし、この救済のため、地下鉄網の発展を促した。戦前の地下鉄は浅草－渋谷を結ぶ銀座線の一本だけであった。

戦後最初にとりあげられたのは、郊外私鉄が集中して繁華街を形成していた新宿から、霞ケ関、大手町を通って池袋にいたる丸の内線であった。丸の内線は東京駅の丸の内広場の地下に駅を設け、一九五六（昭和三一）年に池袋－東京間、次いで三四年に東京－新宿間が延長開通した。

丸の内線の建設と同時に東京駅乗車口（丸の内南口）と丸ビルを結ぶ地下道が設けられ、また地下鉄駅に平行した地下通路が降車口（丸の内北口）にも通じたので、利用者は雨天でも濡れることなく地下通路を通って、丸の内オフィス街と連絡できるようになった。

次に東西線であるが、東西線は国鉄中央線電車の輸送の隘路打開のため生れた。中央線の混雑は深刻であった。ことに、急激に沿線人口が膨張し西方の郊外から客を集め、東京駅に直結している中央線の快速電車の混雑は異常な状態で、乗車効率は定員の三倍近い数字に達していた。

輸送力増強については、新宿の乗換えは上り快速ホームを両面交互着発としてしのいだが、御茶ノ水の乗降や東京駅の折返しは限界に達していた。一方、中野と総武線を直結する緩行線は各駅停車のため、中野－御茶ノ水間の運転で八分余計にかかり、しかも東京駅に入るためには御茶ノ水で乗換えを要するので、快速電車に利用客が集中し、乗車効率は二〇〇％そこそこしかあがらなかった。

ラッシュアワーの対策として緩行線を御茶ノ水から東京に直行させ、緩行と快速の輸送量をバランスとらせる案がいろいろ検討された。市ケ谷から地下鉄で緩行線を直接東京へ乗り入れる案も考えられたが、国鉄の地下鉄単独の乗入れには抵抗が強かったので、東京－御茶ノ水間の線増がとりあげられたが、この通過地域は人家が密集していて、用地買収の交渉はほとんど不可能に近かった。一方、東京オリンピックの開催をひかえ、環状七号線と中央線の立体交差を東京都側から強く迫られていた。

また秋葉原駅での総武線からの東京駅へ向かう通勤客の山手、京浜への乗換えのため、階段での混雑が極限に達していた。国鉄は通勤輸送については、他の高速鉄道と協調する方針を樹てそれらを総合して、高田馬場から大手町を通って西船橋に通ずる営団の地下鉄路線を中央線の中野に乗り入れさせて、中野―荻窪間を高架で複々線にして、環状七号線を立体交差とし、荻窪―中野―大手町―西船橋といった国鉄と営団の相互乗入れを実現する案を考えだした。

営団側の案では当時、東西線が水道橋で板橋方面に分岐した形で路線が認可されていた。ところが一方、東京都営の地下鉄が具体化し、営団の認可路線の譲り受けを要請されていたので、営団は板橋への分岐線を都営地下鉄にゆずり、東西線を確保することになった。このときゆずられた都営の路線が、三田から高島平へ出る三田線である。

かくして東西線の開通により、大手町駅で東京駅と地下通路で結ばれ、中央線の快速線の乗車効率を三〇〇％から二六〇％にまで低下し、秋葉原駅の乗換え混雑も緩和することができた。これは国鉄線と営団地下鉄線の電車が相互に乗入れをするという画期的なことであった。

東西線大手町駅は、先に開通した丸の内線大手町駅の下を直角に交わる形でつくられた。駅の平面形は東京駅構内の呉服橋架道橋下より、濠端手前までの幅一七メートル、地下一階の大コンコース、地下三階はホーム階で、ホームの幅は一〇メートル、長さ二三〇メートルの島式ホームである。

横断形の最深部は地表より一七メートル、構築高さは三層一二・三メートル、幅は一八・六メートルである。なお、丸の内線の交差部は二階である。

東京駅との地下連絡は、丸の内側は地下駅のコンコース、八重洲側は新幹線下の地下コンコースの延長上に、いずれも至近距離をもって、大手町駅の改集札口に直結している。

東西線の建設工事は、昭和三七年に着工し、昭和四一年中野―大手町間の開通によって、国鉄、営団線の相互乗入れ運転を開始。さらに昭和四三年三月大手町―西船橋間の開通によって中野―西船橋間の全線の相互乗入れ運転が開始された。

なお、翌昭和四四年には中央線の複々線化が進み、三鷹―東西線―総武線津田沼まで相互乗入れ直通運転が開始されて、中央線の混雑は緩和され、総武線の海岸寄り沿線開発の突破口となった。

営団千代田線は東京駅の丸の内側の内濠に沿って走っているが、常磐線の線路増設工事と呼応して、昭和四四年、綾瀬－大手町間を開業して常磐線と相互乗入れを行った。最後に、五三年には代々木上原まで延長して、小田急と常磐線の直通運転が実現した。この線の開通により、上野－新宿の混雑が緩和された。

東京駅の乗降客の増加は、地下鉄の普及と国鉄と営団地下鉄の相互乗入れによって食い止められた（図24参照）。

輸送近代化と看板列車の登場

湘南電車――戦前の国鉄は蒸気機関車がいまだ主流の鉄道であった。日本の産業の主たるエネルギーは石炭であったし、鉄道も蒸気機関車が主力であった。電化についてはは都市域に限られた近郊電車だけは認められたが、幹線鉄道については長大トンネル以外は国防上の理由で陸軍の反対をうけ、実現できなかった。

戦後は情勢が一転して、反対した軍もなくなり、石炭は貴重な国内の原料として活用する国の方針により、国鉄は電化を進めることになって、一九四九（昭和二四）年から蒸気機関車の製作を中止した。それと同時に旅客列車については工作局長島秀雄の指導のもと機関車牽引の方式を改め、高性能の電車の方式を採用することになった。電車のほうが動力装置が分散されて全体に出力を増大でき、しかも各車両にかかる負担荷重も平均化される。また、スピードアップもできるし、加速、減速を高くとることが容易で、運転時隔をつめることができる。そのうえ列車の分割併合により編成車両数を適宜変更でき、終着駅での折返しが容易である。わが国のように線路にもホームにも余裕がとれない鉄道にはもってこいのものであった。

終戦後、この考え方にそって旅客列車を電車化する技術の研究が進められ、電車の設計、ことにモータの装架方式の改良が行われ、かつ出力の増大が進められた結果、中距離用電車が開発された。

東海道線の東京－沼津間の一局列車と称した各駅停車の列車が、一五両編成の新鋭の電車におきかえられた。伊豆の蜜柑をシンボライズしたオレンジと緑の明るいツートンカラーを施した湘南電車の登場が昭和二五年であった。

この構想は関西の京阪神間にも採用され、順次東北、上越、山陽などの電化区間にも採用された。

特急こだま――東海道本線の電化が一九五六（昭和三

一）年大阪まで伸びて、全区間を蒸気機関車から電気機関車だけによる運転になって、在来特急で八時間要したものが、特急つばめ、はとが七時間半に短縮された。さらに新しく特急用に設計されたビジネス特急こだまが、昭和三三年に登場して六時間半に短縮され、東京－大阪間の日帰り旅行を可能とした。展望車を最後尾につけた、つばめ、はとは廃止され、終着駅での列車方向転換をする必要がなくなり、列車は一日に二往復運用ができるので画期的な改革であった。

特急こだまはのちに全国の特急列車のさきがけとなったものであるが、同時により高速な新幹線鉄道誕生へのワンステップとしての役割を果した。

ブルートレイン――戦後、経済の中心が東京に移り、九州や本州中国地方の人たちの東京への往復がひんぱんとなった。多くの客は博多から東京まで運賃は倍くらい高かったが、飛行機を利用していた。東京－九州間に夜行の特急寝台列車が企画された。

大阪を深夜通ることは非常識であるといった意見も国鉄本社内部に強かったが、一九五六（昭和三一）年秋、あさかぜという愛称で、夜行寝台特急がデビューした。これがブルートレインのはしりで、その後好評を博し、四国、山陰にまで拡げ、毎日の列車が九往復までふえ、山陽新幹線が開通しても今日なお人気のある列車として存続している。（現在、東北、北海道、日本海沿岸まで含めて全国で定期列車として運転されているブルートレインは一六往復に達している。）

踊子号――伊東線が開通したのは一九三五（昭和一〇）年、丹那トンネルの開通と同時であった。伊豆急行電鉄が下田まで開通したのは一九六一（昭和三六）年である。同時に東京－伊豆急下田間に直通電車が運転された。伊豆半島の開発が進み、東京からの直通電車は、昭和三九年急行伊豆、四三年特急あまぎと続き、これが踊子号の愛称にうけつがれ、今日、東京駅から多くの観光客を乗せて一日一一往復運転されている。そのうち一部は伊豆箱根鉄道の修善寺に入っている。

東海道新幹線の登場

東海道新幹線の誕生は在来鉄道と異なり広軌（厳密にいえば標準軌間）で高速、高性能の高速旅客専用鉄道であって、東京－大阪を三時間で結ぶといった性格のものであったから、わが国の社会、経済に大きな変革をもたらし、また東京駅の姿もこれによって一変した。

戦時中東京－下関間にルムシュッテルと懇意であった島安次郎を委員長とした弾丸列車を通す計画があり、一九三九（昭和一四）年に着工したが、戦時中に中止となった経緯がある。十河信二が総裁に就任してから、島秀雄技師長を頂点とした国鉄技術陣に、民間企業の全面的な協力を得て生れたものであった。戦前の弾丸列車の計画以来、東京のターミナルをどこにもってくるかは未定であった。東京の都市計画側はターミナルを都心にもちこむことには賛成ではなかった。いろいろ地点を検討してみたが、いずれもターミナルとしては難点があった。旅客の利用する都心ビジネスセンターに近い点と接続する都市交通機関の多い点では、東京駅は圧倒的に優位にたったが、問題は、新幹線の線路が入り込めるかどうかにかかっていた。

幸いなことに、八重洲口本屋と第七ホームの間に立花局長の指示で将来の拡張余地としてプラットホームが二面入る余地がとってあった。東京－品川間については、戦後外濠が埋められ、もっとも窮屈な有楽町付近は道路をまたいで通れる見込みがつき、前述のように東海道線の線路増設の計画がたてられていたので、これを転用すれば可能であった。新幹線が開通すれば遠距離客が新幹線に移るので、東海道線の線増計画は後日に譲れると判断された。

多摩川と品川の間一七キロメートルは品鶴貨物線が盛土で通っているので、この空間を利用すれば乗り入れられるという見込みがついた。在来線の線形に沿うため、曲線がややきついのでこの区間は速度を一一〇キロ／時に制限して運転されるのはやむをえないことである。また、周辺の事情で列車を後方に抜くことができない頭端式ホームとせざるをえなかったのは残念であった。車両基地は当座のものは品川駅構内の貨物関係の敷地を整理すればつくれることがわかった。

新幹線はかくして東京駅に乗り入れることが決まり、一九五九（昭和三四）年に着工、わずか五年間で完成し、六四（昭和三九）年一〇月一日、ひかり第一号が東京駅を発車した。世界銀行から金を借りるときのひとつの条件であった、東京オリンピックの開催に間に合わせたのであった。東京－品川間の高架橋は鉄筋コンクリートラーメン構造であるが、有楽町付近の第四有楽町橋と、第一有楽町橋の間に鋼桁橋が架設された。この区間はいわゆる、すし屋横丁で、最後まで用地買収協議が難航した箇所である。どうしても協議が整わないので、工期のこともあり、すし屋横丁の道路上空は鋼ラーメン橋とした。架道橋は支柱を排し一スパンとし函《はこ》型の全溶接の鋼鈑桁が採用された。

なお、前に述べた品川－多摩川間の一七キロメートルにわたって品鶴線の上は直上高架橋とされた。この工事は増用地をできるだけ節約する方針によって行われた。まさに具合のよいところに既設直線があったものである。

直上高架橋の構造は、上部工として径間二二・五メートルの合成桁を、品鶴線をまたぐ門形鉄骨ラーメン橋脚を建て込み、これに型枠をとりつけてコンクリートを打ち込んだ鉄骨鉄筋コンクリート構造としたもので、基礎はアースドリルまたは鉄筋コンクリート杭を使った。この構造は東海道新幹線唯一の特殊な高架橋であった。

新幹線の構内高架橋は、三柱式以上の多柱式、支間六～一〇メートル、橋長一八～四二メートルの鉄筋コンクリートビームスラブ橋とし、すべて二～三層で、北口付近で四層でつくられた箇所もあった。

東京駅の新幹線計画の大要は、幅一〇・二メートル、長さ三六〇メートルのホーム二面を新幹線列車の着発線用と

写真17　東海道新幹線，有楽町付近の函型全溶接鋼鈑桁〔1964（昭和39）年〕

してつくることとし、八重洲口本屋と在来線の七番ホーム線（一五番線）との間につくり、頭端式ホームの終端部分には幹線総合指令所を設けた。このため在来線の海側に複線高架橋を架した。その高架下空間に駅内務設備を設け、在来そこにあった名店街は地階に収容、一階は旅客通路、駅施設を主体とし、従来に比べて広々とした平面・空間の構成の駅に改良した。すなわち中央コンコースは従来の三倍の七〇〇〇平方メートル、北口、南口のコンコースもおのおの二〇〇〇平方メートルに拡大され、北端の総合指令所下に専用コンコース一〇〇〇平方メートルが設けられた。これらのコンコースは駅前側に最小一四メートルの通路を一直線に伸ばして通りがよくなった。その延長は四〇〇メートルである。

東京駅の新幹線工事の設計にあたり、重点をおいたのは、新幹線客と通勤客を分離する、電車との乗換えを便利なものにすることである。出札、改札、案内所の場所をわかりやすくする、駅設備に十分な余裕をもたせる、民衆利用設備（名店街）は旅客流動に支障しないように配置する、などであった。高架線の設計にあたって列車の荷重の条件だけではなく、高架下が旅客駅としての機能を発揮することを優先させて設計された。同時に、東京駅の将来を考えた最終形態へのワンステップとして配意された。

この東京駅の工事は新幹線工事とはいうものの、むしろ東京駅自体の大改良であった。これは改良工事の宿命であるが、在来施設の機能を日常いかしながらの工事で、規模の大きさ、複雑さは比類がないうえ、工期が短かったので、名店街の処理、旅客扱いに難渋した。

東京駅の施工は駅開設当時大林組が施工した。それが昭和一〇年拡張に入ってからも大林組があたったが、新幹線工事に入って高架橋、地下街、総武横須賀乗入れなどは、二分して鹿島建設が参加した。

東海道新幹線の出現で東海道の列車運行体系は一変した。東京－大阪間六時間半を要した特急こだまが二往復にすぎなかったものが、新幹線の開通で四時間のひかりが二八往復、各駅停車で五時間のこだまが二四往復と増発され、一年後には、ひかりが三時間一〇分、こだまが四時間に短縮された。東海道の旅客は夜行寝台列車のブルートレインを除き、昼間は中遠距離客も大幅に新幹線に移り、在来の東海道本線は近距離客を運ぶ線に変った。新幹線の旅客は当初の予想を倍以上に上回る増加をみせたので一九六七（昭和四二）年、着発線を計画どおり四本にふやし、七一（昭和四六）年の大阪万博の輸送をものりきることができた。

その後旅客は順調な伸びをみせたが、線路の疲労と機器の劣化から開業一〇年にして運転の阻害が生じ、列車ダイヤが混乱した。その対策として思い切って午前中列車運転を止めて、線路の更新をはかるという国鉄誕生以来、未曽有の荒療治をやって、このリハビリテーションが効を奏し完全にたちなおることができた。その際、東京駅にホーム一面を新幹線並みの高さにかさ上げし、合計ホーム三面、着発線五本とすることによって、列車の運転が著しく円滑に行えるようになった（頭端駅になっていることがホームを増加させることになった）。

新幹線の生みの親十河信二は仙石貢に師事した人物で、仙石貢がルムシュッテルを重用した人であるから不思議な因縁というべく、うたた感慨無量である。

東海道新幹線は、十河総裁の信念と国鉄技術陣の叡知と努力とによって生れたものであった。総裁はテープを切ることなく、悲劇の英雄となったが、東京駅新幹線第一九番ホームの南端にレリーフとして残されている。

写真18　東京駅の全貌，東海朝日ビルより望む〔1990（平成２）年〕

横須賀、総武両線の地下乗入れ

横須賀線と総武線の直通化と地下乗入れ――横須賀線は一九三〇（昭和五）年から電車運転となった。当時の編成は五両で列車時隔は二〇分であったのが、終戦時には六両編成で時隔も一二分に短縮されていた。横須賀線の沿線は戦前は別荘地で、東京へ通勤する大衆の住宅地ではなかった。戦後東京で焼け出された人たちが別荘だった家に移り住んだり、また海岸や関連企業の人たちも東京に通勤するようになって通勤圏は拡大の一途をたどった。通勤客の増加に従って車両編成を一三両とし、時隔を七～八分に詰めても乗車効率は三〇〇％近くになった。横須賀線電車は大船以北は東海道本線に乗り入れているので、増発は湘南電車や東海道遠距離列車と競合して、不可能であった。

昭和四〇年代の五方面作戦のひとつとしてとりあげられたのは、大船から新鶴見までの区間に貨物線を新設し、品鶴貨物線を利用して横浜に新しくホームを一本設け、これに横須賀線電車を入れて武蔵野線の建設によって余裕のできた品鶴貨物線を活用して品川から地下に入って東京駅に達する案である。

総武線は背後の房総半島が戦前は漁業と農業が中心であ

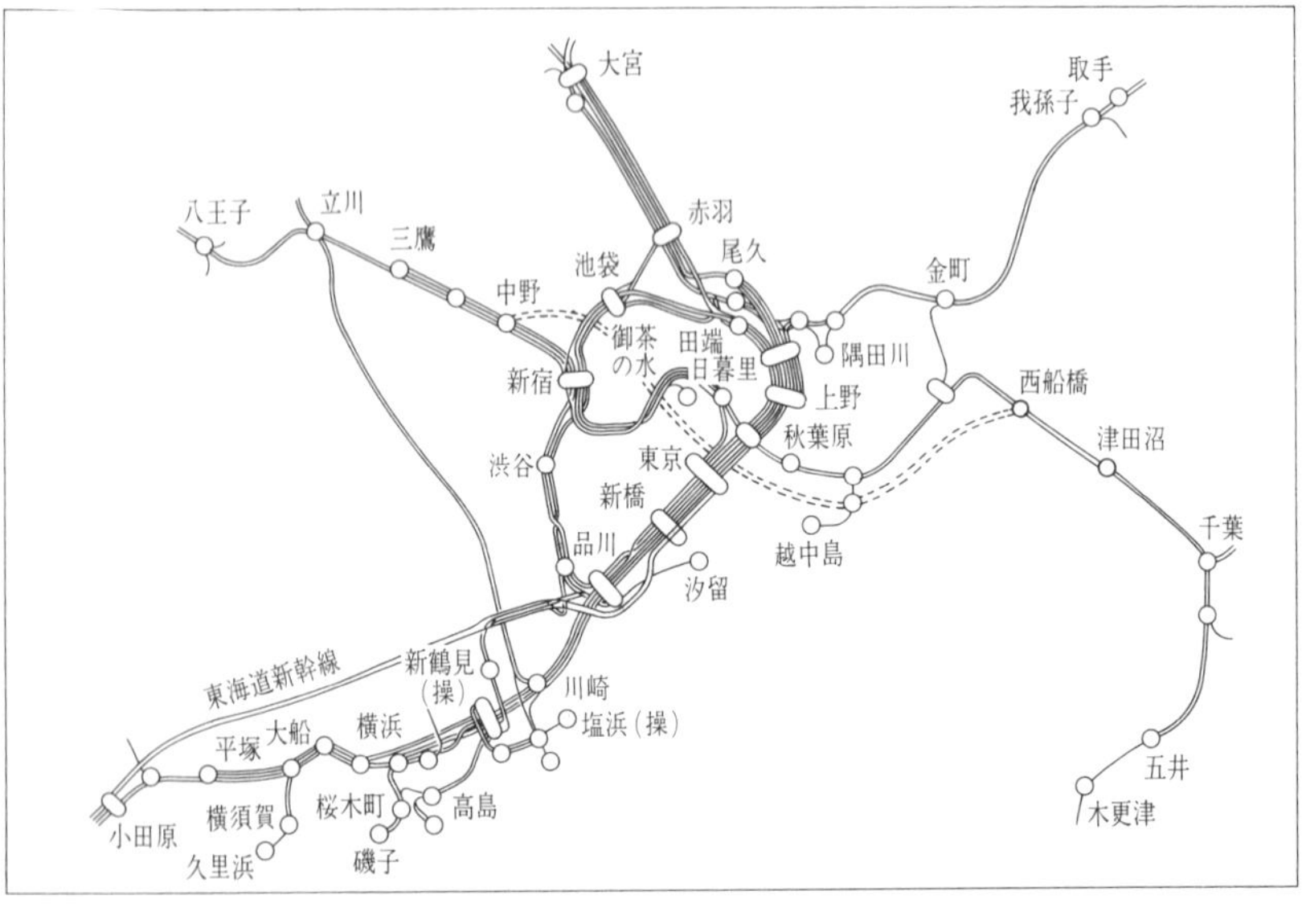

図16　1968（昭和43）年当時の鉄道網

った牧歌的な土地で、東京付近ではもっともたち遅れた線区であった。ところが戦後、東京湾岸がコンビナート化して発展し、また沿線が東京のベッドタウンとなって著しく変貌をとげた。対策としてとられた営団東西線の建設と、総武、中央両線の直通によっていったん緩和されたが、新たな住宅の開発をうみ、房総半島のレジャーと重なって総武線の混雑は激化するにいたった。

昭和四〇年にはいった国鉄の五方面作戦のひとつとして、千葉－錦糸町間にある複線を増設し、快速線として使い、錦糸町から地下で東京駅に入る案が採択されて、房総方面への特急の始発駅が、両国駅から東京の地下駅に移ることになった。車庫は幕張に新設された。

これによって東京駅の地下で横須賀線と総武線とが結ばれ、それぞれ折返しも直通も可能となった。バルツァーの提案の図面にある総武線の東京駅乗入れの案が実現されたのである。

東京駅の横須賀、総武の地下駅は丸の内側の駅前広場の下に営団地下鉄丸の内線東京駅の下をもぐって設けられた。地下二五～二六メートルの深さであるから丸ビルの高さにほぼ匹敵する深さで、地下五階の構造物である。着発線四本、長さ三〇〇メートルのホーム二本を設け、四列のエスカレーターが備えられている。火災に対しては特段の防災設備が設けられている。駅の工事にともない、丸の内側の広場の下に広いコンコースが生れた。

両国から品川の間はトンネルとなるので、国鉄としては初めての地下鉄である。隅田川の川底は築島をしてケーソン工法で施工された。ほかの区間は土被り三〇メートルという深い地底もあり、地下水があるので、圧気式のシールド工法が用いられ、内径七・三メートルの円形の単線シールド併設で施工された。鉄道路線や建物に近接しているのと地盤の悪い地区があったので、細心の注意がはらわれた。

東京駅の地下駅の工事には深さ二六メートルで、土量六五万立方メートルの土量を掘削し、営団地下鉄丸の内線の日常運転に支障なく工事を続けなければならない難工事である。地下駅の施工には逆巻工法とともに連続壁工法が採用された。逆巻工法は八重洲地下街で説明した。

連続壁工法というのは一次掘削したのちその内方一・二メートルの位置に地下床面まで厚さ六〇センチの幅の壁体を連続して鉄筋コンクリートで構築するものである。駅周一五〇〇メートル、深さほぼ二〇メートルの壁をつくり、完全な防水壁と土留壁としたもので、土木工事として破天荒のものであった。

営団地下鉄の駅はコンコースとホームの二階であるが、これを仮受けして地下駅へつつみこんだ。また煉瓦造の駅前本屋の丸の内北口の大部分の下を通るためアンダーピーニング工法によって地下駅が構築され、本屋の原形は保存された。

地下駅工事の施工によって丸の内側に広大な地下広場が誕生した。これによって丸の内北口と南口とが地下で結ばれることになった。

東京地下駅の竣工によって、昭和四七年七月から東京－錦糸町間の地下線が開通して、総武線快速電車の東京駅乗入れが先行した。また横須賀線は昭和五五年一〇月東京－品川間の地下線完成にともない、着発線は高架から地下に移され、ここに総武、横須賀線の直通運転が開始された。横須賀線の遅れたのは、前提工事である東海道貨物別線が騒音を楯にした住民の反対運動にあったためである。東京駅の地下ホーム完成で、東京湾を扼する三浦半島と房総半島が鉄道を通じて結ばれることになった。列車編成は最長一三両で、ラッシュ時は横須賀方が五ないし六分、総武方

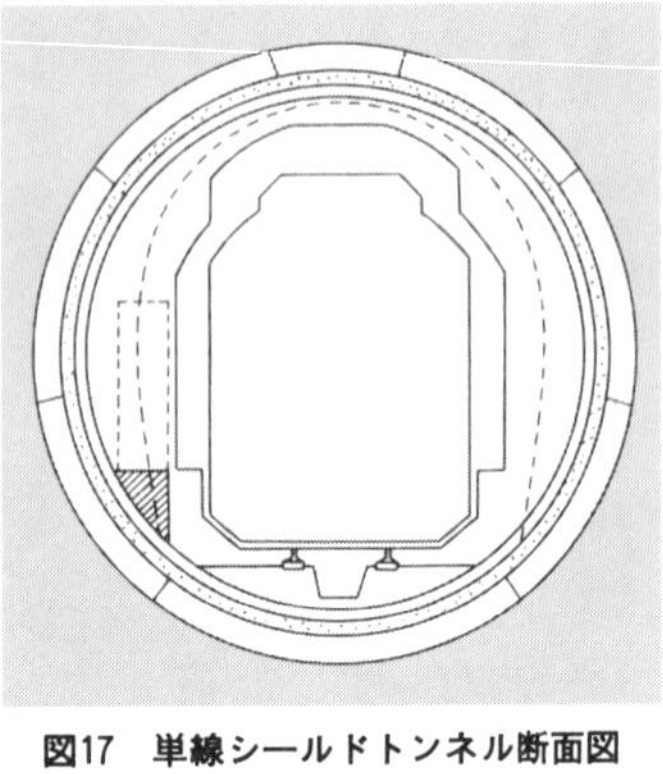

図17　単線シールドトンネル断面図

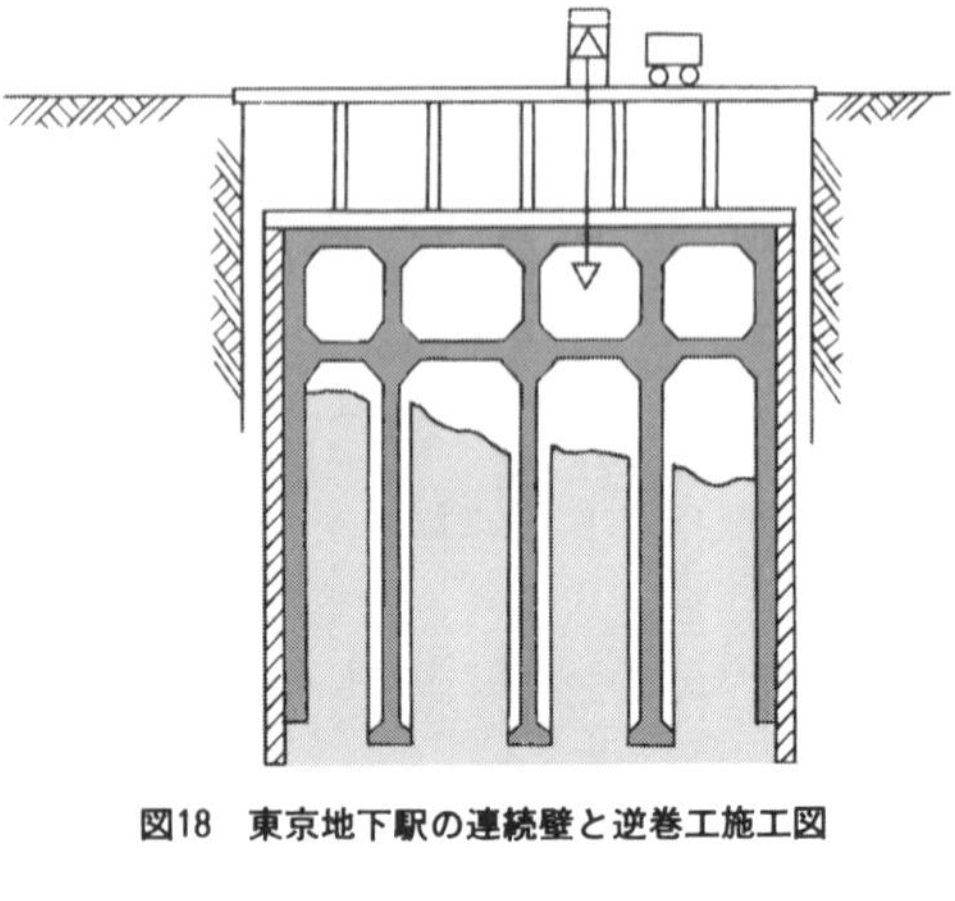

図18　東京地下駅の連続壁と逆巻工施工図

は折返しを含めて四分間隔になった。

なお電車の収容、検修基地として、新設の幕張と、既設の大船の両電車区が専用の基地となって現在にいたっている。

この地下ルートの新設によって、横須賀線は自らの三〇〇%を越していた乗車効率を二五〇%に下げることができたうえに従来の旅客線をあけたことによって、湘南電車の容量増大に大きく寄与したし、総武線にとっては秋葉原乗換えが緩和され、奥地発展にはかりしれない福音をもたらしたというべく、また東京駅にとっては両線の乗入れによって将来の発展に対応できる基礎ができたこと。三方一両損でなく、三方三得の効果をあげたといっても過言ではないように思われる。

東京駅の乗降客は戦前の昭和一一年の八倍の規模に達し、階段と通路の混雑はその限界に達したので、一九七九(昭和五四)年、地下駅開設の機に中央通路が一〇メートルであったものをいっきょに二五メートルの幅員とした。中央に支柱を建て、桁は鋼床鈑桁が採用された。

また東京駅は鍛冶橋通りから呉服橋通りにかけて、八〇〇メートルにわたる広域な区域に高架線で居を占めているので、表と裏との一般公衆の往来を阻害している。その対策として戦後、手荷物扱いを廃止したときにその幅三メートルの通路を利用して、北口の旅客通路の両脇に公衆用の連絡通路を設けていたが、平成元年、同旅客通路の北隣りに幅六メートルの地平の通路を完成し、将来その地下にも横断通路が開設されることになっている。

京葉線の乗入れ

京葉線はもともと、総武線の貨物専用線として計画され、東京湾に面したコンビナートの貨物と千葉から船橋にかけて設けられる工業地帯の貨物輸送を対象とし、内陸部の貨物線、武蔵野線と結ぶ一方、東京湾の海底を横断して川崎の塩浜操車場を結ぶものであった。

ところがいざ工事にかかってみると、社会情勢が一変して沿線の工場敷地として造成された土地に続々と住宅団地が建設されてしまった。そのため京葉線は旅客用として電車運転を余儀なくされて、武蔵野線と直通運転を行い、西船橋で総武線に接続させた。しかしさらに沿線の開発が著しく進むに従って都心への直接乗入れが要望されるにいたった。一方、東北、上越両新幹線と足並みをそろえて計画された成田新幹線は、成田空港内とその近辺は竣工したのであったが、沿線住民の反対運動のため中絶の運命にたちいたった。この成田新幹線の東京起点は鍛冶橋架道橋の下をもぐった都庁前の地下鉄が予定されていた。この二つの問題を解決する手段として、一九八二（昭和五七）年、京葉線が成田新幹線にかわって東京駅に乗り入れることに決定され、一九八八（昭和六三）年に蘇我から新木場まで開業し、平成二年三月全線開業した。プラットホームは一五両対応で、エスカレーターを備え、自動改札設備をつけ、近代的な豪華な装いとなった。

　京葉線は起点蘇我から新木場までは、途中中川、荒川放水路は鉄橋になっているが、それ以外は鉄筋コンクリートのラーメン構造の端部に単桁をかけ径間をそろえた高架橋とし、潮見駅の少し先から東京駅までは全部地下鉄である。新木場から堀田川を渡って八丁堀までは単線型二本のシールドで掘削前面の水圧を泥水で押える泥水式シールド工法によっている。八丁堀から東京駅入口までは単線二本を一本にまとめたマルティフェース型のシールドが初めて採用された。これは覆工厚の縮小、掘削土量の削減、地表への影響を最小限度にとどめることをねらったものである。

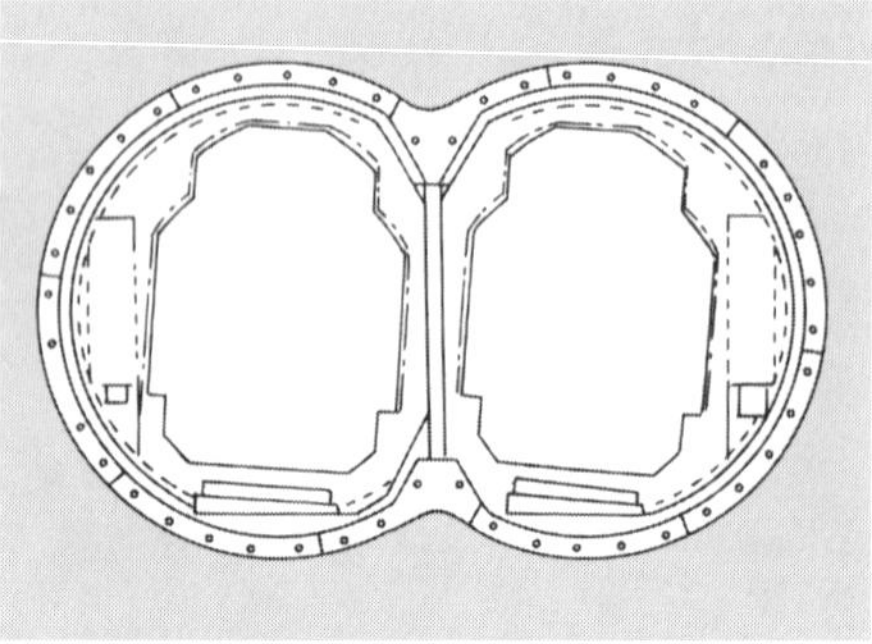

図19　京葉線のマルチフェースシールド

　京葉線の東京駅地下駅は、都庁一号館前の鍛冶橋通りの直下であるが、東京駅南部構内の一部として、八重洲側で、丸の内南口の通路とラッチ内で通路で結ばれ、丸の内側は駅前広場と自由通路で連絡されている。

東北新幹線の東京駅乗入れ計画

　東北新幹線と上越新幹線は成田新幹線とともに列島改造計画の目玉として、一九七一（昭和四六）年閣議決定を経て同年末着工された。新幹線のターミナルを上野駅にするか、東京駅にするかは議論のあるところであったが、政治的な理由で簡単に東京駅に決定された。ただし東京駅への乗入れは、同駅の客扱いに大きな負担が加わり、問題を将来に残すかもしれない。

上野駅を無視して上野公園を地下で貫いて東京駅に入る原案は、台東区の反対で着工のめどがたたなかった。埼玉県、北区、台東区の反対をかわす意味で、通勤線埼京線を並行建設すること、赤羽駅の立体化とあわせて、上野駅に東北新幹線の駅を設けることでやっと話がまとまり、東北新幹線は上越新幹線と同時に、昭和六〇年三月に開業した。上野駅は在来地平駅の直下に地下駅としてプラットホームを二面設けている。当初の計画は東海道新幹線と東京駅の二面のホームで貫通させ、東北新幹線の基地として大井埠頭にある東海道新幹線の基地を設け、東海道新幹線と東北新幹線を直通する考え方で、全国新幹線五〇〇〇キロメートルの指令所を一カ所、東京駅構内に設けることとしてあった。

昭和四九年東海道新幹線に設備の一部老朽化による故障でダイヤの混乱がおきた際、検討してみると、東海道新幹線と東北新幹線の乗入れはホームの停車時分が二分で、通勤電車なみであるため、長距離客の取扱いや、列車ダイヤの乱れたときの旅客の誘導に確信がもてないので、東京直通をあきらめ、東海道新幹線は東京駅始発、大井基地使用、東北は田端基地使用、上野始発とし、将来東京駅へ乗り入れることで結着をつけたのであった。

東海道と東北との貫通運転は、ルムシュッテルの提案に始まったものであったが、在来線で断念され、奇しくも新幹線でもまた断念するという運命を繰り返すことになった。新幹線の東海道と東北を直通することはヘルツの相違もあるが、旅客の扱いを考えると、少なくとも直通できるホーム三面を必要とし、丸の内駅舎を含め、大改良を行わねば、今日の間尺では先ず考えられない。

平成三年上野駅から東京駅への乗入れは、地下障害物を取りこわすため圧気シールド工法を用い地下を進み、秋葉原で高架に上り、外濠から東京寄りは道路の上を鉄桁でまたいで入り、東京駅では余裕の生じた在来線ホームがあてられた。

平成四年山形新幹線が乗入れを行った。

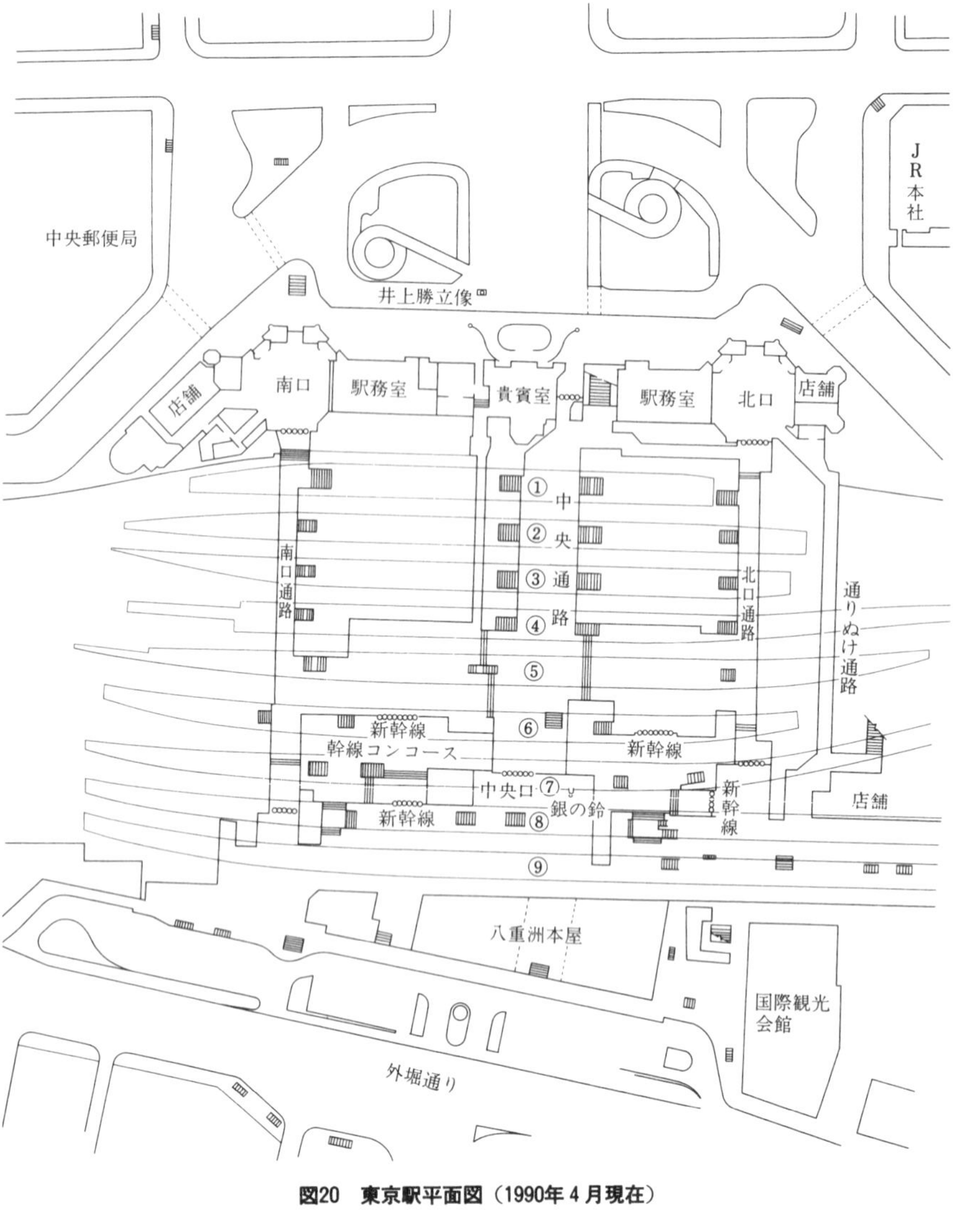

図20　東京駅平面図（1990年4月現在）

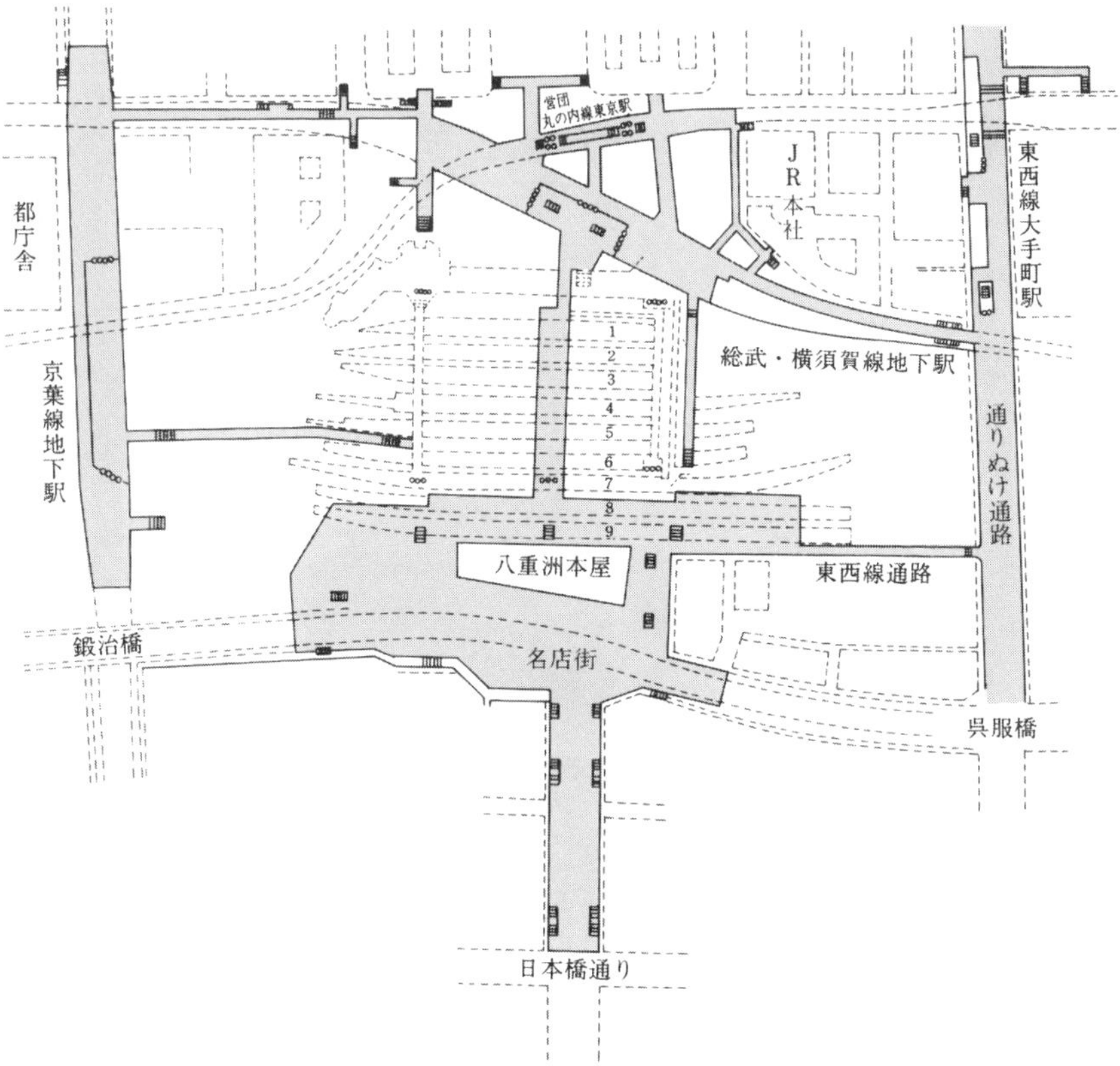

図21　東京駅地下平面図

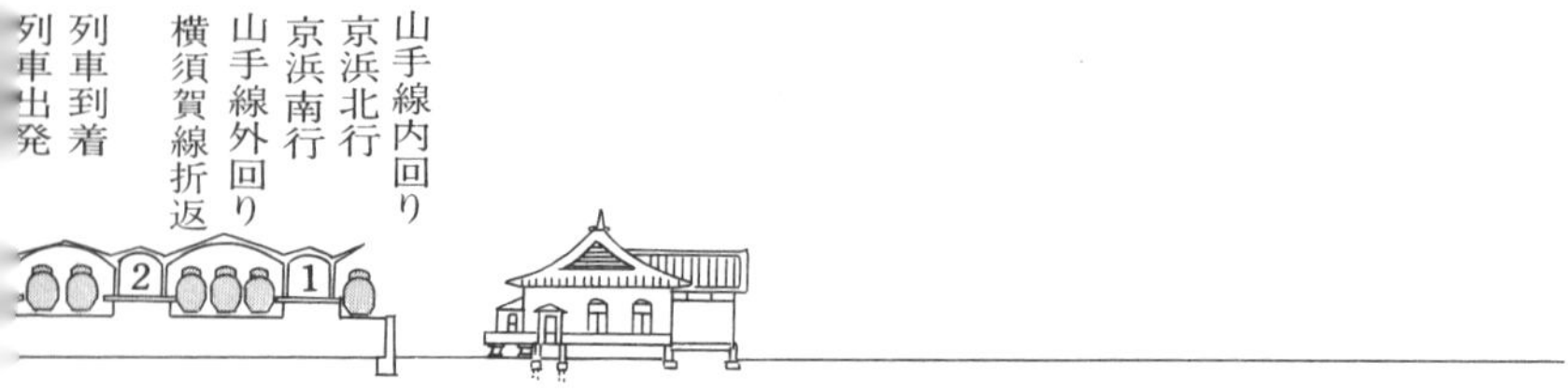

バルツァー提案1903（明治36）年

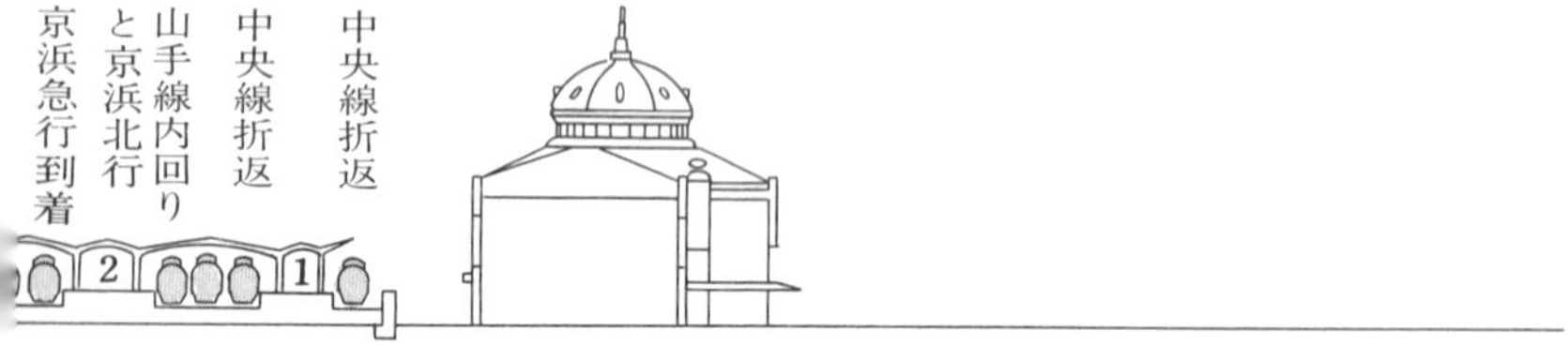

拡張計画時の将来構想図1937（昭和12）年

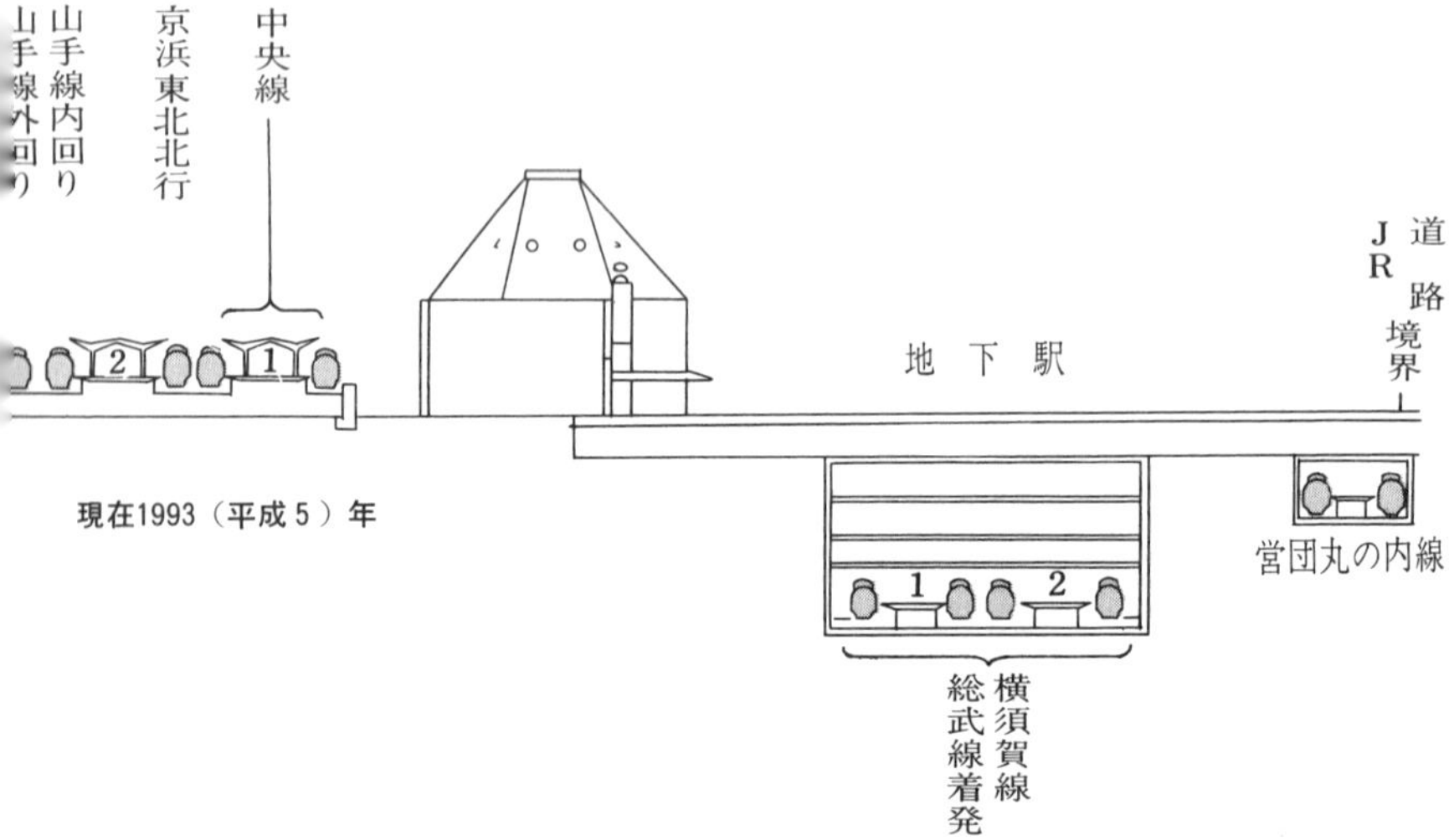

現在1993（平成５）年

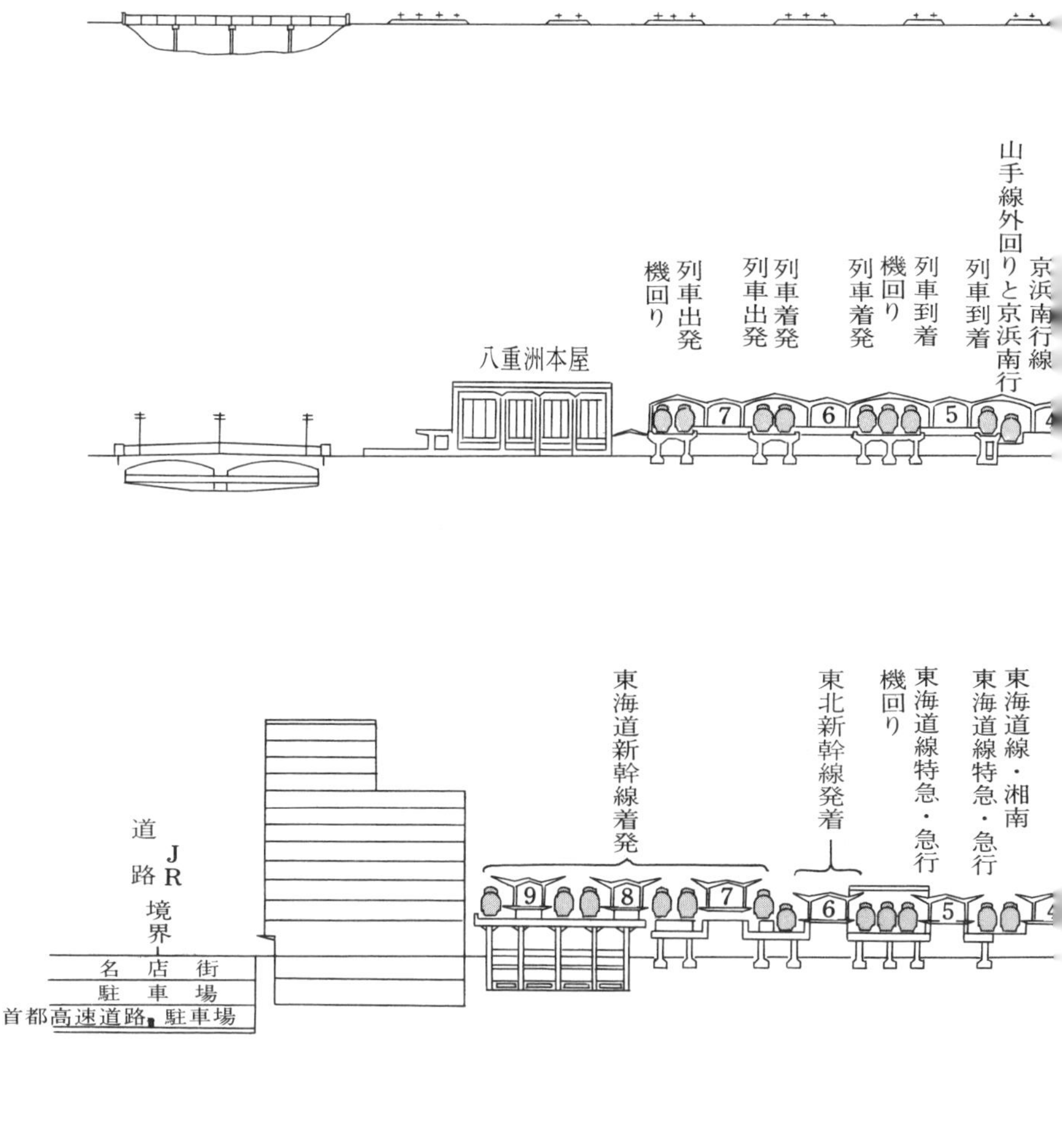

図22　東京駅の変遷（横断面図）

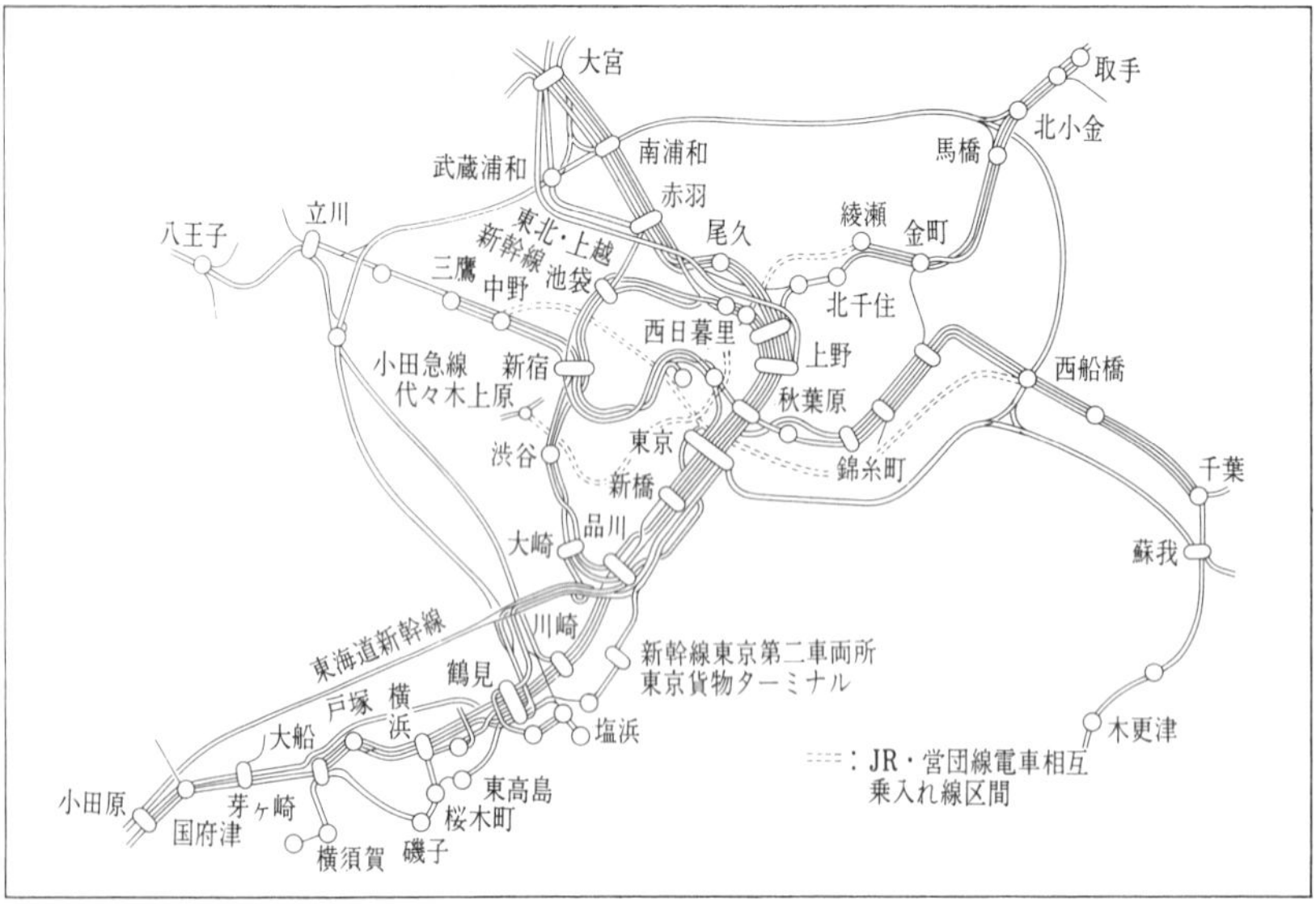

図23　1990（平成2）年現在の鉄道網

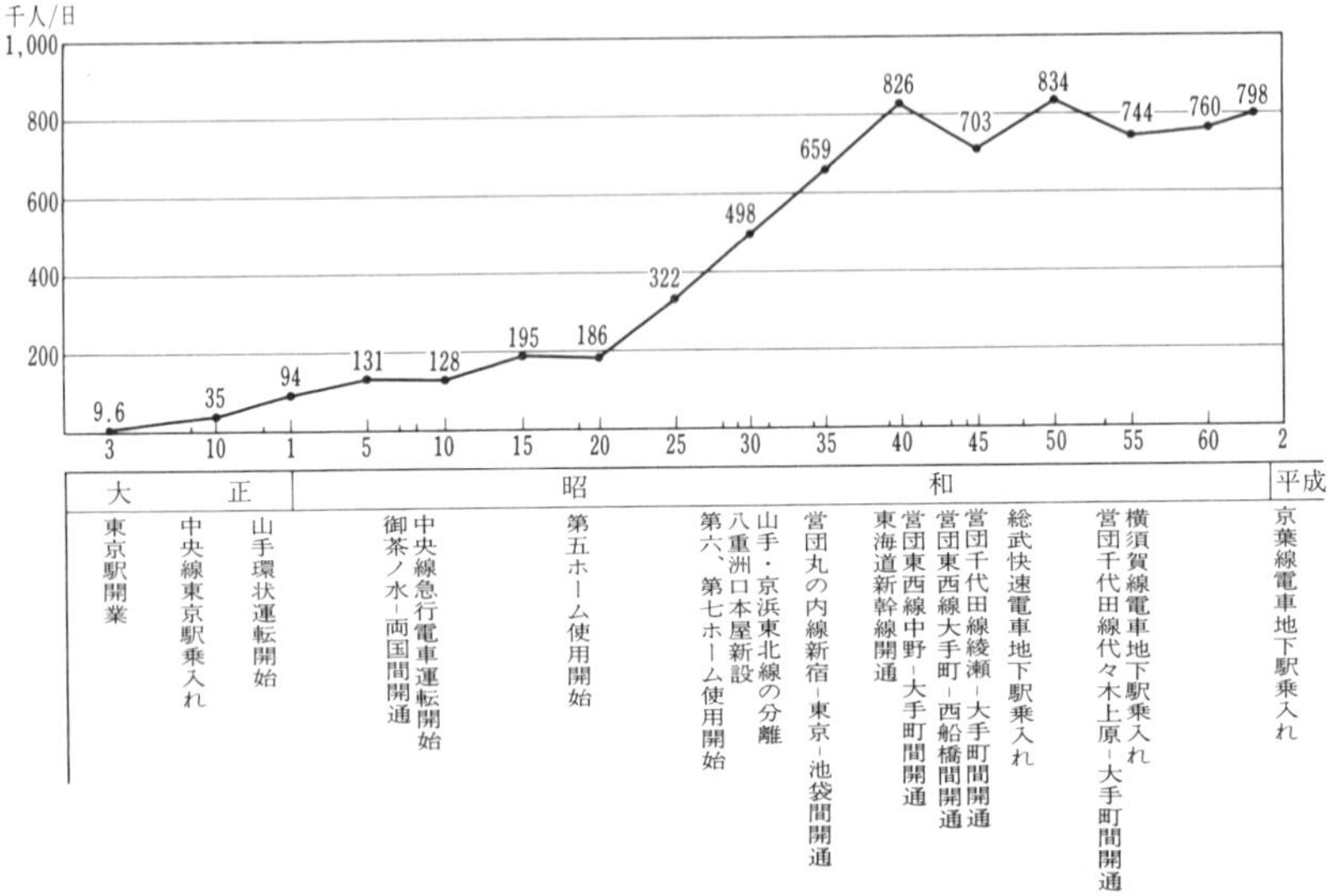

図24　東京駅乗降人員の推移（1日平均）

六　バルツァー提言への総括意見

バルツァー論文を読んで、その内容の卓越していることに驚嘆し、それがわが国の鉄道発達の過程に残した影響が大きかったことを思う次第である。バルツァーに代表されるドイツ人の国民性である合理主義がうかがわれる。

彼の提案が今日の東京の都市の骨格を築いたといっても過言ではない。山手環状線の提案なくして、東京の副都心の新宿、渋谷、池袋などの繁栄はうまれなかったであろう。もし山手環状線がなかったとしたら、おそらく郊外の私鉄が地平のままで都心に乗り込んで、アメリカのシカゴのように、鉄道によって市内が分断された乱雑な都市になってしまったかもしれない。今日過度の東京一点集中の政治、行政姿勢のためと、無策の土地・交通政策のため通勤地獄がいっこうに解決されてはいないで、いつも後追い対策に終始してきたが、それでも郊外と都心が曲りなりにも高架と地下で直通できる鉄道網ができた基本には過去の手本として山手環状線の存在があったればこそである。武蔵野線は貨物線として計画されたものを地元の強い要請で電車運転になったものであるが、計画としては都心から遠すぎて、本来ならばむしろ八号環状道路あたりの位置にもう一本ループ線を建設すべきであったかもしれない。人口一六〇万人程度で、新橋と上野を結んで馬車鉄道が走っていた当時の東京をにらんで論文の第一図のような構想が描かれていたのは今日の日本では考えられない遠大なスケールである。

明治の初期には鉄道行政と都市行政がよく相談して、東京と上野を結ぶ都市縦貫の鉄道を認めたことも将来を見込んだ立派なことであった。京浜、東北線の連絡なくしては赤羽以北の埼玉や常磐線沿線の発展はありえなかったことであろう。同様に甲武鉄道の新宿からの都心乗入れプランをすでに考えたことには敬服するが、さらに中央線を総武線と結んで、東京を東西に縦貫したうえ、中央、総武を東京駅に乗り入れるという構想は、中央線沿線の大きな発達をもたらし、さらに房総地区の発展をうながした原点になっているといえよう。

それにしても関東大震災の復興計画にあたって東京－上野間と、御茶ノ水－両国間の鉄道線路の敷地を区画整理で確保しておいたのは、復興院総裁に後藤新平がいたからであった。明治の先輩のスケールの大きさはバルツァーを取り巻く人たちや、東海道新幹線を生んだ十河信二の存在でもうかがえるところである。

バルツァーの構想の偉大なことはつねに将来の発展を配慮して、現実的な処理をしていることである。東京駅の設計の基本である宮城を正面として、八重洲側にヤードを背にしたことに対して批判する向きもあるが、当時の日本の国情として、宮城に尻を向けることもできなかったであろうし、当時の東京の実情から舟運のある外濠に貨物設備を提案したことも、当時としてはやむをえない選択であっただろう。

このようなレイアウトがあったからこそ、地平のヤードが品川に移った跡地にホームが増設されて今日の八重洲口がうまれることができたのであった。ただ惜しむらくは関東大震災のときと違って、戦災復興にあたって東京では区画整理が十分に行われず、駅前に満足な広場がとれなかったことである。

バルツァーの案は鉄道のルート、高架線の構造、東京駅のレイアウトと本屋建築、構内の配線といった広範囲に及び、しかも内容は詳細をきわめている。ルートについても、経済性を重んじて　しかもできあがった勾配と曲線とは当時の許される限度に守られていた。新橋から東京駅まで盛土としないで高架橋としたことも適切な判断であった。高架橋にしたので周辺の環境がそこなわれずにすみ、市街の発展にも役立った。

当時、海外ではアメリカのニューヨーク、シカゴ、ボストンなどの近郊鉄道は市街地で鉄骨の高架橋にするのを普通としていた。ベルリンにも煉瓦のアーチと鉄骨の高架橋が存在していた。バルツァーが思い切って煉瓦の高架橋を採用したのは、日本の当時の事情から国際貿易の収支を配慮してくれたとはいえ、東京にとっては幸せなことであった。もし鉄骨の高架橋を推奨してこれが採用されていたとしたなら、丸の内はアメリカのシカゴのループと同様に騒音公害に悩まされたであろう。

煉瓦アーチの設計は基礎を深く掘ってコンクリートと鉄材で基礎を固め、アーチを連続して強度を上げ、地盤の良否によって径間を変えるという配慮の仕方になっている。高架下の利用を十分考えて、排水についてもこまかい配慮がされている点はこころ憎いばかりである。

施工にあたっても、バルツァーの指導のもとで日本の技術者が実に丹念な仕事をした結果、関東大震災にもほとんど被害らしい被害をうけないですんだ。内山下町橋付近の第三紀層が深く、基礎杭が沖積層でとまっている軟弱地盤の区間では後日の地盤沈下によって多少の沈下がみられ、アーチの頂点に横方向に亀裂が入り、アーチが完全に切れて、カンチレバー状になっている箇所が数カ所あって、完成以来二〇年以上も列車荷重を支えてきたのを確認したことがあった。煉瓦構造としては理論的に考えられない立派な施工をしてあったのには驚かされたものであった。

架道橋の設計については、当時の市内の道路とその上の交通をよく配慮して、桁下と径間割を決めてある。支柱を含めて橋桁の設計もよく配慮され、強度計算はもちろんであるが、保守の立場を考えて排水を考慮し、いたれりつくせりの設計には、わが国の鉄橋の権威友永和夫博士も感心されるしろものであった。

東京駅の駅舎軀体建築については、後日鉄道当局が辰野金吾博士をわずらわしてヨーロッパ洋式に変えたが、バルツァー自身は日本の古来の建築に魅せられて、伝統を重んずることを主張しているあたり、今日の日本人としていろいろ考えさせられる問題である。一般には東京駅といえば辰野博士の設計と思われているが、こころ憎いばかりの気配りになっている駅の機能としての玄関、通路の配列、旅客設備、手荷物と郵便の設備、基本をなすものはいっさいバルツァーの構想そのままになっている。今日の駅本屋は当時の鉄道の担当者岡田竹五郎所長の意見で、ホテル、局舎を含めてヨーロッパ風に改められたものであった。これもオランダのアムステルダム駅をまねしたと巷間伝えられているが、東京駅は独自の設計である。

構内の配線についてはバルツァーよりも先に日本に来て鉄道を指導したルムシュッテルの基本理念が貫かれている。東京、上野を結んで東海道列車の始発は将来、上野に移すことを配慮し、暫定的な形として東京駅を終端駅としている。列車は入口での交差をさけ、ぜんぶ神田寄りに抜くことにしてある。ホームわきの着発線の外に留置線を設け、将来のホーム（この場合は認可済みの中央線電車ホームが実施できた）の増設余地を残している。

着発線関係で、高架部分は盛土として将来の変更の可能性を残してある。ヤードは地平に設けて工事費の節約をはかったものである。高架線との間は勾配でとりつけてある。将来東海道線の列車が上野始発となったあかつきには、ヤードの敷地にはホームを増設し、八重洲口に裏玄関を設けられることを考え、貨物駅はほかに移転して土地の活用のことまで配慮してあった。ヤード・エンジニアとしてもすぐれた才能の主であったといえる。

せっかくのルムシュッテルの構想とバルツァーの提案である、東海道線と東北・常磐線の相互乗入れによる直通運転が実現できなくなったのは、日本側の対応のくいちがいにあったといえる。

その第一は鉄道幹線の増強のたち遅れである。大正時代日本の鉄道の投資については新線を建設するか、幹線を改良するかが政治の最大の課題（あるいは政党間の争点）であった。農村に基盤をおく政友会は新線建設を、重工業財界をバックとした憲政会は在来線の改良を支持したが、不幸にして政友会の時代が永く続いたため幹線の増強（改良）がいためられ、単線のままでいた主要幹線の複線化が著しくたち遅れた。このため全線複線化を完了した東海道線と、大部分単線の東北、常磐線の相互乗入れが困難となって、中止になったことは前にくわしく述べたところである。バルツァー提案の直通運転の案は正論であったが、日本の政治が地方の選挙区におもねったあまり、ついに実現できなかった。

もうひとつは終戦後の東京の都市計画にビジョンが不足してまったくとり残されてきており、そのうえ交通政策がとぼしく、自動車産業振興にかたよったため鉄道が見放されて、通勤輸送がいまだ解決されないのは残念である。唯一の大きなビジョンは新幹線であったが、東京駅では用地の制約をうけて後方に列車を引き抜けず、頭端式のホームにせざるをえなかったのは、現在このように列車の頻度が増すに及び障害となりつつある。

戦後の国鉄の施策で成功したのは電化の推進に対応し、思い切った電車の近代化に成功したことであった。

島秀雄技師長の提唱で電車列車の技術が進み、湘南電車、小田急電鉄のSE車、特急こだまを経て、ついに東海道新幹線にまで発展して電車の技術が集大成された。電車列車の登場によって駅構内の作業が簡単になり、バルツァーの精神を活かし得ずに頭端となった駅でも列車増発が可能となったことは、せめてもの穴埋めであった。

私鉄やJRの営団地下鉄への乗入れが、ほとんど通過方式の運転を行ってその効果が大きいことを実証している。最後にバルツァー論文の構想となっているルムシュッテルの東京の交通体系は、鉄道が骨格となっていて、その補完として路面の公共交通機関を用いることであった。東京では当時馬車鉄道から近代化して路面電車に転換する時期であって、後になってその他にバスが用いられた。この思想はドイツでは今日マイカーが普及した時代となっても引き継がれている。ほとんどの都市で路面電車を残し、大都市では国鉄がSバーンと称して地下鉄方式で乗り入れ、市営の地下鉄Uバーンと一体となった都市域高速鉄道網を形成している。バスと路面電車で補完しているが、郊外の住宅地からマイカーの乗入れは自粛されている。このように都市計画の中に交通政策が確立されていて、高速鉄道の建設や増強の工事費は、連邦政府と地方自治体が負担している。交通秩序が整然と保たれている。

東京は戦前では、山手の環状線の中は路面電車とバス、郊外は鉄道とバスという分担でいちおうのパターンができていた。ところが戦後は、自動車の時代をむかえたが、もともと街路は昔の歩行者と駕篭の時代のままといってよい。わずかの例外は路面電車を敷設したとき拡げた街路と関東大震災の焼失区域の区画整理が行われた区域だけであるといってよい。自動車をうけいれるに足る都市計画を行わずに、乗用車の利用が拡がったために、市内では路面電車を撤去に追い込み、バスの運行をも阻害するにいたっている。

地下鉄と郊外の鉄道の相互乗入れ運転によって鉄道のネットワークが改善されたが、郊外の道路が昔のままで、路上交通の有機的接続が考えられていないために駅前では混乱がおきている。一方、都内の街路の渋滞は日ましにひどくなっているのに放射状の高速道路を市内にもちこんで、市内の渋滞に拍車をかけている。交通政策にとぼしく、都市計画がたち遅れているのである。こうした戦後の政策の貧困が、交通の秩序を乱し、せっかくのルムシュッテルやバルツァーの提案が今日いかされていない点があることは残念である。

現在の丸の内側の赤煉瓦の駅舎は、バルツァーの基本設計を基に日露戦争の戦捷記念として、世界にも誇るべき建物ではあったが、空襲で破壊され応急復旧の原形と異なった代物である。改築の構想があったが、赤煉瓦に対するノスタルジアと、政治家の無責任な言動にうごかされて、手がつけられない状態である。経済大国の首都の玄関に相応しい駅舎の出現が期待される。今日、バルツァー論文の島家発見というのは、何か意味があるような気がしてならない。

第四部　フランツ・バルツァーとその時代の鉄道人

――吉沢まこと

バルツァーの写真があった

岡田家の古い写真箱

フランツ・バルツァーが逓信省公務局顧問として日本にむかえられたのは、一八九八（明治三一）年、四一歳の働き盛りのときで、いわば人生の華の時代であった。貴重な論文がはじめて世に問われるのである。

「なんとしてもバルツァーの写真がほしい――」と思ったが、もう一〇〇年になろうという昔の話である。ドイツ技術者協会に問い合せても果してあるだろうか、というのが編集打合せの一同の意見であった。

私が写真にこだわるのは、国際的ジャーナリスト故松本重治氏から、「一人の人物を知るのに、その人が背が高かったか、やせていたかというのは意外に大事なんだよ。写真は重要だ」と教えをうけていたからである。

こういうとき、私は古い地図を見るように、青木槐三《かいぞう》著の鉄道史の本を調べることにしている。

――岡田竹五郎は温厚な暖か味の溢れた技師だったが、その半生をこの新橋－東京間の高架線に捧げたのであった。高架の工事に心血を注いだ岡田の名は記憶すべきであり――（『国鉄繁昌記』）

この短い数行にゆきあたり、ハッと思った。新永間建築事務所長、岡田竹五郎氏の孫にあたる、岡田宏氏は、現在日本鉄道建設公団総裁である。早速、お訪ねした。

新永間とは、バルツァーの設計計画した東京高架線の起点新銭座町（現汐留付近）－永楽町（現東京駅付近）間のことであり、中央停車場、すなわち東京駅を建設した事務所であって、現在のJR東日本東京工事事務所の前身なのである。

「私は、今鎌倉の祖父の家に住んでいるんですよ。古い写真の箱が残っていますから見てみましょう」と岡田宏氏は快く応じてくださった。

その三日後、「バルツァーと祖父の並んだ写真がありました――」という岡田氏からの明るい声の電話をいただいたときは、なんとうれしかったことか。

あまりのうれしさに、編集スタッフの瀧山養《まもる》、守田久盛両氏にも連絡し、貴重な写真をお借りするのに立会っていただいた。

写真はかなり大きいもので、当時東京で有名な小川写真館で写している。工務局技師総勢一九名。中央最前列にバルツァー。左隣りに岡田竹五郎所長。

「逓信省高等技術顧問フランツ・バルツァー氏帰国ニ先チ写ス　明治三六年一月六日」（原文）と竹五郎氏の裏書きがあった。

送別会の前に記念撮影をしたのであろう。みんな立派なカイゼル髭をたくわえている。

このときバルツァー四六歳。岡田所長は三六歳のエリート技師であった。バルツァーとゆかりの深い岡田家の人々については後述するとして、青木槐三の鉄道史について少しふれておきたい。

青木槐三の鉄道史

青木槐三は一九一九（大正八）年から一七年間、毎日新聞鉄道担当のエキスパートとして活躍し、毎日のデスクから、ＪＴＢ文化部長、晩年は日本交通協会理事として鉄道界に多くの文化的功績を残したジャーナリストである。

初代東京駅長高橋善一とは毎日顔を合せる仲の良さで、後藤新平、仙石貢、島安次郎、十河《そごう》信二、島秀雄と鉄道の歴史をかたちづくる人々と親しく交り、ペンの正義を発揮した。

青木はつねづね、「イスが仕事をしたか、人が仕事をしたか見きわめる必要がある」と語っていた。

大きな出来事や組織の誕生、構造物の完成も、年表や資料だけにたよると、たまたまめぐりあわせで長のイスに座っていた人が後世の記録として残されていることが多い。

しかし、仕事を準備し、本当に創造的な力をつくした人々、ここに光をあてなければ、潮流をつかんだ真の歴史とはいえない。

青木は、人間が見えない資料の羅列をきらった。必ず関係者にあってじかに取材し、青木でなければ書きえないユニークな情報を積み重ね、鉄道史におけるヒューマンドキュメントの世界を描きだした。

浅草っ子の書きとばしの読物が、いつの間にか比類ない歴史の構成で組み立てられている。これもレールファン青木の鉄道への愛情の現れであったろう。

鉄道八〇年の錆落し、として昭和二五年四月から書きはじめた『鉄路絢爛』『嵐の中の鉄路』『木下淑夫伝』などの著作があるが、『日本国有鉄道百年史』編纂も十河信二、青木槐三をおいては考えられない。

戦前の名特急つばめ号は、運転の鬼才結城弘毅と呉服橋の鉄道省課長室で記者会見をした際、青木のスピードアップの提言がきっかけで、三日後に試運転が企画され、牧野富太郎博士の植物標本を、軍事輸送最優先であったとき四国へ送り、戦火から守ったのも青木であった。

汽笛一声新橋発の最初の機関車は島原鉄道に売られていた。これを探しだし、保存運動にも奔走して、いま、一号機関車は、鉄道記念物として弁慶号とともに交通博物館に展示されている。

その鉄道記念物の指定制度も青木のアイディアで、産業博物学に理解を示した十河信二国鉄総裁によって実現したものである。

私が会ったことのない明治の鉄道人を紹介できるのは、『国鉄を育てた人々』『国鉄繁昌記』『国鉄・弁慶号から夢の超特急まで』『人物国鉄百年』など青木槐三の鉄道史をダイジェストし、新しい資料をくわえて考察することができたからであることを、ここではじめに申し上げておきたい。

フランツ・バルツァー

はじめての市街高架線

「お雇い外国人」という訳語は江戸言葉のにおいのする名訳のひとつではないだろうか。礼を失わず、立場をはっきりさせている。明治政府は外国の先進的な技術の指導を仰ぐとしても、主体は日本人にあるという考え方を貫こうとしていた。

バルツァーが日本に来たのは一八九八（明治三一）年。明治も後期で、お雇い外国人としては最後のグループに属する。

「物はすべて中心欠くべからず。あたかも太陽が中心となって八方に光線を放つがごときものである。鉄道も光線の如く四通発達せざるべからず。」

大隈重信は、一九一四（大正三）年、東京駅の開業式でこう演説している。

太陽にたとえられた中央停車場を三菱ケ原に設ける計画は、すでに一八八九（明治二二）年、東京市区改正調査会できめられていた。

下関から青森までの太平洋側は、肝心な東京で新橋−上野間がとぎれている。これをつないで、真中に駅をつくるという大筋をまとめたのは、東京市の委員をしていた鉄道技監原口要であった。

原口はアメリカに留学し、ペンシルバニア鉄道の技師として、日本人でありながらフィラデルフィアの鉄道を建設した。ドイツにも学んだ鉄道、土木の大家である。

翌一八九〇(明治二三)年、「東京市の中央に一大停車場を設け、工事に着手すべし」と西郷内務大臣から井上勝鉄道庁長官に訓令が出る。

第九回帝国議会の長期継続事業としての予算の議決は一八九六(明治二九)年。

この年の四月、汐留の一隅に新永間建築事務所が開かれ、翌一八九七(明治三〇)年一一月に岡田竹五郎が所長に任命された。

日本の国鉄が一七の私鉄を買収し国有化したのは、一九〇六(明治三九)年である。

高架計画は国有化の前なので、新橋−東京間は官営で、東京−上野間は私鉄日本鉄道が分担することにしていた。

鉄道庁は訓令が出た二三年、技師の仙石貢に調査を命じた。同時に日本鉄道は、当時九州鉄道にいたドイツ人技師ヘルマン・ルムシュッテルに調査を委嘱する。

このとき、二人は一緒に新橋−上野間の測量をやっている。ルムシュッテルはただちに、「汐留から本線に別れ、烏森、内山下町、有楽町、永楽町(中央停車場)、上野のルートで、道路と川や堀に鉄橋をかける以外は、八〜一〇メートルの煉瓦アーチの高架がよい」と提案した。

こうして、仙石とルムシュッテルが意気投合し、若い仙石がルムシュッテルから多くを学ぶ機会をもったということは、人の出会いの不思議であり、歴史を面白くする場面の一コマでもある。

上野、秋葉原あたりの民家の立退き反対運動も激しく、東京市議会も一時は着工に反対していた。

いずれにしても、日本で初めての高架鉄道建設のニュースに、東京の人々は大騒ぎをしていた。

日清戦争も終り、高架建設を国家的プロジェクトとして考えていた政府も、慎重を期し、ドイツから専門技術顧問としてフランツ・バルツァーを招いたのである。国有化八年前のことである。

バルツァーの経歴

バルツァーは一八五七年五月二九日生れ。ギーゼンの有名な数学教授の息子であった。二三歳でプロシア国有鉄道に就職した。ベルリン市街鉄道の建設や、ケルン駅の工事に従事して、シンケル賞金をうけた秀才である。

イギリス、アメリカにも留学した。ドイツ国務省の定員外職員から、一八九八（明治三一）年に来日。一九〇三（明治三六）年まで日本には五年いたが、新橋－東京駅間高架線工事の仕事の功で、勲三等旭日中綬章を授けられた。

帰国後は、シュテッテン鉄道局、ドイツ植民局に勤務。一九一〇年には、ゲハイマーオーベルバウラートという上級技師になり、東アフリカ、カメルーン、トーゴとまわりアフリカ鉄道の設計をてがけた。

第一次世界大戦では、五七歳で陸軍大尉中隊長として参加し、ジクスムデンで負傷、鉄十字章をうけている。

ここで注目すべきは、一九一四（大正三）年、日本はドイツに宣戦を布告、恩人であるバルツァーが戦場でケガをしているとき、東京駅がめでたく竣工するという運命の皮肉である。

一九二二年建築アカデミー会員、鉄道研究会議長もつとめた。この年の退官後も、学会と著述に大きな成果をあげドイツ鉄道五〇年祝典の特製本『ベルリンとその鉄道』の執筆にあたった。一九二七（昭和二）年九月一三日、ウィスバーデンの温泉で七〇歳の生涯を閉じている。同じドイツの技師ルドルフ・ブリスケの指導で地下鉄銀座線が走りだした年である。

バルツァーの任期は五年にすぎなかったが、日本文化をよく学び、寺院建築やお茶室に関する著作も二冊まとめている。

バルツァーは、堂々としたケルン駅の工事もやったが、日本での仕事、つまり東京駅には、日本の伝統的な城や寺院の建築様式をいかしたいと願っていた。

バルツァーの駅の設計図をみていただきたい。

皇室用の正面の出入口と、両サイドの出入口に三分割された駅舎は、日本建築のデザインそのものであり、屋根の形は京都の御所や寺院にそっくりである。バルツァーは宮城との対応を考えていた。

丸の内中央口がどうして勝手口風に小さいのか不思議に思っていたが、これもバルツァーの原案であることがわかった。

お雇い外国人バルツァーが、日本人の美意識を尊重し、民族的な伝統様式をとりいれようとしたのに対し、明治政府が国家の威信をかけて、東京の大玄関、中央ステーションを、駅舎だけ辰野金吾設計による欧米ルネッサンス様式にした、というのも面白い。

駅の設計におけるナショナリズムの原案が、ここまで欧米国際主義に変ったというのも明治の時代の特徴であろう。

論文を読めばわかるように、バルツァーは仕事にベストをつくした。

日本ではなじみのない市街高架鉄道と、その背景となる東京の都市計画を展望し、都市美を考慮して、煉瓦アーチや立体交差する架橋部分の外観デザインも、費用が安くて感じのよいものを、と提案している。

架橋の高さは、天皇の儀装馬車のお伴が捧げる槍の高さを基準とした、というのは、話に聞いてはいたが、バルツァーの論文ではっきりした。

そして、高架線は新橋－上野間を総合着工すべきで、日本鉄道が資金不足や経営方針変更で、計画を中断しているのは残念である。

用地取得コストが安いいまのうちに、政府はなんとかすべきだ、と力説している。

さらに、東京駅周辺の原っぱは、貨物駅としてでも確保すれば、将来、土地は財産となり、鉄道財政を助けると、今日を予言するかのように見とおしていた。

遠い明治の昔から、鉄道が敷かれるというと、九州の果てまで、いまでいう地上屋がとんできて、地価を何倍も高くつりあげてしまったという記録もある。

九〇年前のバルツァーの指摘、長距離発着駅の東京、上野の二極化は、平成の今日まで続いてしまったのである。

沖積地の弱い地盤の基礎に打ち込んだ、あの有名な松丸太の木の利用も、駅の左右入口の吹抜けホールの空間も彼の提案であった。

実に良心的で、精密な仕事ぶりであった。

パンにも困ったお雇い外国人

しかし、日本の生活習慣にはとまどった。

年長者や組織の長は、スタッフをねぎらい、たまには一杯おごり、ご馳走するのがいまでもタテ社会のありようである。

ドイツ的合理主義の紳士だった彼は、レストランでも打合せでお茶を飲んでもドイツ流。いつもワリ勘だったので、「バルツァーはケチなんじゃないか」と風評されたりもした。

なにしろ、お雇い外国人の待遇は日本人よりはるかに高給だった。日本の鉄道を最初に建設したイギリス人の初代建築師長エドモンド・モレルは、一等太政大臣と同等の待遇であった。明治一六年官員録に月給額をあてはめると、太政大臣三条実美は月給八〇〇円。伊藤博文は月給五〇〇円。井上勝は四一〇円。初代東京駅長高橋善一はそのころ一〇年選手の技手で月給二五円、巡査部長一二円の倍である。

これをめやすに考えても、トップレベルのお雇い外国人技師がいかに優遇されていたかがわかる。

日本側も遠来の技術者にたいへん気をつかい、東京駅に銅像のある初代鉄道頭《てつどうのかみ》井上勝などは、お雇い外国人を親切に厚く遇し、ときには手当も増額して、彼らから人間的にも信頼を得ていた。

こんなエピソードがある。

エドモンド・モレルの次の建築師長で、一八七二（明治五）年に来日したイギリス人のリチャード・ビカース・ボイルなどは、功績のあった人だが、中仙道ルート測量には「どうしても大名の駕籠でなければ行かない」とがんばった。

八方手をつくして尾張の殿様のお駕籠をさがしだし、食べ物、寝具も人夫に持たせ、ボーイやコックも付き添って、碓氷の山道を越えたという。

視察や測量のときはボイルは床几に腰をかけ、後ろから長柄の大傘をさしかけさせて測量器をのぞいたそうだ。本物の大名行列のように、日本の技師たちは歩いてのお供であった。

住宅はもとより、パン、ハム、卵、ビールにいたるまで風俗習慣の違いにお雇い外国人は悩むことが多く、日本側も対応には苦慮しなければならなかった。

初代建築師長エドモンド・モレルは、大隈重信の綾子夫人のすすめで、夫人の小間使キノと結婚して、ともに横浜の外人墓地に葬られているし、新橋－横浜間の御召列車機関助手ダンカン・グレイ、機関車製作を指導したリチャードフランシス・トレビシックも日本で結婚した。

上野車坂の日鉄社宅の隣りに住んでいたイギリス人で運

転指導のロバート・ワードには、お菊さんというやさしい恋人がいたし、鉄道版蝶々夫人もかなりいたのである。

社宅の子供たちは、アイスクリームやビスケットの西洋の味を、お菊さんから御馳走してもらうのを楽しみにしていた。

明治一〇年ごろまでは、多いときは年に一〇〇人をこえるお雇い外国人が日本の鉄道で働いていたのである。

ヘルマン・ルムシュッテル

高架線の権威が九州に

イギリス式が主流というなかで、ドイツ式をはっきりとうちだし、日本の鉄道界に大きな影響をあたえた人に、ヘルマン・ルムシュッテルがいる。仙石貢と測量し、最初に高架鉄道のプランをたてた人である。

ルムシュッテルは、バルツァーの一一年前、一八八七（明治二〇）年に私鉄九州鉄道の顧問として招かれた。四三歳のときである。

日本に来たときは、プロシア国鉄機械製作局長兼資材局長、プロシア国鉄機械監督という立場からの赴任であった。

つまりドイツ鉄道のトップレベルの局長クラスという人材をむかえた九鉄には、日本の外交政策という背景もあったが、鉄道建設に対するたいへんな意気ごみがあったわけだ。

当時の九鉄社長は、薩摩のおはら節を日本中に流行らせた高橋新吉。この人は九州の鉄道をどこから先につくるかでもめたとき、おはら節の一席で宴席を円満におさめてきりぬけたといわれている。

和英の辞書をつくるほど英語がうまく、日本では印刷するところがないので上海で印刷したところ、ベストセラーになった。このお金でアメリカに留学、アメリカ領事、農商務省の局長を経て九鉄社長となった。

ユニークな高橋社長は、早くからドイツの鉄道技術に着目していた。優秀な技師を招きたいと政府に熱心に請願し、日本で初めてのドイツ人技師ヘルマン・ルムシュッテルの招聘に成功する。

ルムシュッテルの経歴

ルムシュッテルは、一八四四年トリエル生れ。コブレンツ州立工業学校、ベルリンのプロシア工芸学校に学ぶ。普墺戦争のときは野戦砲兵隊に志願。一年で除隊してベルリン鉄道局、中央技術局を歴任したが、一八七〇年普仏戦争にふたたび出征して鉄十字章を受けた。

除隊後はザール鉄道の建設やザール河架橋、市街架橋の工事を担当する。その後ドイツ鉄道建設会社に入社して、なんと九年にわたりベルリン市街鉄道の建設にあたった。

バルツァーはこのとき、ルムシュッテルのもとで仕事をしていて、指導を受けたと推察できる。

この市街鉄道が、日本のモデルであった。

この間にアメリカを視察し、「アメリカの市街鉄道」「ベルリンの市街鉄道」の研究論文を発表する。

一八八三年、国有鉄道にもどる。

エルフェルト鉄道局機械製作及び資材局長、次いで一八八五年には、プロシア国鉄機械監督となった。その二年後、一八八七（明治二〇）年一一月に日本に来る。明治二三年には九鉄技師長となり、技術経営両面にわたり、幅ひろく仕事をした。

これでわかるように、ルムシュッテルはバルツァーの上役であり、この人こそ市街鉄道の権威であったわけだ。

ルムシュッテルの助言で、九鉄はドルトムンドユニオン社からレールを購入し、機関車はクラウス社、客貨車はファンデルチペン社から買った。

プラットホームもドイツ風の低い方式であった。

五年の任期で九鉄をやめてから、ドイツ公使館技術顧問となり、新橋－上野間の測量以来の日本鉄道顧問も続けている。

帰国は一八九四（明治二七）年、バルツァーの来る四年前で、二人は日本で合流していない。日本にいる間にケーニッヒリッヘルバウラート・王室プロシア建築技師となり、日本からも勲四等瑞宝章がおくられている。

帰国後は前職にカムバック。一八九八年退職したが、日本が注文する機関車や車両の製作監督もつとめ、最後まで良き顧問として第一次世界大戦まで活躍した。晩年は自動車会社副社長、ベルリン名誉市民にえらばれ、一九一八（大正七）年ベルリンで逝去した。七四歳。

一九六〇（昭和三五）年に「九州鉄道建設の恩人」として博多駅に記念碑のレリーフがつくられ、題字を十河信二国鉄総裁が揮毫している。

優れたルムシュッテルの指導力

九州の地に、バルツァーの大先輩ルムシュッテルが来日したということは、その後の日本の鉄道の運命をひらいたといっても過言でない。

ルムシュッテルは学識深く、温厚な親しみやすいドイツ人であった。

鉄道技術の指導力と教育法は素晴らしいもので、彼の指摘と助言は常に有益であった。背はあまり高くないが、たいへんなビール好き。毎日鳥肉でビールをたっぷり飲み、本人も堂々たる太ったビヤ樽タイプ。美しい日本人の奥さんがいてたいそう仲がよかったそうだ。

こういう人柄であったから、彼のまわりには多士済済、優れた若き鉄道人が自然に集まり、親戚のようにドイツの家にも訪ねたり、下宿したりしている。

ルムシュッテルと親しく交際した人をあげてみると、同時期に九鉄創立にあたった笠井愛次郎朝鮮京釜鉄道技師長。二代目九鉄社長で、のちの鉄道大臣仙石貢。

ルムシュッテルの指導で熊本－久留米間を工事したのちの鉄道院副総裁古川阪《さか》次郎。同じく九鉄技師長の野辺地久記。この人は、岩倉鉄道学校の初代校長である。

鳥栖－佐賀間を担当した国沢新兵衛初代日本通運社長、のちに青山学院の理事長もつとめた。

小倉方面を担当した馬場兼。この人はのちの小田原電鉄の技師長。日豊線を手がけた那波光雄鉄道院総裁官房研究所長。

札幌農学校でクラーク博士の教えをうけた第一回生で、九鉄技師長となった小野琢磨。この人は北海道鉄道の功労者である。バルツァーから論文を送られた鉄道院技監で、日本の車両工学の父といわれた島安次郎。島の弟子で同じく車両工学の大家朝倉希一日本ボイラー協会会長。

「ルムシュッテルは毎日ビールを一ダース飲むよ」と青木槐三に語ったのは小野だが、島安次郎、古川阪次郎、朝倉希一は、ドイツでルムシュッテルを訪ねているし、那波光雄もバルツァーを訪ねている。

どれほど日本の鉄道人に慕われ、親切で交り深かったかは、彼の死後一〇年もたって、札幌鉄道局長となった手塚操がベルリンに留学したとき、ルムシュッテルの家に下宿していたのをみてもよくわかる。

一緒にベルリンに留学していた片岡謌郎（日本通運、今のキヨスクの前身鉄道弘済会、運輸調査局の生みの親）は、手塚の下宿にいつも遊びにいった。

ルムシュッテルの姪が、樽詰の素晴らしくおいしいラインワインを、気持よく御馳走してくれたからだ。ハイネの詩を吟じながら飲んだラインワインのおかげで、片岡は後にスケールの大きい仕事ぶりとともに、鉄道界の酒仙といわれるようになる。

ルムシュッテルは、可愛がっていた姪に遺産がわたるよう、夫人として籍を入れていた。「よく気がつくやさしい人なんだよ」と青木にこんなプライベートな話題を知らせたのは、朝倉希一である。

彼から財産を相続した姪は、ルムシュッテルの家を日本の鉄道留学生の憩いの場として、彼の生前どおり温かくもてなしてくれた。文豪夏目漱石が、イギリス留学でカルチャーショックからノイローゼになる時代である。

日本の鉄道人にとって、ドイツにおけるルムシュッテルの存在は大きな支えであり、彼の知識と情報は若い技術者を、さまざまな意味で啓発したにちがいない。

おそらく、バルツァーの日本派遣は、ルムシュッテルが決めたのではあるまいか。

バルツァーは日本に来るにあたって、むろんルムシュッテルの指示をうけたであろう。そのバルツァーの仕事をやりとげた岡田竹五郎新永間建築事務所長。岡田竹五郎の定子夫人の弟で近鉄社長となった種田《おいた》虎雄。後藤新平と仙石貢。その一番弟子で種田の親友十河信二国鉄総裁。十河をたすけ新幹線を実現した技師長、島安次郎二世島秀雄（本書編著者）――。

とながめてくると、このお雇い外国人ヘルマン・ルムシュッテルの人脈のつながりは、鉄道史の中に、大きな一つの輪となってみえてくる。

話をもとにもどそう。

政府は高架鉄道の権威ルムシュッテルに意見を求めた。そして、前述のようにルムシュッテル案が出された。

しかし、後から来日したバルツァーは、若く研究熱心な秀才技師である。赴任した翌年「銀座‐数寄屋橋ルートのほうが曲線がなく工区も短いし、鋼鉄製カンティレバーブリッジ方式のほうが安いかもしれない」という、先輩とはまったく別な比較案をだした。

銀座ルートは地価も高く地盤も悪い。

銀座商店街の移転費や保守費を含め、当時の予算で一六万円ほどの超過が見込まれ、最終的には、東京駅を通過駅とする新橋－上野ルート、それから煉瓦アーチの都市の美観、地震に対する基礎構造、費用など、ルムシュッテル案が大方針として採用された。

図面を引き、設計を具体化し、施工の監督指導にあたったのはバルツァーである。

そして、この工事を一八年かけ、最後まで完成させたのが、岡田竹五郎所長であった。

岡田竹五郎

明治海外出張事情

「明治三九年六月十六日
経理部庶務掛長春日秀朗氏と同行出発。
午前十時新橋駅発。午後三時横濱解纜（注、ともづなを解き出港すること）。
汽船モンゴリヤ号（一万四千噸）
同船　一等船客　一六〇名　内男子八三内日本人八。
藤原銀次郎モ有リ　女子七七」

岡田竹五郎は、サンフランシスコへ向かうモンゴリア号の中で、自分の欧米出張の大きな課題をあらためて考えていたと思う。

盛り沢山の宿題なのである。

明治三九年五月一一日、内閣から、

「御用有之欧米各國へ被差遣」

の辞令を受け、逓信大臣からは、

「今般欧米各國へ派遣セラレタルニ付左記事項ヲ調査スヘシ
一、市街鉄道ノ停車設備ニ関する事項
二、高架鉄道ト地平鉄道ト併用ニ関する事項
三、勾配利用操車場ノ設備
四、海陸連絡ノ設備
特ニ石炭輸送ニ関する設備」

と通達された。

これをみた現代の鉄道マンは、「いやあ、すごいなあ。何もかも一人でやることになっている」と感心していたが、岡田がいちばん期待していたことは、ドイツでバルツァーに再会することだった。

東京駅は、東洋一の大きな規模にする、という方針の変更が決まり、すでに辰野金吾博士に設計が依頼されていた。

岡田は、一年間の長期出張のなかで、お雇い外国人OBがたくさんいたロンドンと、バルツァーに会うベルリンで最も長い日程をとっている。

この記録は、実は私がお願いにうかがってバルツァーの写真を貸していただいた岡田宏氏が、「そういえば、祖父が年誌のようなものを書いた大学ノートがあったはずだ。プライベートなことしか書いてないと思うけれど」と土日の休みを返上して、おじい様の古文書を探しだし、調べてくださったものである。

岡田日誌は、岡田竹五郎という人の技術者としての几帳面で、真面目なゆるぎない性格を偲ばせるメモであり、明治の「出張事情」を知る貴重な歴史文書でもある。

たとえば、明治三九年五月一五日には、海外出張につき『天皇への拝謁、賢所参拝被仰付』と皇居にうかがっている。

これは儀礼形式というより、岡田の場合、テーマが国家的事業であったことは事実であり、東京駅が宮城正面を向いてつくられるということに天皇も関心を寄せておられたことと思われる。

留守中の職務代理者には、ルムシュッテルの九州鉄道の弟子、国沢新兵衛（初代日通社長）が命じられている。

同じ日に『支度金三五〇円』が支給された。本来の出張旅費としては、

「a　前渡金　八一七円五〇銭

内駅は、外国人接待費　一七五円

贈与費　二五〇円

雑費　三九二円五〇銭

b　旅費　五七三五円九〇銭

内訳は、新浜間汽車賃　九〇銭

日当（一日三円五〇銭三〇〇日分）　一〇五〇円

客舎料（一回九円二五〇日分）　二二五〇円

汽船賃一四三七円、汽車賃九九八円」

レートはポンド九円八〇銭、フラン五九銭、ドル二円二銭、マルク四八銭、備考に、横浜桑港間四一九円、紐育倫敦間三八一円、神戸マルセイユ間六三七円と、岡田はきちんとメモ書きしている。

一年間の欧米出張は支度金を入れても七〇〇〇円未満、なにしろ東京駅のお値段が総工費二八七万円。平成二年の物価では普通乗用車のブルーバード一台も買えない金額である。

バルツァーとクリスマス

岡田はニューヨーク、シカゴ、フィラデルフィア、ワシントン、ボストンなどアメリカ七大都市を巡って視察し、同年九月七日イギリスのリバプールに向け出港した。

イギリス国内もロンドンを中心に精力的にみてまわる。ハリッジ港からオランダ経由でドイツに入る。

『十二月十七日、午後六時四〇分伯林着』と時刻がメモしてあるということは、ドイツ鉄道関係者が出迎えてくれたことも十分予想される。

岡田一行はベルリンに年末の一七日から二七日まで、また帰りに正月の三日間と二週間も滞在した。

一二月のドイツのクリスマスのときである。人々の行きかうベルリンの街の賑わい、ショーウィンドウの明かり、クリスマスツリー、教会の鐘と賛美歌の歌声、おそらく最高の旅のハイライトであったろう。

「伯林滞在ニ数回或ハステッチンニ或ハ伯林鉄道局ニ元逓信省技術顧問バルツァー氏を訪フ」

いちばん楽しいときをバルツァーと再会し、岡田は新永間工事のその後の状況や、バルツァーから「西洋まがいはおかしいからやめなさい」といわれていたが、政府の方針でバルツァー案から辰野案に東京駅の建物の構想がかわること、ではどうすればよいか、と、さまざまな問題を話し合ったにちがいない。

シュテッテンとはバルト海に面した水陸連絡の港町、ベルリンに近く、現在はポーランド領内だが、バルツァーはここの鉄道局の参事官、建設監督官であった。

岡田のメモで数回も人に会った記録はバルツァーしかいない。日本とドイツの鉄道技師の深い深い友情である。

ウィーンからベニス、ローマ、ベルン、パリ、ブリュッセル、アントワープ、アムステルダムを経て各地の駅を視察し、ロンドンテムズ河港から因幡丸に乗船、明治四〇年四月一二日、東京に帰ってきた。

日本では岡田の帰りを待ちわびていた。

岡田の帰国後、東京駅のプラットホームなど高架駅本来の基本構想はバルツァーの設計とし、駅本屋部分だけはバルツァーの設計提案を中止して、辰野金吾、葛西万司両博士案とする。この変更にあたって、どのような問題があるか、岡田の報告をもとに再検討が行われた。

計画は手直しされ、一九〇八（明治四一）年、中央停車場、東京駅本屋の工事が始まったのである。

五つの工区着工と大林芳五郎

ここで岡田所長の出張前に話はもどる。

新永間架橋の設計図は、バルツァーの下で働く有能な技師たちによって能率的に仕上げられていった。

任期五年で責任を果さなければならない。バルツァーは時間を大事に考えプログラムをくんだのであろう。

日本に来て二年が過ぎ、工区は全体を五つに分け、早いところは三年目に入った一九〇〇（明治三三）年から、アーチ基礎工事を開始した。

次々に残る四工区も前後して着工し、バルツァーがドイツに帰る一九〇三（明治三六）年までには、五つの工区は全開ですべて動きだした。

バルツァーは、日本人の仕事のレベルが高くたいへん優秀であることに感心していた。これはルムシュッテルも同じであった。バルツァーは岡田所長を信頼して日本を離れたにちがいない。

さて、工事のほうは、いちばん大事な基礎工事はすべて鉄道院直営とされた。そのほかを請け負ったのは鷲尾組、安藤組、杉井組、大倉組、大林組、鹿島組、鉄骨関係は石川島造船所である。

この東洋一の駅本屋の工事を、大林組が落札したというニュースは、業界を驚かせた。

日本鉄道請負業史によれば、大林組は、もともと関西が本拠で、大阪ではともかく、東京では一流工事の指名に入ることもできないで、千住の工場や根津小学校の小工事をほそぼそとやっていた。

大林組が停車場工事入札者に名を連ねたときは、「関西の贅六が――」と笑われていたが、なんとしても中央へ進出したいと願っていた大林芳五郎組主は、「よし、これに賭ける」とはじめから五万円も安値の損を覚悟で応札し、この一念で仕事をものにした。

やる以上は良い建築をつくりたいと、入念なうえにも入念な施工をし、宮内省からの貴賓室の模様替えなどデリケートな注文も快くやりなおした。

鬼の検査官と恐れられていた会計検査官が、「私はいかなる請負工事でも、必ず欠点をみつけたが、本建築はなにも欠点がありません。私の公生活の記録破りです」と感嘆したという。鉄道院からは特別な感謝状がおくられた。

大林芳五郎は、あまり現場に顔をださず、上京したときは部下より質素な身なりをして、ナタ豆キセルをすいながら見回っていた。

ステーションホテルは、ベテラン清水組が施工した。

これも明治の人の心意気であろう。

辰野金吾と名監督今村信夫

一万四〇〇〇本の松丸太杭

温厚な岡田の下には、しっかりした番頭がいた。岡田とともに、初めから終りまで工事を補佐し、岡田の右腕となって働いた技手今村信男（秋田保線事務所長）である。

震災前は都庁の前に警視庁があって、今村はその屋根の上にのぼって測量の見通しをつけた。

いまでも日比谷公園あたりは地盤沈下で騒がれているが、そのころも内幸町の角から帝国ホテルのあたりは、まことに地盤がひどいものであった。この区間に松丸太が数千本打ち込んであることなど、電車に乗っている人々には想像もできないと思う。

この杭は、はじめ千葉産の松を使ったが、曲りが多く根本が太くて打ち込みにくい。今村は岩手や山形へわざわざ自分でさがしに行って、杉丸太のような立派な松材を揃えて取り寄せた。

千葉の業者は困って政界工作をして売込みをはかったが、今村はキッパリことわった。

九間半（約一七メートル）の松材は、「よいとまけ」で一日一本、よくて二本打ち込むのが精一杯だった。九間半だからなかなか打てない。あと一尺五寸（約四五センチ）くらいという残りの杭の頭を打つのが容易でなかった。

「帝国ホテルの外人客が、一日でたった一本か、と笑うのがくやしくて二本打った。震災のとき秋田にいて心配したが、一つも基礎が狂わなかったのでホッとした。あのころは、ビルも家もなく烏森の料理屋だけが繁盛していたよ」

と今村は青木槐三に述懐している。

東京駅の基礎にも一万一五〇本の松が打ち込まれている。こちらは帝国ホテル付近より地盤が少しは良かったので、長さは大体四間（七・二メートル）もので、今村が監督し、鳶出身の杉井組に下請させた。

一万本というのはたいへんな数で、一度に二〇カ所に櫓を組み、よいとまけの工事でやりとげた。「おっ母ちゃんのたァめなァら、エーンヤコォラー」という、重しの綱ひきの歌が、土ほこりの中に響きわたっていたことだろう。

杉井組はそのころ、あまり資金繰りにゆとりがないので、よく「出来高払い」を願い出た。今村は「出来高が一万円になるまで検査はしないでおこう。がんばれ」と励まし、一万円になったときは、今村が書類をもちまわって大急ぎでハンコを取り、翌日はちゃんとお金を支払った。

鳶職やレンガ工、石工など作業員の中には、そのころはまだ喧嘩早いものや気の荒いものも多く、東京駅の大工事の監督は人情も知り、度胸がすわっていなければ太刀打ちできる現場ではなかった。

今村の担当する工事は不思議に早く完了する。今村は担当外でも五つの工区をみんな走りまわる忙しさだったが、「仕事をさせるという頭ではどうもうまくいかぬ。仕事をしてもらうという頭でなければならぬ。監督と請負業者の意気がしっくり合えば仕事は早くできるものだ」という名言を残している。

苦心の辰野設計

途中、日露戦争で工事は中断もしたが、一九一四（大正三年）一二月一八日、東京駅は竣工した。

中央停車場の駅名は、局長会議でもめていたが、中川正佐（鉄道次官）が断固として「東京駅」がよいと強硬に主張して、これに決まった。中川は鉄道の事務を確立した人である。

そのころの地方局長は、戦国時代の武将のように群雄割拠、みんな一国一城の主という意気込みで、局長会議は予算の議論など、立ち上がってつかみ合いとなることもしばしばであったという。

開業をひかえて、丸の内永楽町の新しい駅名決定もひとさわぎであったが、これもまとめ役、中川の苦心の功績である。

ちなみに、町中に鉄道は通さない、と反対があり、淋しい曾根崎村梅田墓地につくられた俗称梅田ステンショは「大阪駅」に、都大路七条のステンショは「京都駅」となったのである。

東京駅の堂々たる威容は、三菱ケ原に山脈がそびえたように人々の目にうつった。
やりにくい仕事を天与の才でカバーし、辰野はドイツ式高架鉄道に、明治を象徴する見事なルネッサンス様式駅をくわえた。代表作として、今日も保存されている日本銀行本店に次いで、東京駅が完成したのである。

辰野の存在は、明治大正建築史のなかで名実ともに華やかなものとなった。人々の印象はここに集中していた。

しかし、今日、バルツァーの論文が発見されてみると、この工事を一八年間支えぬいた岡田竹五郎の静かでひかえめな人柄に、あらためて胸の熱くなる思いがする。

一八年も同じポストをつとめることはエリート官僚としては異例なことで、この人こそ東京駅の大黒柱であり、新橋、有楽町、東京とひとはしりの高架にこめられた明治の先人の情熱は、まことに尊い。

辰野はバルツァーの基本設計を、実は少しも変えてはいなかった。そのためバルツァーの考えた左右二つの出入口は、駅内部で連絡できないで不便なままとなってしまった。京橋、日本橋の商業地に背を向けて、長い間八重洲口はほうりっぱなしであった。

「僕の道楽と思ってやらせてくれ」と江木翼鉄道大臣が古材木で蛇のように長い八重洲口跨線橋をつくったのが、一九二九（昭和四）年になってからのことである、と青木は記録している。

岡田家と高架線はたいへんゆかり深く、竹五郎次男岡田信次（参議院議員）は、戦後国鉄施設局長として空襲で焼け落ちた東京駅を現在の姿に復旧させた。三代目の孫の岡田宏氏は、国鉄に入社してまもなく、赤い地下鉄丸の内線が高架の下を都庁の側から銀座に斜めに抜けるため、煉瓦アーチのスパン三つをとりこわす工事に従事した。

幼いころ、おいしい西洋料理を食べにつれていってくれた祖父をなつかしみ、煉瓦を洗って家に持ち帰った。いまでもしまってあるという。

後藤新平と仙石貢

パワフルな仙石旦那

鉄道史のなかには後藤新平のように、大風呂敷といわれるほどスケールの大きい政治家もいたが、仙石貢ほどパワフルに働き、ひたむき、がむしゃらな性格で痛快な話題を提供した人はほかにいない。

後藤も仙石も一八五七（安政四）年生れ。後藤は医者であり、政治家としても多彩な経歴の持ち主であった。

一方、仙石は、東京帝大工学部を卒業してから鉄道一筋で生きぬいた人である。両者は異質のキャラクターであったと思う。

ところが、この二人は織りなす二色の組紐のように交互に鉄道の主役として登場する。
○ 東京駅が起工した一九〇八（明治四一）年一二月、後藤は逓信大臣兼鉄道院初代総裁となる。原敬総裁の一代をおいて、
○ 一九一二（大正元）年、ふたたび逓信大臣兼鉄道院総裁。一代おいて、
○ 一九一四（大正三）年、東京駅が落成したときは仙石が鉄道院総裁となった。一代おいて、
○ 一九一六（大正五）年、後藤は内務大臣兼鉄道院総裁。六代おいて、
○ 一九二四（大正一三）年仙石は鉄道大臣。
そして両者とも満鉄総裁になっている。

ルムシュッテルと東京高架の測量を一緒にした仙石は、すでに二八歳の若さで工部省御用掛として日本鉄道の白河－福島間の測量をてがけていた。

このときの仕事ぶりは語り草として伝えられている。弁慶なみの大音声で、朝早くから先頭に立ちバリバリ仕事をした。スピーカーもないころだから、現場の指揮者は大声も力量のうちだった。

仙石は、雷と呼ばれる鉄道人第一号である。その一番弟子十河信二は、この伝統をうけつぎ、丸の内の総裁室のオフィスで雷をとどろかせ、自ら、春雷子、と俳号を名のっていた。

仙石は休みの夜は工夫たちと車座になって語り合い、酒をふるまう。宿に帰るとダーウィンの『進化論』やミルの『経済原論』を原書で読んでいた。

仙石旦那の現場での人気は高く、測量は一気に進んだ。中野－立川を直線で結び、新宿－八王子の中央線の測量と工事を進め、信越線碓氷峠のあのなつかしいアプト式もドイツのハルツ山のアプト式を視察してきた仙石が進言した。

一八九六（明治二九）年、おはら節の高橋社長が勧銀総裁となったあとをうけて、ルムシュッテルの築いた九鉄の

社長となる。

このときは株主たちと大喧嘩をした。

社長になると、そくざに線路の改良、若松の水陸設備、駅の改良におしげもなく金を投資し、アメリカのプルマン社に豪華客車を注文して、車両も立派にした。

これでは経費があがって配当が少なくなる、と株主たちはついに仙石追放にのりだした。

反対派の中には、根津嘉一郎(東武鉄道社長)も株主として名を連ねていた。この騒ぎは九州から中央もまきこむ対立となったが、仙石に軍配があがった。

仙石の経営哲学は、一、輸送の確保、二、運賃は値下げしても値上げはしない、三、職員の給料をよくする、というものであった。

仙石は、立派な線路、良い車両、安全な信号で輸送力を確保するのになにが悪い、と開きなおったわけだ。仙石は鉄道の国有化にも強く反対した一人である。

このきかん気の仙石が、ルムシュッテルが帰国した翌年の一八九五(明治二八)年ごろ、新聞紙上に堂々と広軌論を発表した。翌年には「広軌鉄道に関する意見」を逓信省に提出している。

鉄道を良くする、という固い信念の持主仙石がなげかけた波紋は、株主との配当争いどころではない、広軌にするか、狭軌のままで良いかというテーマで、明治、大正、昭和と七〇年余にわたる鉄道界の実に長く激烈な大争点となってしまったのである。

安田善次郎の私鉄新幹線案

広軌というのは新幹線のことである。

「なァんだ。そんなことで七〇年も対立していたのか」といまの若者たちは思うかもしれない。生れたときからひかり号があって、「ビュワーン、ビュワーン。走る」と歌って大きくなったであろうから。

しかし、ご承知のように、昭和三九年一〇月一日、東海道新幹線が開業するまで、日本の国鉄はすべて狭軌だったのだ。

イギリス人のホレイショ・ネイルソン・レー、プレストン・ホワイト、エドモンド・モレルなどの意見で、日本は山が多い島国だからといって、明治の初めに安直に決まってしまったようだ。

同じ大きさの箱を通すなら、山国はむしろ広軌のほうが安全なのに、日本鉄道史によれば、「軌間ノコトニ就イテハ何等一言モ之ニ及びタルモノ無ク」ということで、日本の人はレールの幅のことなどわからなかったのであろう。

仙石の論文以前にも、軍が一時広軌にしたいと熱望したが、いや国中から兵を集められる狭軌でいい、と広軌案を引っ込めてしまっていた。

仙石論文は広軌への新しい気運をつくりだした。たとえば、財界人で東大に安田講堂を寄付した安田善次郎。この人がルムシュッテルと九鉄をつくりあげた笠井愛次郎らと、東京‐大阪間に広軌で電車を六時間で走らせる新会社をつくる、という案を発表した。一九〇七（明治四〇）年のことである。青木槐三は『国鉄』（新潮社刊）に安田の優れた着眼と笠井の電化計画を詳述している。

「安田は帝国ホテルに政財界二百人を招いてこう演説した。

『前から洋行した人の話の中で、ドイツの電気鉄道のことを聞いて、高速度の電車が生れる筈と考えた。笠井愛次郎君らが電気鉄道の話をしてくれたので、五ケ年で完成し、明治四五年には成功させたい。』

銀行家の私鉄新幹線計画は、当時一億円の資金を要し、ついに実現することがなかった。

十数回に及ぶ安田の申請は無造作に却下された。政府が安田の大私鉄を育成していたら、日本の交通経済の発展はずっと違ったものになっていたろう——。」

と青木は断言している。

後藤新平をたすけた古川カルテ

ここで登場するのが、医師で初代鉄道院総裁後藤新平である。

後藤が逓信省から鉄道を独立させ、鉄道院を創設した重要な目的は、鉄道を政争の外におくことにあった。

実は後藤は就任前、もっとも信頼にたる人物、古川阪次郎から国鉄経営についていろいろ進言をうけ、鉄道カルテをつくりあげていた。

後藤に助言をした古川阪次郎は、ルムシュッテルの教えをうけ、九州で熊本‐久留米間の測量工事を担当した人であり、仙石貢とは若いころからお互いの給料袋をのぞきあう仲の良さであった。

古川も仙石もルムシュッテルと深いかかわりがあり、鉄道技術だけでなく人間的にも影響をうけていた。

後藤は古川とのカルテをもとに、矢つぎばやに大胆な政策をうちだし、実行した。

一七私鉄を合併したばかりの国鉄は、車両も施設も職員の待遇もバラバラでギクシャクしていた。

医師である後藤は、まず、人に着目した。企業は人なり、である。法学士を大量に採用した。

後藤が採用した法学士の中には、五島慶太（運輸大臣、東急の創始者）、種田虎雄《おいた》（近鉄社長）、十河信二《そごう》（国鉄総裁）、鶴見祐輔（後藤の女婿、厚生大臣）、岩永祐吉（共同通信社長）、田島道治（宮内庁長官、ソニー会長）とドクター後藤の診断ぶりを示すごとく個性的な逸材がそろっている。

幹部ばかりではない。

ワードとお菊さんのいた上野の西洋館は、その後職員教育の小さな寺子屋になっていた。五人の生徒はやがて三二人に増え、場所を移して運輸従業員教習所と看板を出した。後藤はこれを参考にした。

職員教育の制度をつくり、現場青年の集りに出席して、親愛と鉄道家族主義をといた。

人材を育て、職員の気持をひとつに大きくまとめたのである。精神主義でなく、制服を定め、職員の休息所も自分で衛生状態をみてまわった。駅の視察で突然後藤総裁がガラッと戸を開けて風呂場をみまわりにくる。現場ではびっくりしてしまった。碓氷峠のトンネルの中の詰所や踏切詰所まで出かけた総裁は後藤しかいない。

鉄道病院も医師後藤がつくった。共済組合制度にはとりわけ情熱をそそいだ。

青木槐三の『国鉄繁昌記』に次のくだりがある。後藤の次の総裁原敬の一九一一（明治四四）年九月一日の日記と青木の感想である。

「――引継は奇怪のものにて、一つの論文あり。内容は労働者を救済するドイツにて実行して居るもの故につき鉄道院にて救済組合及び常盤病院（新宿の鉄道病院）を設立せり。

これ、鉄道事功をあぐるに於て与って力あるに付、閣下の留意を煩わしたし、と云う。

国鉄事業成績と題する一冊の報告書を添えたり。これを事務引継とは奇なり――。

政治家の観るところ焦点がずれているのがよくわかる」

つまり後藤新平は社会保障制度を展望し、原敬は共済組合など重大視して、あとは一片の報告書。こんな引継は、奇怪なり、と思ったのである。

後藤の広軌電化計画

東京駅の建設が後藤新平のようなスケールの大きい政治家の時代に始まったことは幸せであった。

辰野金吾への設計依頼は後藤総裁の前であったとしても、その過程で駅の構想は後藤の雄大な思想を反映し、辰野も岡田竹五郎もおもいきって自由な仕事ができたのではあるまいか。

一八九四（明治二七）年、丸の内の三菱地所には、コンドルの設計による三菱一号館からはじまって七号館までの赤煉瓦オフィス街、一丁ロンドン、ができあがりつつあった。

十河信二たちが採用された一九〇九（明治四二）年には、赤坂離宮がきらめくばかりの姿で完成している。旧帝劇は一九一一（明治四四）年、駅前の工業倶楽部は一九二〇（大正九）年、丸ビルや国会議事堂の着工も同年である。

ドイツ式高架煉瓦アーチと東京駅。そして一丁ロンドンの赤煉瓦は対をなす風景であったろう。

後藤は丹那トンネル、関門トンネルと大工事をてがけたが、古川と相談したカルテの中の最重要課題、広軌実現、に着手した。

後藤がいちばんやりたかった仕事である。

ふたたび国会で広軌問題がとりあげられた。

後藤の計画は、東京－下関の東海道や山陽線などを一二年間で広軌にあらため、近代化するという構想である。

『後藤新平』の伝記によれば、後藤は一九一〇（明治四三）年の時点で、東海道線を広軌にし、そのうえ全線を電化しようという大計画をたてていた。

というのは、狭軌論者たちは電化すれば線路は狭くて十分。わざわざ広軌はいらないと力説していたからである。

島　安次郎

日本の車両工学の父

後藤新平、仙石貢がもっとも尊敬し、頼りにしていた技術者は島安次郎である。

そして、後藤に採用され、仙石に育てられた若い十河信二たちは、島によって鉄道技術とはなんであるか、輸送とはなんであるかを教わる。

戦後の国鉄、今日の鉄道を発展させた十河らを開眼させたのが、後藤であり、ルムシュッテル、バルツァーと親しかった仙石、島であったことを、ここでよく記憶しておいてもらいたい。

バルツァーの論文を贈られた島安次郎は、おだやかな学者タイプ、しかしその底に秘められた信念の強さは、明治の気概そのものであった。

東京帝大から関西鉄道に入る。このころの関鉄は、国鉄と競争し二カ月も無料でお客を乗せ、手拭いまでくばるという大胆なサービスを展開していた、面白い活気のある私鉄だった。

島は関西鉄道時代、機関車一台をバラバラにして、各部分を研究、改良してみた。

この話にすっかり感心して、特急つばめを運転した結城弘毅（国鉄運転課長、大阪電気鉄道取締役）など青年技師たちは島のまわりに集まっていた。

島安次郎は、日本より国外で名声の高かった鉄道人である。島の独創的な工学理論は、これを正しく評価しえた国際的な学会がいちはやく認め、島を東洋のランキンとよんだ。

ウィリアム・J・M・ランキンは蒸気機関に関する熱力学を確立したイギリスのグラスゴー大学の工学教授である。

メートル法を最初に鉄道界にもちこんだのは、青木槐三の調べでは九州鉄道にきたルムシュッテルのようである（『鉄道黎明の人々』）。

ルムシュッテルと仲のよい島は、車両製作にいちはやくメートル法を採用している。

島は二〇代の若さで機関車の動輪の最大直径をどんどん大きくした。国鉄になって一九〇九（明治四二）年には、六七〇〇型を一六〇〇ミリ、鉄道を去る一九一九（大正八）年には一八九〇〇型のちのC51を一七五〇ミリにした。

これは外国の機関車と比べても画期的なものであった。狭軌でありながら日本の車両がこれだけ発達したのは、先駆者島安次郎の基礎研究のたまものである。

明治から大正にかけての機関車は小さくて、イギリスのネイルソン社製六二〇〇型が特急でもたった四両の客車で新橋－大阪間を走っていた。とにかくよく故障した。原因はボイラーが小さいので蒸気が不昇騰なのである。

ところが、島が機関車を大型化し、客車も貨車も基本設計を決めてから、途中でふうふうと息切れするこんな牧歌的な事故はピタリとやんだ。

電車のモーターを国産化し、アプト式機関車も国内でつくった。

親方のおかみさんが内弟子に弁当を届けにくるような徒弟制度であった鉄道工場を、能率分担制度にし近代化した。なにしろ、皇室用御料車をつくる漆塗りの職人など名人肌の人々が多い時代であった。

自動連結機への全国いっせい取替えのニュースは、国際的にとりあげられた。一九二五（大正一四）年、島の英断であった。

車両の連結を人がいちいちやっていたときは、危険な作業でたくさんの鉄道マンが命を落としていた。エアーブレーキをとりいれたのも島の功績である。

一九〇八（明治四一）年には東大教授も兼務し熱力学と車両工学の講義をした。実は、島は車両に長軸を採用し、いつでも広軌に使える特殊設計も完成させていたのである。

ルムシュッテルに会う

ところで、話は少しもどるが、島は国有化前の一九〇三（明治三六）年五月、古川阪次郎と二人で欧米へ留学、ベルリンのルムシュッテルを訪ねている。

バルツァーはこの年の二月、日本での五年の任期を終り、ドイツに帰ったばかりであった。

そして一二月には本書の東京市街高架鉄道の報告論文を、ドイツ技術者協会誌に発表している
島安次郎は日本ドイツ協会のメンバーで、ドイツ語はたいへん上手であり、ルムシュッテル、バルツァーと日本に彼らがいたときから自由に語りあえる仲であった。

ルムシュッテルがお見合写真のようなポートレートを、特別に島に贈っているのをみても親しさの度合がよくわかる。博多駅のルムシュッテル・レリーフの原版になった写真である。記念碑の題字を書いた十河は、島からドイツお雇い外国人の功績をよく聞いていたにちがいない。

島も古川もドイツで彼らとの再会は楽しいものであったろう。バルツァーが論文をまとめていることも当然話題にのぼったと思う。

そして、翌年一九〇四年三月、島はバルツァーの論文を

贈られている。

これが八六年ぶりの今日、こうして紹介できることになった、島家保存の論文である。

フランス外債で広軌電化を

さて、後藤新平が鉄道院総裁であった一九一〇（明治四三）年、スイスのベルンで第八回万国鉄道会議が開かれることになった。

後藤はこのよいチャンスをのがさなかった。副総裁平井晴二郎、島、そして大道良太（東京鉄道管理局長、東京市電気局長）を出席させた。

後藤の念願、東海道線の広軌電化を具体化しようと手をうったのである。

後藤は、東海道全線の電化に必要な巨額な資金は、外債にたよるしかないと、考えていた。後藤の発想はつねにスケールが大きい。

後藤は島と大道良太の二人にスイスとドイツへの出張命令を出した。

二人にドイツ、アルゲマイネ電気会社社長で、後の外相ラテナウ氏と交渉させたのである。

ベルリンのＡＥＧ社を訪れた，前列中央　島安次郎，左隣り　平井晴二郎，右　大道良太
（1910年８月同社アルバムより）

島と大道の交渉は成功した。フランスで日本の鉄道電化のため三五〇〇万円の調達が承認された。

条件は五二回の年賦。年利四・五%。五二年の年賦料として〇・五%、ほかに〇・五%というものであった。

一九一一年二月一四日付後藤新平宛のラテナウ氏の英文ドイツ文の電文控えに、島、大道との交渉が示されている。

青木槐三は、電化の歴史にとっての後藤新平、ラテナウ間の電文と、橋梁の歴史にとっての、チャールズ・アセトン・ワットリー・ポーナルの三〇〇〇頁に及ぶ往復書簡集を鉄道史上、貴重な資料として指摘している。

ポーナルは六代目建築技師長として一八八二（明治一五）年来日、一四年も日本にいて、神戸―東京間の橋梁工事をてがけ、助手だった古川晴一を橋梁技術第一人者に育てあげたイギリスのお雇い外国人である。

島安次郎は、このころ後藤のもとでドイツ、アメリカ、イギリスに牽引力とスピードの出る大型機関車を大量に注文していた。

ドイツに注文した二四台は、島がラテナウとの交渉後もそのままドイツに残り、留学随行員の朝倉希一と工場に出かけて、買い付けた機関車の製作監督にあたった。

のちに青木が朝倉に聞いたら、ラテナウ交渉のことは若い朝倉には知らされてなかったそうである。

ところで、島はこのとき、長期にドイツに滞在している。朝倉はのちに車両工学の大家となった人である。もともとは島教授の東大教室にいた学生であった。

島に連れられてルムシュッテルを訪ね、新米だった朝倉は「どうしてドイツ鉄道技師には七つも階級があるのですか?」「それはねえ、人を喜ばせるためだよ」などと語り合い、ビールやワインを飲んでいた。

島も朝倉もルムシュッテルたちと親しく交際していた。そして島は、後藤の内命、電化の研究もしていたのである。

島の広軌実験の成功と一番電車の事故

ひかり号のうぶ声

ところが、島安次郎がドイツから帰る前の一九一一（明治四四）年八月、政友会内閣と原敬鉄道院総裁の出現で、後藤新平の広軌案はあっさりと葬られてしまった。

幹線を複線電化し、地方は国鉄自動車とすれば赤字線をふやさなくてもすむ、という憲政会広軌派と、山間僻地に新線を建設して地方に喜ばれ、票と党勢を拡張してきた政友会は相容れるはずがない。

一九一四（大正三）年、ここで仙石貢が総裁として登場する。きかん気の広軌論者仙石は、あの古川阪次郎を長とする広軌改革の会を設け、東京－下関を広軌にする予算案を一気に決めてしまう。

続いて一九一六（大正五）年、後藤新平がふたたび登場となる。後藤は島安次郎と実験をやった。

島は冷静で、「欧米の鉄道ではスタンダードゲージであって、当り前のこと、現在の線路の幅を広げればそんなにお金をかけなくても可能なのですよ」。なんでそんなに騒いで反対するのか、「実際にやってみましょう」といったところであった。

この年の五月二三日から八月五日にかけて、横浜線原町田－橋本間で、島が二一二〇型機関車を広軌に改良し、客車も貨車もつけて実験を成功させる。

島安次郎は、このとき、まだ少年だった科学ずきの息子秀雄に、大井工場で貨車を広軌にあらためる様子から、原町田の実験までを見学させている。少年は父親の広軌実験の一部始終を、目を丸くしてみていた。

島ならではのこのときの実験成功は、鉄道史上のエポックとなった。

すなわち、これが新幹線ひかり号誕生のうぶ声である。

後藤に招かれて見学にきた貴族院・衆議院議員も、この実験をみて納得した。

ところが、である。

一九一八（大正七）年、原敬内閣ができたのだ。一九一九（大正八）年、床次《とこなみ》竹次郎鉄道院総裁は、またまた広軌案は完全に放棄すると議会で言明した。

鉄道界は朝令暮改でゆれにゆれ、現場も混乱してしまった。トンネルにしても橋にしても工事中に方針が変るので、そのつど広げたり狭くしたりしてどうやらきりぬけた。

これに人事がからんだ。そしてドラマが展開する。

一番電車の運転事故

大正三年東京駅開業の日、鉄道院総裁仙石貢はどれほど晴れがましく誇らしい思いでいたことか――。

仙石は初代東京駅長には高橋善一を起用した。明治六年油さしとして鉄道に入り、ろくに字も書けなかった高橋が、長浜、日向町、名古屋、大阪、新橋、東京の駅長となったのは、仕事熱心と人柄の面白さで、初代鉄道頭井上勝に可愛がられ、信用を得ていたためである。もう六〇歳ちかかったが、名駅長であった。

この開業の日、東京−横浜間の京浜線電車も初めて運転されることになっていた。

試乗の来賓として内外の名士高官を招待し、新しい東京駅のホームを万歳の声に見送られて出発した一番電車は、品川あたりで動かなくなった。パンタローラーは火を吹いて折れている。汗だくの修理にもかかわらず、ヨタヨタと二時間三分かけて横浜にたどりついた。来賓には臨時列車を仕立てて帰ってもらった(『人物国鉄百年史』)。

この事故で、京浜間電車の開業は五カ月も遅れたのである。

仙石総裁は烈火のごとく怒り、責任者を厳しく処分した。この中に石丸重美技監がいた。

岡田竹五郎と同期の石丸は、青木によれば努力型で潔癖な技術者で狭軌で鉄道を近代化した功績者の一人であるという。

しかし、仙石総裁に詰腹をきらされ首になったことを深く根にもった。

青木はこう記録している。

「浪人になってからは、石丸は東京鋼材の社長になり、小さい革袋をさげて鉄道院の後輩を訪ねて、納入品の不合格のお詫びなどに日参していた。「いまに見ておれ」の言葉を直接きいた人に、当時鉄道に入ったばかりの平山復次郎(国鉄建設局長、土木学会長)がある。(略)四年後、大正七年原敬が総理大臣、床次竹二郎が鉄道院総裁となるや石丸は一躍次官の椅子を占めた。」(『国鉄繁昌期』)

そして、凄《すご》みのある辛辣きわまりない人事をやった。意にさからう者はことごとく首にした。

原敬の信任を得ていた石丸は、仙石を支持し広軌を主張していた先輩同僚をみんなかたづけた。

島安次郎技監のところに、広軌を放棄する書類に印を押すようにもってきた。島は押さなかった。辞表を出し、国鉄を去っていった。

古川阪次郎

古川ばん次郎

古川は、阪次郎より蛮次郎、ふる蛮でとおっていた。鶴のように痩せて背が高く、子供のようなかんしゃくもち。虎の門の工部大学校のころから蛮勇はなりひびいていた。

ルムシュッテルの教えを受け、古川とともに九州鉄道の工事をした下級生の国沢新兵衛初代日通社長は、ストライキはやる、学食の台所荒しのトップをきる、卒業式には酔って、食事を知らせる鐘をはずして割ってしまうというありさまに、こわくて古川先輩のそばに寄りつかないよう小さくなっていた。

虎の門の工部大学校には辰野金吾も学び、外国人教師の多い規則のやかましい学校であったが、ここからたくさんの鉄道人が育っている。

蛮勇は主に強いものにむけられ、おそれられてはいたが技術者としての純粋な人間性は仙石貢と同様で、創世期の鉄道史はふる蛮をおいて語ることはできない。

古川の故郷は香川の塩飽島。瀬戸内海の海賊の本拠であり、日本海軍ゆかりの地でもある。古川の養父は第一回の海軍留学生で、榎本武揚とともにオランダに学んだ。

幕府の軍艦を買い入れて日本に帰ってくると、明治維新で、この軍艦で官軍と戦った。たまたま父親につれられて、一四歳の古川が軍艦に乗せてもらって喜んでいると、鹿児島の薩摩藩の軍艦と出会って、大砲がいっせいに火を吐いた。

「さすが未来の豪傑もこのときはワーワー泣き出した」と青木は古川の話を聞き書きしているが、現場や請負の人々からライオンといわれ一目も二目もおかれていた古川は、日本鉄道請負業史ではこうなっている。

「船室に下りておれ、と父に言われたが、平然と甲板に突っ立って戦況を見物した。」

慧眼の青木の前では笑いながら正直に話したことだろう。

一八七一（明治四）年横浜で英語を学び、芝新銭座の近藤塾でソロバンを習う。慶応義塾に通いイギリス人マクヤーについて英語を学んだ。一八八四（明治一七）年に虎の門の工部大学校を出て工部省に入る。

ふる蛮広軌の正しさを説く

古川のもっとも大きい業績は、中央線笹子トンネルの工事である。一八九六（明治二九）年、八王子出張所長となる。笹子トンネルは当時もっとも長く、日本の長大トンネル工事初体験であった。難工事で途中の日川の断崖で進めなくなり、横坑を掘った。完成には七年もかかっている。日本で電気機関車をトンネル工事に使ったのは古川が最初である。笹子川の水力を利用して発電装置によりトンネルに電気をつけ、空気圧搾機や蒸気機関を据えて送風もし、削岩機も利用した。近代的工事の始まりである。

多くの後輩に、「馬鹿野郎」を連発するのに慕われ、よく人を育てた。

八王子官舎には住込みの書記夫婦が古川の世話をしていた。二人だけではどうも気詰まりなので「新入工学士が下宿をさがしています。同居させてはいかがですか」「よかろう」と本人のことわりなしに決めてしまう。

こうしてふる蛮先輩の官舎の内弟子になったのが瀧山《たきやま》與《ひとし》京大教授である。

瀧山はユーモラスな青年で、古川にあまりどなられるので机の下に台を置いた。古川がどなりだすと「ハイ」と台に上る。瀧山はずっと背が高くなり、古川は見上げての雷は落しにくいらしく、小言はそこで中止となった。

のちに瀧山は古川からトンネル工学の勉強にドイツ留学に派遣され、丹那トンネル、上越線の清水トンネルまで手がけた。そして瀧山二世瀧山養が、昭和になって東京駅ホームの改良工事と将来設計、さらにバルツァーの高架線の拡張工事にかかわり、今回本書に思い出の工事史を執筆しているのも、ひとつの縁といえよう。

古川は後藤新平が一九〇八（明治四一）年、丹那トンネルを計画したときから丹那建設に打ち込み、貫通のときは七五歳で退職していたが現場にかけつけ見届けた。一六年の歳月をかけた丹那トンネル大工事を、最後まで自分の責任と考えていた。

この古川阪次郎が今日の鉄道に大きな影響をあたえたのは、「我国鉄道軌制に関する説明」（一九二〇・大正九年版）という広軌案の正しさを説いた、有名な論文である。

後藤新平が大切に所持していたというその冊子を、青木槐三は増刷し、一九五八（昭和三三）年一二月一九日閣議で東海道新幹線着工が決まったとき、息子の古川達四郎氏と国鉄本社の関係者に配布している。

これは、広軌は西洋のマネだ——と主張した大村鋿太郎鉄道建設局長の「軌間の変更は不必要である」（一九一七・大正六年版）に対する古蛮怒りの反論で、力強く説得力がある。

石丸重美次官の政治家におもねるやりかたを何回も痛烈に批判した。

東京市区改正調査会で、東京駅と高架線の方針案を最初にまとめた原口要も、もう引退していたが「法学士の跋《ばっ》扈《こ》」と「技術屋の阿世《あせい》」という見出しで後輩たちに遠慮のない意見を発表し、広軌論を支持した。

大局をつかみ、勇気と実行力があり、後藤新平、仙石貢をたすけたルムシュッテルの弟子は、東京駅開業の日の初電車運転事故の全責任を取り副総裁を辞任、その後顧問となっていた。

その古川を、石丸は原敬のうしろだてで鉄道院副総裁にカムバックした翌日、国鉄のいっさいの職から解いたのである。

那波光雄

バルツァーの嘆き

那波光雄も鉄道史研究のうえで忘れられない人である。お雇い外国人の記録を調べ、研究をまとめた唯一の鉄道人であるからだ。

ベルリンのバルツァーを訪ね、その後の消息を青木に知らせてくれたのは那波である。

那波と青木はお互いに歴史が好きで、古事来歴を調べるのが楽しみという同好の士であり、二十数年親しく付き合ってきた。

青木が鉄道八〇年にあたり、傑出した鉄道人一五人を選ぶことにして調べはじめた。これがなかなかたいへんな作業だったとき、那波からパッと葉書がくる。「南清（工部大学第一回生。東海道線を建設）をのぞいたら画龍天睛を欠く」といった具合で、一九五三（昭和二八）年、青木は一二五名を選び鉄道先人録をつくった。

鉄道一〇〇年のときは、実際に会った人、那波から聞いていた参考意見、一般の評価を基準に、青木はお雇い外国人も含め五〇〇名を選び、これをもとに鉄道先人録が日本交通協会の鉄道百年事業として出版されている。

　那波光雄は一八九三（明治二六）年に東京帝大を卒業し関西鉄道に入る。すぐに揖斐川大橋の工事をやった。

　このとき木曾川をうけもった請負鹿島組の中に武者満歌がいた。武者はエドモンド・モレルの下の建築師ジョン・ダイアックと二人で第一杭つまり零マイル標識を打ち込んだという鉄道創業の古つわもの。しかも当時の様子を物風に書き残してくれた、初代鉄道語り部ともいう人である。海軍出身で数学がよくできるため測量で活躍し、工部省の工技生養成所で、お雇い外国人のトーマス・R・シャービントンや、エドモンド・G・ホルサムから学んだ技術者である。

　若い那波は、武者からいろいろな話を聞き、測量、建設、運転、架橋、高架線、保線とあらゆる分野で手をとって教えてくれた外国人の恩義を忘れてはならない、外国人の功績をしさいに調べ記録を残しておこうと決心した。

　大規模な調査であるうえ、那波はどこからの資金の援助もうけず、自費で生き残っている人々を訪ね、苦心して調査した。

　仕事のあいまをさいての調査は、鉄道だけでなく全土木工学にわたる熱心さで、学校、河川、港湾、灯台、道路、橋梁、上下水道にまでひろがり、やがてこれが本邦土木と外人の調査書として土木学会から発表された。

　青木は那波から明治創業のこと、武者満歌の話を聞き、また、那波の意見を記録した。

　目の前の仕事に追われる個人の知識は、意外に小さいものである。歴史の証言をえて、はじめて個人の仕事の価値も体系づけられる。

　那波の調査は後世の人への貴重な文化遺産であり、この業績は特筆に値する。

　青木槐三の記録にもどる。

　ベルリンを訪ねた那波にバルツァーはこう話してくれた。

「日本人はずいぶん虫がよいではないですか。一九一四年に第一次大戦がおこり、日本は八月にはドイツに宣戦を布告した。そして青島《チンタオ》に出兵してきて、山東の鉄道は日本に占領された。

　そのとき私はドイツの代表として出席し、日本の鉄道代表田中富士太（鉄道院総裁官房鉄道研究所長）と交渉する任務にあたりました。私たちドイツ人は日本の鉄道に誠意をつくしてきたつもりです。九州の鉄道にしても、ドイツ人である私たち、ルムシュッテルや私が助言してできあがったものではありませんか。

その日本の鉄道からきた田中さんは、山東の鉄道を占領して管理に移す交渉で、無償だと主張して取ってしまった。あれだけの鉄道を無償とはなんということか。物にゼロという値段があるのでしょうか。

われわれドイツは日本に協力を惜しまなかった。」

この一言は那波の心にこたえた。帰国すると那波はこのバルツァーの話を田中に伝えた。すると田中は、「私鉄を国有に買収するときは、利益の二〇倍で買収の計算をした。あの山東鉄道は利益どころか赤字の鉄道だ。だからゼロで買収したんだ」と答えたという。

那波式架橋

バルツァーの気持を考えると、那波はやりきれない思いだったろう。これは一九二二（大正一一）年ローマの第一九回鉄道会議のときの話と思われる。バルツァーの死は五年後の一九二七年である。

那波が関西鉄道で揖斐川の工事をやった当時は、イギリス人の設計で本国から橋桁を送ってもらっていた。ところが橋桁の不足がでてしまった。

ここで青年那波技師が設計図をひいた。これをイギリスの有名なベーカー博士にみてもらったところ、見事に合格。那波の苦心の設計でイギリスから橋桁が送られてきた。

那波のもっとも大きな仕事は一九一三（大正二）年日本ではじめての架橋方法としてデリック・クレーンを用いる足場なしの架設法を大分川の王ノ瀬で成功させたことである。

それまでは鳶職が足場を川の中に組んで桁をかけていた。無駄が多く時間もかかる。

鳶職の中には背中にくりから紋々の入墨をしている親方もいて、職人気質。足場から足場には身軽に作業するが、架橋の基礎技術は知らないので、失敗して桁を落すことも多かった。

これをデリック・クレーンの機械で解決した。クレーンの製作のときは、島安次郎が全面協力してウィンチや車輪をつくってくれたし、小倉工場にいた、のちの鉄道院工作局長高洲清二が材料を貸してくれて完成した。

こんなことにも先達の苦心があった。那波は次々と新しい考案をつづけ、東京・京都両帝大教授、総裁官房鉄道研究所長となった。

那波は鉄道界で、新技術をとりいれるのにいちばん勇敢で、広軌に対する研究も熱心であった。

那波は青木にこう語っている。

「日本では失敗すると仕事をさせない。失敗者のほうが経験をいかし巧みにやる。技術者を憶病にさせるのはいけない。進歩が止まる。」

国沢新兵衛

新兵衛版『奥の細道』

新兵衛二四歳。東大の学生として友人の広川広四郎と、関西鉄道三重県亀山付近の鉄道工事実習に出かけた。一八八八（明治二一）年のことである。

東京からは、まだ東海道線が全通していなかったので、船で伊勢湾四日市に上陸し、亀山にたどりついた。

実習が終って、このまま船で帰るのは、鉄道志望の学生としてはもったいない、裏日本を歩いて帰ろう、と遠大な計画をたてた。

亀山から四日市に出る。二人は船で桑名につき、そこから河船で大垣近くまでさかのぼった。大垣から長浜に着き、建設されたばかりの北陸本線で敦賀に出た。

六月のむし暑い日を一日敦賀で休み、ここからは歩いて杉津、今庄と、現在の北陸トンネルの上にあたる木の芽峠を越え、武生、鯖江を通って福井に着いた。

福井から金沢までは平地を楽に歩き、高岡から富山に出た。

糸魚川の手前の有名な難所、親不知を海に沿って無事通過、今風にいえば「やった！」と大喜び。さらに海岸沿いの淋しい道を能生、筒石、名立を通って直江津に来た。

直江津－長野間は一カ月前に鉄道が開通していたので、ここで帰ればよかったが、同行の広川の実家が小千谷にある。小千谷にたどりついて広川の家で三日ばかり遊んだ。

ここまで来たから新潟に行ってみよう、と信濃川河口工事も見学し、二人は「最後は会津に出て磐梯山に登山しよう」と決意する。

元気いっぱい、若さにまかせて会津若松にくると、大砲

のような響き。「雷かな」とのんきに歩いていくと、村人たちが、

「大変だ。昨日から磐梯が大爆発して麓の村は溶岩で埋まってしまった。人が何人死んだかわからない。早く逃げないと熱い灰や石が降る――。」

磐梯山大爆発は一八八八（明治二一）年七月一五日。

新兵衛たちは、一足違いで命びろいした。

松尾芭蕉と道程はずれているが、昔の人はよく歩いたものである。国沢新兵衛は、のちにこのコースのほとんどの区間を測量し、敦賀－富山間の鉄道を建設した。

青木は国沢の若き日の話を、国沢の米寿を祝って書き誌している。

新兵衛満鉄で広軌を

ところで、亀山で実習をした国沢は、そのころ東大教授で、兼任で関西鉄道の工事の指導をし、のちに関鉄社長となった白石直治の教えを受ける。

白石は立派な学者で、アメリカに学び、パナマ運河、ペンシルバニア鉄道で仕事をし、さらにベルリン大学で学んだ国際派広軌論者である。

国沢たちが実習した明治二〇年代のころから、白石は亀山－拓植間のトンネルなどを、はやくも広軌用に仕上げていた。

関西鉄道にいた島安次郎、那波光雄の先輩であり先生である。

青木の記録のどこを調べてもないのだが、ルムシュッテルは、ドイツ語で話しあえる人に会いたくて、たった一人いた佐賀の医者を訪ねたくらいなので、白石とは、ドイツ協会あたりで面識があったのではないか、とも推測できる。

国沢と広川の二人は、東大を卒業するとそろって九州鉄道に入った。

ここで国沢はルムシュッテルを知ることになる。どういうわけか、こわい古川阪次郎先輩も一緒だった。ルムシュッテルの指導で鳥栖から佐賀までの測量を担当した。ルムシュッテルが九州にきて二年目のときである。

やがて逓信省に入り、一八九九（明治三二）年には、アメリカのデンバーからのロッキー山脈越えルートで、広軌、狭軌連絡施設の研究にあたる。当時ここは、山は狭軌、平地は広軌であった。

このときの研究をもとに、一九〇六（明治三九）年、満

鉄理事となった国沢は、大連－長春間、周水子－旅順間で満鉄の広軌を実現した。

このときも、こわい古川阪次郎先輩は、満州に従軍していて国沢と一緒になった。ふる蛮に首を縮めていた国沢は、実は古川の性格の魅力と高い能力をよく理解し、いつのまにか古川スタイルの真似をしていたのである。

のちに日本通運社長、青山学院理事長になるが、井上勝鉄道局長は、国沢が新入見習のときの印象がよほど気にいったとみえ、以後若い技師は誰かまわず、新兵衛、新兵衛と呼んでいたそうだ。

当時の南満州鉄道総裁の後藤新平は、広軌を実現した国沢のやり方をじっくりとみていた。そして初代鉄道院総裁として、東京駅起工の年、乗り込んできたのである。

十河信二とポッターの論文

一花ハ開ク天下ノ春

ここからは、青木の鉄道史を離れよう。

十河信二は、ルムシュッテル、バルツァーと関係ないのではないか、という人もいるかもしれない。たしかに直接の接点はない。

しかし、ルムシュッテル、バルツァーに学び、友人であり弟子であった人々から大きな影響をうけた十河は、世代をこえて、もっとも正しい形でルムシュッテルの鉄道思想を受け継ぎ、見事にそれを開花させた「弟子二世」といえるのではないだろうか——。

そして十河は、その情熱と信念で、一九六四（昭和三九）年、東海道新幹線ひかり号を実現させた。十河をたすけ、時速二五〇キロ、全軸駆動電車によるスタンダードゲージの一大鉄道システムを完成させた島秀雄は、まさしく島安次郎二世である。

第四代国鉄総裁として十河が命がけで建設した新幹線プロジェクトは、その後の日本の技術開発の端緒をひらき、今日、世界の奇跡といわれる日本経済発展の基礎を築いた。

私は、フランツ・バルツァーの時代周辺の鉄道人が、なにを考え、どう行動してきたのかをながめてきた。

東京高架線と東京駅という構造物とともに、たんなる「物」ではなく、そこに人生を賭け、志を同じくする人々が、波紋を描きながら、ひとつの力となって時代をおしひらいてゆく姿をとらえてみた。

優れた人物の人間性が青年に与える影響は、万巻の書に値する。

バルツァーの論文を、あらためて青木槐三の鉄道史に照らし合わせてみると、バルツァーの師であり、最初に高架鉄道案を提示したヘルマン・ルムシュッテルの大きな存在が、くっきりとうかびあがってくる。

視点を変えれば、日本鉄道史において、創業時に鉄道建設を指導したイギリス人のエドモンド・モレルより、さらに重要な役割を果したのは、ヘルマン・ルムシュッテルであり、このドイツ鉄道技師のかぎりない影響力は、新しい鉄道の理念を日本の鉄道人にさし示したのではなかろうか。

焼きイモが好きで、鍾馗のように髯だらけ、東大の熊公と呼ばれていた十河にあって、後藤新平は直接採用を決めた。医師後藤は、十河の学才と、人並はずれてたくましいバイタリティーを見ぬいたのである。

土ぼこりをあげて、東京駅の基礎工事が始まり、新永間高架の煉瓦アーチが、五つの工区から着々と姿を現しはじめていたころである。

十河は、後藤から広い視野と政治力、時代をみる目を学ぶ。その後藤に鉄道政策の神髄を進言したふる蛮こと古川阪次郎。古川は九州の地でルムシュッテルにめぐりあう。同じくルムシュッテルと東京高架の測量をした仙石貢。古川も仙石もルムシュッテルの言葉に目を輝かせ聞きいったことだろう。十河は生涯を通じ仙石の技術者としての純粋な人柄を敬愛してやまなかった。

仙石の広軌論の断固たる確信は、どこからうまれてきたのだろうか。

バルツァーと仕事をした岡田竹五郎は、後藤のもとで広軌の委員会に馳せ参じている。

竹五郎二世の岡田信次は、戦争で中断した東京－下関弾丸列車計画の立案に参加した。

ルムシュッテルとともに九州鉄道技師長であった笠井愛次郎は、銀行家安田善次郎の私鉄新幹線の大構想をまとめている。

ルムシュッテルとの厚い友情に恵まれ、日本ドイツ協会のメンバーであった島安次郎は、のちの弾丸列車計画の最高責任者を務めた。一九三九（昭和一四）年のことである。

島秀雄はこのときすでに、高速車両の設計を手がけている。蒸気機関車と電気機関車の両方とも、平均時速一二〇

〜一三〇キロから、最高二〇〇キロくらいまでを想定していた。

島安次郎に連れられて、ルムシュッテルを訪ねた朝倉希一の広軌研究は、四〇年にも及んだ。バルツァーに嘆かれた那波光雄は、大正時代に、建築、信号の規定に、さっさと広軌用も含めてしまっている。

ふる蛮先輩がおそろしくてよりつけなかった初代日通社長の国沢新兵衛は、九州でルムシュッテルの指導を受け、アメリカの鉄道研究をもとに、満鉄で広軌を実施する。

古川の内弟子瀧山與はその反骨精神を学び、石丸重美次官のいうことはきかなかった。丹那トンネルの大型の複線断面は瀧山が決めたが、青木によると、鉄道で女子職員を最初に採用したのも瀧山であるという。

戦後、下山事件の直後に、財界人藤原銀次郎が国鉄を査察し、一九五一（昭和二六）年に報告書を出した。

青木は、藤原銀次郎がわずかな査察の間にどうしてこんなに核心にふれた観察をし、公平で正しい見解を出すことができたのだろう、と語っていたが、今回の岡田家の資料により、バルツァーに会いに行く岡田竹五郎と藤原銀次郎は、モンゴリア号一等船室で乗り合わせ、長いアメリカへの船旅をともにしていた。

帰国後も親交があったであろうから、鉄道の知識は岡田から十分に得ていたのであろう。

その岡田夫人の弟、種田虎雄《おいた》は、バルツァーと仕事をし、東京駅をつくりあげていく竹五郎兄さんの姿に憧れて鉄道に入る。

十河と一高以来の同期、ともに後藤新平の採用である。十河は経理局長、種田は運輸局長として腕をふるう。

このとき、政党間の争いから、まったくの冤罪で刑事事件の容疑者となった親友十河の潔白を証すため、種田は職をなげうって弁護にたった。

これで種田は国鉄を辞め、近鉄に入る。のちに近鉄社長となるが、三年あまりも無収入であった十河のために、毎月、月給袋をもってきて、「半分やる」とおいていった。「種田は、私の胸中に生きている」と十河は回顧録『有法子』で述べている。

種田の真実な友情がなければ、十河の人生は別なものになっていたかもしれない。

晩年の十河を最後まで厚く遇したのは、長い間種田の秘書であった佐伯勇近鉄会長である。十河信二伝編集のため、執筆者有賀宗吉氏と私が丸ビルの近鉄東京支社を訪ねたとき、佐伯会長は私たちをじっとみつめて言った。

「いまの国鉄幹部はダメよ。国鉄はもうダメだね」。民営化前、一九八五（昭和六〇）年一月のことである。

一花ハ開ク天下ノ春、この禅林談句の一節は十河が好んだ言葉であった。

人の出会いとつながりはまことに不思議なものである。

これらの鉄道人を縦糸とすると、ルムシュッテルとバルツァーは、太い横糸となってしっかり織り込まれている。ヘルマン・ルムシュッテルは、おそらく広軌という問題提起だけでなく、鉄道輸送の本来あるべき姿を、技術者としての博学な知識と、ドイツ的教養を示す温かな人柄をもって、明治の鉄道人に、熱心に語ってくれたのではあるまいか。

ルムシュッテルと語りあうことによって、若い鉄道人は欧米の文明を肌で感じ、たしかなコモンセンスから近代の知性を悟り、鉄道とはなにか、を学びとった。

イギリスによって初期の選択をした狭軌について、広軌に改めるよう率直な助言をしたのは、ドイツの技師たちであったろう。

バルツァーとはどういう人か、を調べているうちにルムシュッテルを知り、この人が、九州だけでなく、日本の鉄道を近代化し開花させた先駆者たちと深く結びついていた、これは私にとって新しい発見であった。

いま、手元に S. Sogo と青エンピツでサインの入ったドイツ語テキスト “Deutsches Lesebuch” がある。旧国鉄総裁公館に十河総裁の処分資料を片づけに行って、不用品の中からいただいてきた本である。

一九五七（昭和三二）年発行のテキストである。十河は七三歳。ちょうど運輸省に東海道新幹線建設の調査会の設置が閣議で決まった年から、十河は一人でドイツ語の復習をはじめていた。

ひかり号への道は、ヘルマン・ルムシュッテルの良識と励ましで準備された。

これが、私の歴史ロマンの推理としての結論である。

ポッターの報告

国鉄一〇〇年にあたり、青木は日本交通協会で研究者の協力を得て、鉄道史のなかの特筆すべき論文を集め刊行した（汎交通第六八巻第十号）。この中にウィリアム・ファーニス・ポッターの「日本における鉄道建設」が原田勝正氏によって発表されている。

これはバルツァー同様、数少ないお雇い外国人の論文のひとつできわめて重要なものである。

ポッターは一八七四（明治七）年から三年間日本にいたが、一八七八（明治一一）年にイギリス土木学会でこの論文を報告した。このなかでとくに興味ぶかいのは、ポッターの報告後のディスカッションの部である。

イギリスのお雇い外国人は、日本の鉄道の創設者であることを自負している。にもかかわらず最初に質問に立ったハイターは、

「イギリスの標準軌間が国際的に制定されているのに、（中略）日本のような新興国でなぜ三フィート六インチ（狭軌）の軌間が選ばれたのか疑問が起こるのは当然である。

一八七三年の軌間論議の際、ポール博士は日本の狭軌決定は何らかの利益をもたらすどころかその逆であったと述べている。すなわち何も節約できず、不便な工事という事態をひきおこすにいたったという。

この問題は技術者の監督の及ばない次元の諸事情から起こったものであろう。」

ポッターはこう答えている。

「三フィート六インチを採用した理由のご質問を受けたが、残念ながらこの点についてはわからない。私の着任以前に工事は開始されていて、軌間採用の理由は知らない。私はこの軌間採用が誤りであることを強調しておく。」

イギリスの土木学会が、明治の初めにこんな議論をしていたことを、日本では知っていたのであろうか。

当り前のことを、標準であることを実現するのになんと長い年月が必要だったことか。新幹線ひかり号は、ルムシュッテル、バルツァーが想像もできない、素晴らしい高速鉄道として世界にその姿をあらわした。

思えば、青木槐三の書き誌したぼう大な資料に手がかりをもとめ、私が紹介してきたバルツァー周辺の時代は、今は昔の鉄道今昔物語である。東海道新幹線もすでに四半世紀をすぎた。

しかし、平成のいま、バルツァーとともに岡田竹五郎が一八年をかけた東京市街高架線を電車が走り、ひかり号は一瞬のうちに、今日も西に向かって疾走する。

ルムシュッテルが測量し、バルツァーが着工した東京駅は、新たな時代への胎動を秘めて、華やかに生きている。

ところで――

私が「フランツ・バルツァーに東京で会えますよ」といったら皆さんは驚かれると思う。

実は、バルツァーがドイツからもってきた蔵書は、アルコー・ワルレイ駐日公使と第二代鉄道局長官松本荘一郎の世話で、一九〇四（明治三七）年、つまりバルツァーの帰国翌年から東京有楽町の日本交通協会図書室におさめられている。

伝統ある協会で大切に保存され整理も進められているが、貴重本はまだ未公開である。

いずれはなにかのおりに、良い企画に恵まれれば、バルツァーの読んだ本の数々が展示される日がくるかもしれない。

日本にバルツァーの愛蔵した本がある、ということだけで私は心楽しく、バルツァーにいっそうの親しみを感じている。

参考文献

日本国有鉄道編『日本国有鉄道百年史』（年表・通史）昭和四七年。

鶴見祐輔編著『後藤新平』昭和一二年。

日本交通協会編『鉄道先人録』昭和四七年。

十河信二著『有法子』昭和三四年。

守田久盛　神谷牧夫共著『九州の鉄道一〇〇年』平成元年。

山田直匡著『お雇い外国人』昭和四三年。

島秀雄著『新幹線そして宇宙開発』昭和六二年。

日本鉄道建設業協会編『日本鉄道請負業史』昭和五三年再版。

土木学会誌『土木と一〇〇人』一九八三年。

鉄道院東京改良事務所『記念写真帖』大正三年。注＝岡田竹五郎所長所蔵本。

日本国有鉄道東京第一工事局『新永間建築事務所、初代工事写真集』昭五三年。　文中、記述のものは略。

特別寄稿
祖父 岡田竹五郎のこと

岡田　宏

このたび、島さんのお手もとでみつかったフランツ・バルツァーさんの東京高架鉄道についての論文が翻訳・出版されることとなり、その機会にバルツァーさんと親交があり、高架鉄道の建設にたずさわった私の祖父、岡田竹五郎のことまでが陽の目をみさせていただくことになりました。孫の私にとってこんなにうれしいことはありません。

祖父・竹五郎が亡くなったのは、戦争の末期、一九四五（昭和二〇）年一月のことでした。当時私は中学の三年生、東京の工場に動員中の身の上でした。空襲が日々に激しさをくわえ、祖父の亡くなった日も艦載機の空襲があって、親戚縁者の集りもままならず寂しい野辺の送りだったように記憶しています。

だいぶ後になって知ったことですが、祖父は粗末な罫紙に書いたたいへん几帳面な遺言状を遺しておりました（そのほかにも大学ノート一冊にびっしりと書かれた年記を遺していいます。今度のことを調べるにはその年記がずいぶん役にたちました）。そのなかで、戦局がますます重大化するなかで、いたずらに年金をいただくばかりで、少しも社会に裨益《ひえき》しえない自分が荏苒《じんぜん》（年月が長引くこと）と日を送っているのはまことに心苦しいという心情を切々と吐露しています。文字どおり明治の人でした。

それもそのはず、祖父は一八六七（慶応三）年、貧乏侍の次男として江戸で生れました。五歳のころ家庭で「四書五経」の素読を受けたということです。早く父に先立たれて、苦学のすえ一八九〇（明治二三）年東京帝国大学工科大学土木学科を卒業、最初は東京府、埼玉県に勤務しましたが、一八九七（明治三〇）年四月逓信省に奉職し、一九一九（大正八）年鉄道院技監を最後に退職するまでの二二年間を鉄道とともに歩みました。この間明治三〇年から、一九一四（大正三）年一二月の東京中央停車場の開業をはさみ、東部鉄道管理局長に転出した一九一五（大正四）年までの一八年間を、新永間建築事務所長として、あるいは東京改良工事事務所長として、東京都心の鉄道高架線建設の仕事にたずさわりました。本庁の課長や部長と兼務という時期もあったにしろ、一つの仕事に一八年間も従事するということは、現在ではちょっと考えられません。技術屋冥利に尽きるといえましょう。

　バルツァーさんがルムシュッテルさんの推薦によって日本に来られたのは一八九八（明治三一）年とのことですから、祖父が初代の新永間建築事務所長に就任してまもないころだったわけです。ときにバルツァー氏四一歳、竹五郎三〇歳。路線計画・構造・設計・施工法等をめぐって二人の間にはさまざまな議論があったことでしょう。祖父も東京府時代に現在の厩橋（鋼鉄製ワーレントラス橋）を完成させ、ひとかどの自信をもっていたにしろ、良い先輩としていろいろと教えられることが多かったにちがいありません。

　日本に住む外人がまれだった明治の半ばごろのことですから、当然、家族ぐるみのお付合いもあったことと思います。祖父の長男にあたる私の伯父（養父）から、「子供のころに外人のお客さんがよく訪れた」と聞かされたことがあります。それはバルツァーさんにちがいありません。

　バルツァーさんの先輩ルムシュッテルさんについては、同氏の帰国は一八九四（明治二七）年、祖父の埼玉県庁時代ですから直接のふれあいがあったとは思えませんが、遺品がいっぱい詰まっている大きな木箱の中に、鉄道作業局の罫紙に書かれた構造別の高架鉄道建設費比較表（明治三〇年）があり、その欄外に祖父の鉛筆の字でルムシュッテルと書かれていますから、なんらかのつながりがあったことは確かです。

　汐留と永楽町を結ぶ高架鉄道は一九〇〇（明治三三）年に着工されました。バルツァーさんの帰国された一九〇三（明治三六）年一月には、ルート上のあちこちで、根掘が、杭打ちが、そして煉瓦の積み上げが始まっていました。しかし、その後、一九〇四（明治三七）年二月に日露戦争が始まってこの工事も一時中断のやむなきにいたりました。

　日露戦争が終結してまもなく、一九〇六（明治三九）年五月、竹五郎はアメリカ、ヨーロッパへ出張を命ぜられました。出張目的の中に、
○市街地鉄道の停車場設備に関する事項
○高架鉄道と地平鉄道との併用に関する事項
等が入っているところからすると、原計画の変更が議論されていた中央停車場（現東京駅）計画の練り直しも目的のひとつだったにちがいありません。

　六月に横浜を発った竹五郎は、北米大陸を経てヨーロッパに渡り、同年一二月一七日から二七日までベルリンに滞

在しています。そして年記のここの部分には、「ベルリン滞在中に数回、或いはシュテッテンに、或いはベルリン鉄道局に、元逓信省技術顧問バルツァー氏を訪ふ」と記されています。年記の外遊の項に個人名で記されている外国人はバルツァーさんただひとりですから、よほど再会がうれしかったものと思われます。

一九〇七（明治四〇）年四月、帰国した竹五郎はふたたび帝国鉄道庁市街線建築事務所長を命ぜられ、辰野・葛西事務所とともに中央停車場の設計に取り組んだのです（伊藤ていじ著『谷間の花が見えなかった時』によれば、辰野・葛西事務所側の記述として――「欧米視察中の岡田竹五郎の帰国を待った」――という一節があります）。辰野とはいうまでもなく、東京帝国大学工科大学学長だった建築界の大御所辰野金吾氏、もう一人の葛西萬司氏はやはり建築家で、竹五郎とは学生時代から親交のあった東大の同期生でした。

ずっと時代は下って、一九四五（昭和二〇）年、竹五郎が亡くなってほぼ四カ月後の五月二五日夜、東京はB29二五〇機の空襲をうけて東京駅も延々四時間以上にわたって燃え続け、あの優美なドームは見る影もなく焼け落ちてしまいました。終戦後になって、今日われわれがみることのできる形に（私にはあんまり良い出来とは思えませんが当時の資材不足を考えればやむをえないことでしょう）復旧したときの運輸通信省の施設局長は、竹五郎の次男にあたる私の実父、岡田信次だったというのもなにかの因縁でしょうか。

ことのついでに、もうひとつの因縁話も申し上げましょう。一九五五（昭和三〇）年六月、当時私は、国鉄の東京工事事務所（竹五郎が所長をしていた東京改良事務所の後身）に勤務していましたが、まだ学校を出たてで実習を終えたばかりの私に大仕事が命ぜられました。戦後の東京地下鉄建設第一号である営団四号線は、池袋を起点に、大手町、東京と延伸されてきましたが、銀座に寄るために東京と有楽町の間で国鉄線下を横断することになりました。その横断部分の設計をせよというのです。この部分の国鉄線は、京浜東北、山手の電車線二複線をうける煉瓦アーチ（これこそバルツァーさんと祖父が手がけた市街地高架線です）と、昭和にはいってからその海側に設けた複線の東海道列車線をうける鉄筋コンクリート高架橋からなっていました（現在ではそのさらに海側に東海道新幹線の複線高架橋があります）。当時はこのような既設の構造物や建築物の下を横断する地下鉄工事の施工例も皆無にちかく、なにから手をつけたらよいのやら見当もつきません。ともかく煉瓦アーチの圧力線図を描くことから始めました。アーチは自重がたいへん大きく、基礎の根入りが深くて地下鉄断面に支障するなどの理由で、結局はアーチ三径間を取壊して、ＰＣ桁二径間につくりなおすことにしました（もちろん電車の運転は平常どおり続けながらです）。そのおかげで、祖父の時代の人たちの仕事につぶさにふれることができました。煉瓦を一枚一枚モルタルを目地にして積み上げる非常にていねいな、まさしく職人気質の仕事がされていました。基礎杭の松丸太も地下水の低下がほとんどなかったせいか、みずみずしく十分な強度を保っていました。

話は本題からそれますが、このときの仕事で私がもっとも苦労をしたのは、むしろ列車線側の鉄筋コンクリート高架橋のほうでした。最初は、煉瓦アーチと同様に取壊して改築する計画もたてましたが、なんとか残して付け替えようということで苦心惨憺《さんたん》、連続構造で不等沈下にきわめて厳しい制約があるなかで、どうにか安全、確実で、しかも安い新工法を開発することができました。

このときにいろいろとご指導をいただいた先生に、東京大学の名誉教授で、コンクリートの世界的権威、吉田徳次郎先生がおられました。仕事も目鼻がついたときに、先生に対する感謝の宴を東京工事事務所長が主催して設けました。食事が終って雑談になったときに、先生は「僕も実は大学を卒業したときは、鉄道省に入ろうと思ったんだ」と語り始められました。「ところが、そのころ大学の先輩で鉄道に岡田竹五郎さんという人がいて、その人のところに相談に行ったら、『これからはもう鉄道の時代ではない』と言われたものだから、大学に残ることにしたんだヨ」という述懐話に、「その竹五郎さんの息子はわれわれの先輩ですし、末席にいる岡田は孫ですよ」ということで先生は呆れられ、満座が大笑いになりました。吉田先生のご卒業は明治の末の四五年ですから、当時祖父は東京改良事務所長、中央停車場の開業を目前にひかえて、生涯でもっとも脂の乗っていた時期だったのではないでしょうか。

家庭での祖父の思い出というと、祖父が公職を退いて、鎌倉の由比が浜に引っ越したのは、私が小学校に入学した年でした。小学校のころは、夏休みに入ると母に連れられて鎌倉に一週間くらい滞在して海水浴をするのが常でした。

また、まだ世の中が平和だった時代には、祖父母を中心に一族が集まって正月休みを温泉で過ごしたこともありました。しかし、私の母にとっては、昔気質で無口な祖父はけむたいお舅さんだったのでしょう。「お祖父様、お祖母様の前ではお行儀良くしなければいけません」と言われづめでした。そんなわけで膝に乗って甘えたという記憶はありません。鋏を後ろ手に庭の植木を見回ったり、梅干しとたたみいわしのおかずで晩酌をしている姿が目にうかびます。しかし、中学生になってから一人で鎌倉までお使いにいったときのことです。珍しく饒舌になった祖父から学校のことなどをいろいろと聞かれかり、なにかのことで褒められたりしてすっかりうれしくなって、それまでは遠くて高い存在だった祖父が急に身近に感ぜられました。

祖父が亡くなったのはそれから一年も経たないころでした。もちろん、私が大学で土木を学んだことも、吉田先生に「これからは鉄道の時代じゃないよ」と申し上げたときから四〇年あまりも経って私が国鉄に入社したことも知らずに。

四七回忌も間近い今になって、バルツァーさんのおかげで孫に自分のことを語られることとなり、さぞかし草葉の蔭で苦笑していることと思います。

第五部　この本が出るまでのいきさつ

――西尾源太郎

この本が出版されるまでの物語

私は、いつも考えていることを整理してみたいと思ったときとか、行詰まりを覚えたときには、決まって島さんを訪ねてお話をうかがう。そのたびに島さんは温顔で接してくださり、ときにはとてもすぐには解決しそうにもない問題になって、互いに言葉少なく一時間ほども禅問答みたいにして過ごして辞することもあるが、そのあとでは心のやすらぎと勇気が与えられのが常である。私のこういった勝手な島さんの利用はまことにおそれおおいことかも知れないが、有り難い存在である。このようなことで御都合を伺ったある日のこと、それは一九八八（昭和六三）年三月三〇日の春まだ浅い、冷たい小雨の降る午後だった。ちょうど銀座のガスビル二階の「心のふるさと東京駅展」に招待されて見に行くところだから、一緒に来るかと誘われて御一緒した。展覧会を見たあと宇宙開発事業団のお部屋にもどって、いつものとおりお話をうかがったあと、バルツァー論文のコピーを私にくださった。そしてこのコピーはいまのところ限られた人にしか渡していないこと、また今日の展覧会では駅舎の建築的考察に視点が集められていたが、この論文を読んでみると、その論旨について感銘をうけるのは日本様式の建築のことよりも、もっと別のことにあるのです、と強い調子で語られた。私はコピーをいただいて帰り、大切に吟味することとしたが、ドイツ語は旧制高校で第二外国語として学んだ程度であるうえに、かなり古文調の専門技術書のこととて、拾い読みでは島さんから指摘された地図や図面のあたりはわかるが、なんとかして全文を解読してバルツァーが真に訴えている内容を知る方法がないものかと思案してきた。

私の友人、青木真美さんは若い女性であるが、早稲田大学出で、現在、財団法人運輸調査局に勤務している。とくに欧州の都市運輸連合制度などの調査に詳しく、また鉄道の趣味の雑誌にも最近のＩＣＥやＴＧＶについての紹介記事を翻訳掲載して、とてもわかりやすい表現で鉄道の専門記事が書ける人である。彼女に頼んで難解の箇所を教えてもらっていたら、彼女自身ががぜん興味を示され、全文が立派な鉄道の哲学として筋が通っていると、まったく島さんと同じことをいうのであった。

さらに舞台は平成元年一月の交通ペンクラブの新年パーティーの席に移る。たまたま、吉沢まこと女史と会話しているうちに、彼女も島さんから限られた者の一人としてコピーを手渡されていた由で、なんとかしてこの全訳を広く世の中に紹介したいものだと意見が一致した。そこで青木真美さんのことを紹介し、さっそく島さんに二人でお目にかかって提案しようということになった。青木さんの同意を得たうえで、まずバルツァー論文のまえがきのところだけを彼女に翻訳してもらい、これを持って三人で島さんに見ていただいた。島さんは青木さんの翻訳内容や彼女の人柄をみてくださったうえで、吉沢さんと私の目論見を快く承諾してくださった。

バルツァー論文をより広く理解してもらうために、東京高架線の計画当初から今日に至るまでの歴史的過程を背景として記述することが望ましい。関連する人物論は吉沢まことさんが担当するとして、工事史とか改良の変遷については、永年東京地区の鉄道線路改良計画にたずさわってこられ、また島さんの後継者として国鉄技師長をなさった瀧山養氏に技術史的論述を加えていただくことを提案したら、島さんも「瀧山さんがもし承知していただけるなら、それは素晴らしいことですね」ということであった。

瀧山さんにこの計画を伝えたら、バルツァー論文におおいに興味を示され、喜んで協賛執筆参加を承知してくださった。

そうなるとまとまった一冊の単行本として出版する内容になってくる。たまたま、鹿島出版会が以前、『お雇い外国人』シリーズの刊行をした御縁があるので、内容からみても同社にわれわれの企画について出版の可能性をうかがってみるのがもっともふさわしいのではないかとの合意をみた。瀧山さんは鹿島建設の役員をしておられた御縁もあって、鹿島出版会からこの本が出版されることになった次第である。

そうこうしている間に、瀧山さんから、記録事実をより正確を期するために、守田久盛さんの執筆参加の奨めがあった。守田さんは昭和一〇年から四五年まで国鉄東京第一工事局の調査課にずうっと勤めてこられた鉄道工事記録の生き字引とでも申すべき方である。とくに東京第一工事局は守田さんがお入りになったときには東京改良事務所とよばれ、まさにバルツァーの東京高架鉄道の対象として当時の鉄道院の手によって設けられた、新永間建築事務所を母体として発展継承されてきた国鉄業務機関である。守田さんは退職後も鉄道建設改良工事史の貴重な語り部として、『鉄道変遷史探訪』（集文社刊）など数多くの著書や記事を書いておられる。守田さんの友愛的執筆参加によって、第三部のバルツァー論文の背景説明がいっそう鮮やかなものになった。

さらに、バルツァー論文には彼の専門分野としての軌道構造物について、第三章および第四章に詳細な論述がされているが、島さんと瀧山さんの親友で、国鉄構造物設計事務所長をなさった工学博士友永和夫氏が、この論文の内容に特別の興味を示され、すすんで青木真美さんの全訳作業に対して校閲を引き受けてくださった。したがって専門用語にも確かな言葉が選ばれ、専門の文献としても役立つものになると期待している。

一方、吉沢さんは鉄道建設公団総裁の岡田宏氏のところに足を運び、御祖父竹五郎氏がバルツァーと接触して仕事をしていた当時の様子を何か伝え聞いたことがあったかどうかをうかがったところ、お宅からバルツァーと一緒の記念写真が残っているとのこと、また当時のドイツ出張旅行日誌も出てきたとの知らせをうけた。このことで関係者はこの企画がますますはずみがついて充実したものになりそうなので、さらに期待で胸ふくらむ思いであった。

この作業の進行中にたいへん悲しいことがおきた。それは一〇月二三日に島さんの奥様がお亡くなりになったことである。このお悲しみはわれわれの想像にあまるものであったが、私どもはこの企画がいささかでもお元気をとりもどすのに役にたてば、という気持で作業を継続することにした。

友永和夫氏の紹介で、ＪＲ東日本の施設電気部の市原久義工事課長が、「そういえばバルツァーがサインした設計図面が旧国鉄東京南鉄道管理局から引き継いで新橋保線区が保存しているはずです」といって、書庫を丹念に探しまわって二十数枚に及ぶバルツァーの署名入りの高架鉄道建設図面をひっぱりだしてくださった。これも貴重な資料証拠として第二部の末尾に掲載させていただくことができた。

また編集の最終段階で、黒岩保美さんが表紙のデザインを協力して下さることになった。彼はもと国鉄車両設計事務所でデザインにタッチしてきた画家で、特急つばめ・はとなどの列車マークなども手掛けた鉄道の絵では定評のある方である。

このように、ひょうたんから駒が出てきたみたいに、バルツァー論文が島家の書庫から発見されたのに端を発して、次から次へと埋もれていたものが周りの方々から寄せられたことは予想もしていなかった驚きであった。

そして、この本は島さんを中心にして、友愛の輪が広がってオムニバスの形のちょっと変った編集になった次第である。年齢も経歴も多様な筆者によって構成され、切り口も違っているが、みんなで鉄道という文化・技術をそれぞれの視点から考えて発表してみようと考えてのことである。

鉄道博物館と日本鉄道技術協会の旧事務所

私は子供のころ、土曜、日曜に東京駅北の高架線下の鉄道博物館に行くのが楽しみであった。入口は呉服橋ガードのすぐわきで、入るとまず大きなマレー形蒸気機関車が煉瓦アーチの狭い室いっぱいに納まっている姿に圧倒されるのであった。この博物館は一九二一（大正一〇）年にわが国鉄道開業五〇周年記念事業として創設され、高架下を利用して呉服橋から常盤橋にかけて全スパンの煉瓦アーチ内に展示室をつくり一本の通路で連絡していた。展示物には装置を動かすようにしてあるものが結構多く、トンネルの工法にもスウェーデンやオーストリアなどの方式があることも知った。そのように少年の科学的好奇心を満足させるに足る設備であった。ただし昼間は照明をせず、薄暗いのが難点であった。ここを会場にして「日本小型鉄道クラブ」という趣味の会が例会を開いていた。会長は田口武二郎さんで、高級なものは数人の子供を乗せて走る蒸気機関車から、いま流行のHOゲージの電気車両模型まで手造りの作品をもちより語りあう会である。そのころ私はまったくのひよっこ会員で先輩たちの作品に刺激をうけるにとどまっていたが、田口さんの信条としてただ本物を模するだけでなく創造をすることに会の目的があって、おおいに感化を受けたと思っている。昭和一一年にこの博物館は万世橋に移って名前も交通博物館として立派になったが、ここにも一部中央線の高架下を展示室に利用した箇所があり、おもしろい偶然の一致でもあった。

昭和五〇年、私は社団法人日本鉄道技術協会に専務理事として入った。その事務所が懐かしい元鉄道博物館あとの高架下であった。位置から推測すると昔そのあたりは自動連結器の動作実験をさせる場所だったろうと思った。もうそのころはオフィスビルがどんどん建っていて、それと比較したらなんとも貧しい事務所であった。陽がささないから一日中照明をしなければならなかった。しかし、ちょっとばかり良いところもあった。煉瓦アーチの部屋は保温がよいので夏は涼しく、冬はそれほど冷えないので光熱費が割安であった。またちょうど東京駅の回送列車の引上げ線の真下になっていたので、騒音や振動はほとんど感じられなかった。震度四程度の地震に何度かみまわれたが、かえって煉瓦アーチの下は安全だという実感もした。この場所の名称は銭瓶町高架下とよばれ東京駅開業時の町名をそのまま使っていた。博物館が去ったあとは麻雀屋とか食堂などが入ったが、ほかに鉄道の外郭団体も入っていたのである。鉄道技術協会はバルツァーの論文を出したＶｄＩと似た学際的な組織であるが、新幹線開業後は来日して国鉄を訪ねる外国鉄道の幹部技術者が協会にも立寄るようになって、あまりにもボロな事務所では恥ずかしいとの声もあった。たまたま訪れた外国の鉄道技師が、彼の国でも関連協会は高架下の事務所を使っていると私に語って慰めてくれて意を強うしたこともあった。その後、会務が活発化して水道橋のビルに移ることができたが、引越しのとき跡をみたら長年の湿気で内装が傷み、きわどいところで脱出できたものと安堵の胸をなでおろした次第である。現在、われわれの立ち退いたあとのあたりは東北新幹線乗入れ用の高架線工事をしている最中である。

東京のＪＲ電車運転用の電気

いまの中央線電車の前身である甲武鉄道は一九〇四（明治三七）年に飯田町から中野までを電車運転するために柏木（いまの東中野付近）に石炭火力の発電所をつくり、直流六〇〇ボルトで電化した。これがＪＲ線電車の始まりである。次いで明治四二年から国有化後の山手線が電車運転になって、民間会社からの買電と柏木よりの補充で直流六〇〇ボルトの電化を行った。東京駅誕生を契機として東京－横浜間の電車運転を開始するため、六郷川矢口に六千キロワットのガス火力発電所が鉄道院自らの手によって新設された。この区間は一二〇〇ボルトであった。のちに山手線も一二〇〇ボルトに統一された。さらに大正一五年の東海道および横須賀の電化のときから東京地区はちくじ直流一五〇〇ボルトに改められた。
東京地区の電車線網整備と幹線電化区間の電力供給安定確保のため、信濃川流域に自営水力発電所が完成したのは昭和六年のことである。また、火力発電所はその後、赤羽と川崎の二カ所に新設強化された。赤羽はのちに廃止されたが、川崎(扇町)は高い技術水準で進歩改良をかさねてきて、いまなお高能率の火力発電所として評価されている。わが国の電力企業の大発展により、市民生活と産業のほとんどの電力需要をまかなっているが、東京地区のJR電車輸送については七割近くが自営電力で運転されている。(昭和六三年度統計で、JR東日本の総消費電力は五二・五億キロワットアワーで、うち自営電力が三〇・七億キロワットアワー、自給率は約五八パーセント。社団法人鉄道電化協会資料による)
世界先進国の鉄道で大きく自営電力に依存しているところは、日本のほかではドイツとオーストリアくらいで、ユニークな存在である。日本でも幹線電化網の全国的拡大によって買電の比率は高まってきた。しかしこと東京地区の鉄道電力に関するかぎり、自営電力設備は膨大な輸送需要に支えられていまもなおきわめて有効に機能している。おそらく買電よりもコストは安いはずである。今後の推移は予測できないが、あくまで経済問題であるから、自営電力部門の伝統として誇りにしてきたコスト管理と技術保持が継承されるかぎり、輸送の安全保障の必要性から存続してゆけるであろう。買電との合理的な相互協調も当然ながら行われるべきである。
近年、電車の冷房や照明などのサービス負荷が高まってきているが、統計によると輸送量の増加に電力はほぼ比例していて、サービス負荷は電車の技術進歩によって省エネルギー化してある程度すくわれている。電車の電気ブレーキにより発電して電線に返してやる方式で、動力費に関するかぎり合理化が進められてきた。その効果をもっとも発揮できるのが都市鉄道と幹線高速電気鉄道である。完成する前には無用の長物になるかもしれないとまで悪口をいわれた青函海底トンネルも、平成元年の暮には旅客列車一八往復ばかりでなく、くわえて貨物列車が二〇往復もの運行が行われた。この区間は格好の電気ブレーキ運転ができる長い連続勾配のアップダウンコースである。おそらく将来は連絡船の時代よりもずっと合理的な動力消費で高度な輸送使命を果してゆくにちがいない。

マンモス駅『東京』

一九一四（大正三）年に東京駅が誕生してから、もう七五年以上が経過した。開業後の東京駅を中心とする首都圏JR線の整備強化の変遷については第三部で詳述されている。たしかに東京駅も開業時に誰も予想しなかったような集中巨大化をとげてきた。すでに京葉線が地下乗入れしたし、東北新幹線の東京駅乗入れ工事が進行中である。ルムシュッテルやバルツァーが提唱したスルーの高架駅にすべきという卓見が後世になって機能を発揮した結果、東京中心部へ集まってくるおびただしい数の長距離旅客や通勤客をさばいてきた。このことはまさに、わが国の極端ともいえる中央集権的な政治・経済構造と表裏一体の関係になる。バルツァーは外国人だったから、当時東京以西と以北にそれほど格差があるとは感じないで、スルーにして日本の幹線鉄道をつなぐ有効性を説いたのであろう。しかし、その後の推移で国内の人口分布が東京・大阪間に集中してしまった。

列車を東京－上野間直通運転させる考えは過去においてもいくたびか検討されたが、東北地方は冬季になると積雪が多く、運転ダイヤの正確を期し得ないから東京駅にむすぶことは駅の扱いに混乱を生ずるという理由でいつも計画が打ち切られた。実際には輸送に格差がありすぎるので果せなかったのである。いま、やっと東北・上越新幹線が東京駅に乗り入れることによって、本来のスルー運転の趣旨が達成されようとしている。しかし、東海道新幹線は電気の交流周波数が六〇ヘルツなのに対し東北新幹線は五〇ヘルツであるから、多少問題点が残っている。

一方、東京都庁は近く新宿駅西口に移転すること、また新宿、渋谷、池袋など副都心の進展で、山手線が都心部の最重要交通手段になろうとしている。

巨象（マンモス）は肥大しすぎて、やがて機能麻痺して滅亡したという伝説があるが、これは東京駅の問題というよりも、首都東京の機能の問題であろう。大きくなっても、有機的な活性があるかぎりは、集中化による高能率やいろいろのメリットを享受して都市は肥大しつづけるにちがいない。むしろ鉄道はこの肥大化に追いまわされることに終始しながら国の高度経済成長を支えてきたといえる。首都圏にかぎっていえば、ＪＲや私鉄はとてつもないドル箱をかかえているが、慢性の超混雑を解決し得ないで今日まできた。

一般に長距離客を扱う中央駅は通勤輸送と切り離して、空港が国際線と国内線のターミナルを区別しているように、客の流動をスムーズにさせるのが駅の本来の姿である。バルツァーの当初考えていた、乗車口・降車口・通勤降車口の構想はそのことを十分配慮してあったが、いまでは乗降口や通路がいくらあっても足りないほどになってしまった。

新幹線は駅構内に別なラッチを設けたので、東京駅の中に別の駅が設けられた形になった。東京駅が、ひとつの町になったのかもしれない。そこには百貨店もあり、レストラン街もあるようになった。イベントのコンサートや美術展も開かれるわけである。

ただし、大切なことはそれぞれに旅行目的をもった利用客が肉体の疲労を感じないで安全に列車に乗り降りできることであり、これが鉄道として顧客に信頼をつなぐ最大のサービスである。東京が世界の情報中枢都市として発展を続けるならば、東京駅を含めた首都公共交通網の整備は国政レベルの課題かもしれない。

筆者紹介

青《あお》木《き》真《ま》美《み》

一九五五年生れ。昭和五四年早稲田大学政経学部卒業後、財団法人運輸調査局に就職。欧米諸国の交通政策・機構・運営について調査研究を担当。特にドイツに興味を持って、数多く東西ドイツを訪問している。現在運輸調査局主任研究員。東洋大学短期大学非常勤講師。

瀧《たき》山《やま》養《まもる》

一九一〇年生れ。昭和七年東京帝国大学工学部土木工学科卒業後、鉄道省に奉職。昭和一三年まで東京改良事務所に勤務し、東京駅と高架橋の設計を担当。以来首都圏通勤輸送に関係した。昭和三八年国鉄常務理事を退任後、一〇年間鹿島建設株式会社の役員を勤め、昭和四八年より昭和五四年まで、再び国鉄に復帰して、理事技師長。昭和五五年より六二年まで財団法人海外鉄道技術協力協会（ＪＡＲＴＳ）理事長。元土木学会会長。工学博士。

守《もり》田《た》久《ひさ》盛《もり》

東京駅誕生と同じ年の大正三年生れ。昭和一〇年に東京物理学校（いまの東京理科大学）を卒業。のち日本大学工科卒業。東京改良事務所に就職し、以来ずっと主として調査課勤務をして東京圏の国鉄線強化改良の記録と共に歩んできた。昭和四五年東京第一工事局調査課副参事で退職。その後も鉄道線路発達史の記録をライフワークとして続けている。

吉《よし》沢《ざわ》まこと

一九三二年生れ。昭和三〇年東北大学文学部卒業。日本交通協会理事だった青木槐三に師事して、鉄道史を学び特に人物論に興味を深くした。昭和六三年に出版された有賀宗吉著『十河信二』（十河信二伝刊行会出版）の五年間に亘る編集に参加した。交通ペンクラブ会員。

岡《おか》田《だ》宏《ひろし》

一九三〇年生れ。昭和二八年東京大学第一工学部土木工学科を卒業し、日本国有鉄道に奉職。建設局長を経て、昭和五八年常務理事。さらに昭和六一年に技師長兼常務理事となる。昭和六二年日本鉄道建設公団副総裁に転じ、平成元年七月同公団総裁、現在財団法人海外鉄道技術協力協会理事長。

西《にし》尾《お》源《げん》太《た》郎《ろう》

一九二〇年生れ。昭和一七年東京工業大学機械工学科卒業後、当時の鉄道省に奉職。主として車両を中心に仕事をしてきて、昭和四〇年退職。その後東急車輛製造株式会社役員。社団法人日本鉄道技術協会専務理事。交通ペンクラブ会員。

この本の編集・執筆について協力戴いた方々

友永《ともなが》和夫《かずお》 横河橋梁株式会社社友。元国鉄構造物設計事務所長。

木下《きのした》秀彰《ひであき》 東日本旅客鉄道株式会社取締役東京駅長。

市原《いちはら》久義《ひさよし》 東日本旅客鉄道株式会社開発事業本部担当部長。

片寄《かたよせ》紀雄《のりお》 同工事課長代理。

贄田《にえた》秀世《ひでよ》 東日本旅客鉄道株式会社東京構造物検査センター。

鳴海《なるみ》　保《たもつ》 東日本旅客鉄道株式会社東京改良事務所主任技師。

川地《かわじ》久男《ひさお》 同建設工事部停車場係長。

大田《おおた》和夫《かずお》 社団法人日本建築士会連合会会長。元株式会社鉄道会館社長。

西尾《にしお》重昭《しげあき》 株式会社鉄道会館課長。

肥沼《こえぬま》恵一《けいいち》 交通博物館学芸課長。

田中《たなか》倫治《りんじ》 元日本鉄道建設公団理事。

横山《よこやま》浩雄《ひろお》 飛島建設株式会社技術顧問。元東京工事局長。

遠藤《えんどう》浩三《こうぞう》 元東京都交通局長。

猪瀬《いのせ》二郎《じろう》 帝都高速度交通営団建設本部本部長。

石田《いしだ》一郎《いちろう》 元八重洲駐車場株式会社専務取締役。

坂口《さかぐち》　勉《つとむ》 社団法人鉄道電化協会専務理事。

原田《はらだ》勝正《かつまさ》 和光大学教授。

資料提供など協力戴いた機関・団体

東日本旅客鉄道株式会社
九州旅客鉄道株式会社
日本鉄道建設公団
株式会社鉄道会館
社団法人土木学会
八重洲駐車場株式会社
株式会社大林組
三菱地所株式会社

本書は1990年に小社より刊行した同名書籍の復刻版です。

東京駅《とうきょうえき》誕生《たんじょう》　お雇い外国人バルツァーの論文発見

二〇一二年九月二〇日　第一刷発行

編者　島《しま》 秀雄《ひでお》

発行者　鹿島光一

発行所　鹿島出版会
電話〇三-六二〇二-五二〇〇
振替〇〇一六〇-二-一八〇八八三

印刷　凸版印刷
製本　牧製本
装丁　道吉剛

ISBN 978-4-306-09418-5 C1065

本書の内容に関するご意見・ご感想は下記までお寄せ下さい。
URL: http://www.kajima-publishing.co.jp/
e-mail: info@kajima-publishing.co.jp